主　　编　曹士兵　国家法官学院副院长

副 主 编　关　毅　国家法官学院科研部主任

　　　　　刘　畅　国家法官学院科研部副主任

主编助理　边疆戈　国家法官学院科研部编辑

　　　　　苏　烽　国家法官学院科研部编辑

《中国法院年度案例》编辑人员（按姓氏笔画）

边疆戈　关　毅　刘　畅　苏　烽　孟　军

罗胜华　赵丽敏　徐一楠　唐世银　曹士兵

曹海荣　梁　欣　程　瑛

本书编审人员　罗胜华

中国法院

2017年度案例

国家法官学院案例开发研究中心◎编

公司纠纷

中国法制出版社

CHINA LEGAL PUBLISHING HOUSE

《中国法院年度案例》通讯编辑名单

刘书星 北京市高级人民法院

刘晓虹 北京市高级人民法院

王　婧 天津市高级人民法院

王　磊 山东省高级人民法院

王　佳 河北省高级人民法院

马　磊 河南省高级人民法院

塔　娜 内蒙古自治区高级人民法院

张艳琪 黑龙江省高级人民法院

李慧玲 吉林省高级人民法院

邢　丹 辽宁省高级人民法院

周文政 辽宁省高级人民法院

陆　齐 上海市高级人民法院

马云跃 山西省高级人民法院

孙烁犇 江苏省高级人民法院

戴鲁霖 江苏省高级人民法院

沈　杨 江苏省南通市中级人民法院

周耀明 江苏省无锡市中级人民法院

胡　媛 江西省高级人民法院

黄金波 湖北省宜昌市中级人民法院

唐　竞 湖南省高级人民法院

庞　梅 安徽省高级人民法院

赵晓利 安徽省高级人民法院

杨　治 浙江省高级人民法院

李相如 福建省高级人民法院

李春敏 福建省高级人民法院

李文亮 广东省高级人民法院

贺利研 广西壮族自治区高级人民法院

唐　洁 广西壮族自治区高级人民法院

李周伟 海南省高级人民法院

豆晓红 四川省高级人民法院

游中川 重庆市高级人民法院

尤　青 陕西省高级人民法院

马小莉 陕西省高级人民法院

施辉法 贵州省贵阳市中级人民法院

陈　薇 云南省高级人民法院

冯丽萍 云南省昆明市中级人民法院

白　皓 云南省昆明市中级人民法院

石　燕 新疆维吾尔自治区高级人民法院

王　琼 新疆维吾尔自治区高级人民法院
　　　　生产建设兵团分院

韦　莉 青海省高级人民法院

孙启英 青海省高级人民法院

序

法律的生命在于实施，而法律实施的核心在于法律的统一适用。《中国法院年度案例》丛书出版的价值追求，即是公开精品案例，研究案例所体现的裁判方法和理念，提炼裁判规则，为司法统一贡献力量。

《中国法院年度案例》丛书，是国家法官学院于2012年开始编辑出版的一套大型案例丛书，之后每年年初定期出版，由国家法官学院案例开发研究中心具体承担编辑工作。此前，该中心坚持20余年连续不辍编辑出版了《中国审判案例要览》丛书近90卷，分中文版和英文版在海内外发行，颇有口碑，享有赞誉。现在编辑出版的《中国法院年度案例》丛书，旨在探索编辑案例的新方法、新模式，以弥补当前各种案例书的不足。该丛书2012～2016年已连续出版5套，一直受到读者的广泛好评，并迅速售罄。为更加全面地反映我国司法审判的发展进程，顺应审判实践发展的需要，响应读者需求，2014年度新增3个分册：金融纠纷、行政纠纷、刑事案例。2015年度将刑事案例调整为刑法总则案例、刑法分则案例2册。2016年度新增知识产权纠纷分册。现国家法官学院案例开发研究中心及时编撰推出《中国法院2017年度案例》系列，新增执行案例分册，共21册。

总的说来，当前市面上的案例丛书是百花齐放，既有判决书网，可以查询各地、各类的裁判文书，又有各种专门领域的案例书籍汇编，以及各种案例指导、参考案例等读物，十分活跃，也各具特色。而我们的《中国法院年度案例》丛书则试图把案例书籍变得"好读有用"，故在编辑中坚持以下方法：一是高度提炼案例内容，控制案例篇幅，每个案例基本在3000字以内；二是突出争议焦点，剔除无效信息，尽可能在有限的篇幅内为读者提供有效、有益的信息；三是注重对案件裁判文书的再加工，大多数案例由案件的主审法官撰写"法官后语"，高度提炼、总结案例的指导价值。

同时，《中国法院年度案例》丛书还有以下特色：一是信息量大。国家法官学院案例开发研究中心每年从全国各地法院收集到的上一年度审结的典型案例超过10000件，使该丛书有广泛的选编基础，可提供给读者新近发生的全国各地的代表性案例。二是方便检索。为节约读者选取案例的时间，丛书分卷细化，每卷下还将案例主要根据案由分类编排，每个案例用一句话概括裁判规则、裁判思路或焦点问题作为主标题，让读者一目了然，迅速找到需求目标。

　　中国法制出版社始终坚持全力支持《中国法院年度案例》的出版，给了作者和编辑们巨大的鼓励。我们在此谨表谢忱，并希望通过共同努力，逐步完善，做得更好，真正探索出一条编辑案例书籍的新路，更好地服务于学习、研究法律的读者，服务于社会，服务于国家的法治建设。

　　本丛书既可作为法官、检察官、律师等司法实务工作人员的办案参考和司法人员培训推荐教程，也是社会大众学法用法的极佳指导，亦是教学科研机构案例研究的精品素材。当然，案例作者和编辑在编写过程中也不能一步到位实现最初的编写愿望，可能会存在各种不足，甚至错误，欢迎读者批评指正，我们愿听取建议，并不断改进。

目 录
Contents

六、股权转让纠纷

七、损害股东、公司利益责任纠纷

十、与公司有关的纠纷

一、股东资格确认纠纷

1

对工商登记的确认是否属民事诉讼受案范围

——王佳城诉大德润化学有限公司等股东资格确认案

【案件基本信息】

1. 裁判书字号

福建省厦门市思明区人民法院（2015）思民初字第 13171 号民事判决书

2. 案由：股东资格确认纠纷

3. 当事人

原告：王佳城

被告：厦门市思明区民政社会事务中心（以下简称民政事务中心）、厦门大德润化学有限公司（以下简称大德润公司）

【基本案情】

1985 年 4 月 29 日，长风化工厂成立。1989 年 9 月 12 日，该厂由厦门市利元民政发展公司、厦门市开元区民政局出具《企业法人申请开业登记注册书》，重新申请注册，并于 1993 年 6 月 18 日更名为德润日化公司。1994 年 6 月 2 日，厦门市开元区编制委员会发文同意设立开元民政企业管理办公室。

1996 年 3 月 30 日，德润日化公司为进行公司化改制，向公司登记机关申请注册，注册资本 100 万元，股权结构为：法人股东厦门市开元区民政企业管理办公室占 10%，自然人股东郭军辉占 10%，公司法人代表陈炳南占 80%。

1996 年 4 月 12 日，根据验资报告显示德润日化公司各股东注册资本来源：陈炳南以 1993 年 7 月至 1996 年 2 月经营的个人企业德润日化公司的资产投入计 80 万元，厦门市开元区民政企业管理办公室 1986 年 6 月至 1992 年 2 月投入 10 万元，郭军辉个人 1996 年 2 月以现金投入 10 万元。1996 年 4 月 16 日，德润日化公司名称变更为大德润化学有限公司。

2005 年 12 月 23 日，陈炳南、郭军辉与曾志强签订《股权转让协议》，约定陈炳南、郭军辉将分别持有的 80%、10% 股份转让给曾志强，曾志强承担股权转让前被告大德润公司的债权债务 4207157.94 元及解除劳动合同的员工的补偿款 160836.18 元。同日，陈炳南、郭军辉、厦门市思明区民政企业管理办公室签订《股东会会议纪要》，同意陈炳南 80%、郭军辉 10% 股份转让给曾志强，转让价格为 0，并同意股权转让协议中的有关公司债权债务承担的约定。随后，各方共同办理了股东变更登记。

2007 年 3 月 20 日，曾志强与刘宝俊签订《股权转让协议》，约定曾志强将其持有的被告大德润公司 90% 股权以 90 万元价格转让给刘宝俊，并按照公司登记机关规定的程序，办理股东变更登记。

2013 年 11 月 6 日，刘宝俊与原告签订《股权转让协议》，约定刘宝俊将其持有的 90% 股权转让给原告。同时，被告大德润公司召开股东会，并形成《股东会决议》，同意刘宝俊将股权转让给原告，随后也办理了股权变更登记。目前，被告大德润公司的股权比例为：被告民政事务中心持有 10% 股份，原告持有 90% 股份。

原告起诉，请求法院确认其在大德润公司的股权。

【案件焦点】

原告的诉讼请求，是否属于法院审理范围？

【法院裁判要旨】

福建省厦门市思明区法院经审理认为：《中华人民共和国公司登记管理条例》第四条规定："工商行政管理机关是公司登记机关"，第九条规定："公司的登记事项包括：……（八）有限责任公司股东或者股份有限公司发起人的姓名或者名称"，第二十六条规定："公司变更登记事项，应当向原公司登记机关申请变更登记"。本案被告大德润公司前身为长风化工厂，1996 年该厂进行公司改制时，大德润公司各发起人的股权已在工商部门作初始登记。此后，被告大德润公司部分发起人股东的股权经数手转让，均依法办理股权变更登记。根据现有工商部门出具的大德润公司投资人及出资信息显示，原告出资90万元，出资比例为90%，故原告持有大德润公司90%股权已经工商登记机关确认，无须法院再进行司法确认。原告主张确认其享有大德润公司90%股权，不属于法院审理范围，法院不予受理。

福建省厦门市思明区人民法院依照《中华人民共和国民事诉讼法》第一百一十九条之规定，判决：

驳回原告王佳城的起诉。

一审宣判后，双方当事人均未上诉。

【法官后语】

行政权和司法权是两种不同性质的权利，二者在分工的基础上相互合作，基于对行政权的尊重，法院在民事诉讼程序中应当保持对行政确认最低限度的干预。当事人对行政确认结果不服而提起民事诉讼的，不属于民事诉讼管辖范围。行政确认行为在性质上属于具体行政行为，当事人可提起行政诉讼或行政复议。

争议性的行政确认作为民事诉讼的证据或抗辩事由出现时，若当事人在民事诉讼程序中就该行政确认提起行政复议或行政诉讼，民事审判庭可以中止民事诉讼，待行政问题解决后再行解决民事问题。当事人未就争议性行政确认提起行政诉讼或行政确认，若该行政确认具有较大、明显瑕疵，法院可直接在民事诉讼程序中排除该行政确认的效力。所谓较大瑕疵，即实施行政行为的主体资格不合法，主体无法定职权或越权，程序严重不合法；所谓明显瑕疵，即普通人不需专业的行政知识及技术知识依一般的法律知识即可辨认的瑕疵。当事人未就争议性行政确认提起行政诉讼或行政确认，且该行政确认不存在较大、明显瑕疵的情形。为了确保行政权的权威性，避免司法权对行政权的过分干预，人民法院应当对行政确认结果予以尊重，对其效力加以采信。

本案中，原告持有大德润公司90%股权已经工商登记机关确认，但仍向法院提起民事确认之诉，要求法院再次就相同事项进行重复确认，其诉讼请求不属于法院审理范围，法院依法驳回原告的起诉。

编写人：福建省厦门市思明区人民法院　李莹

$\boxed{2}$

"隐名股东"能否行使股东权利

——广州晋宝贸易有限公司诉罗定市顺强投资发展有限公司等股东资格确认案

【案件基本信息】

1. 裁判书字号

广东省云浮市中级人民法院（2015）云中法民二终字第 393 号民事判决书

2. 案由：股东资格确认纠纷

3. 当事人

原告（上诉人）：广州晋宝贸易有限公司（以下简称晋宝公司）

被告（被上诉人）：罗定市顺强投资发展有限公司（以下简称顺强公司）

【基本案情】

第三人黎海辉、欧建伟、彭炳元是被告顺强公司的股东，分别持有顺强公司 40%、40%、20% 的股权。2013 年 8 月 3 日，以第三人黎海辉为甲方，欧建伟为乙方，第三人曾立言为丙方，三方签订《确认书》，共同确认以下事宜："一、按照顺强公司在工商局登记备案的顺强公司股东股权情况是，甲方持有顺强公司 40% 的股权，乙方持有顺强公司 40% 的股权。但事实上，甲、乙双方在上述的 40% 的股权中，各自代丙方持有 18% 的股权。因此，甲乙丙三方在顺强公司实际和真实的持股比例是：甲方持有顺强公司 22% 的股权，乙方持有顺强公司 22% 的股权，丙方持有顺强公司 36% 的股权。甲、乙、丙三方按各自持有的公司股权比例行使、承担顺强公司股东的权利和义务。二、由于甲、乙双方代丙方持有顺强公司 36% 的股权，丙方授权甲乙双方代为行使公司章程所规定的权利。但未经丙方书面授权同意，不得擅自处分丙方实际持有的上述股份。"对该《确认书》，第三人彭炳元表示不予确认。

2013 年 10 月 14 日，第三人曾立言作为甲方，原告晋宝公司作为乙方，双方签订《股权转让协议》，内容为："鉴于：1. 甲方为顺强公司的隐名股东，其实际持有顺强公司 36% 的股权，其中 18% 由顺强公司的登记股东黎海辉代为持有，剩余18% 由顺强公司的登记股东欧建伟代为持有；2. 甲方当时以人民币 3338.82 万元的价格购买了顺强公司 36% 的股权；3. 甲方转让其在顺强公司 36% 的股权，乙方知悉以上情况表示同意购买，且已经过公司股东会决议。现甲、乙双方就甲方出让其在顺强公司 36% 的股权给乙方的相关事宜，达成如下协议：1. 乙方同意以人民币36836800 元的价格购买甲方在顺强公司 36% 的股权。2. 本协议签订之日起十日内，乙方支付 36836800 元股权转让款。3. 乙方同意继续由顺强公司的登记股东黎海辉代为持有其在顺强公司的 18% 的股权，由顺强公司的登记股东欧建伟代为持有其在顺强公司的 18% 股权。4. 2013 年 8 月 3 日甲方与黎海辉、欧建伟签订了附件《确认书》，该确认书中关于甲方的全部权利与义务均转让给乙方享有及承担。"

原告晋宝公司于 2015 年 2 月 3 日向第三人黎海辉、欧建伟以及被告顺强公司发出《股权转让告知书》，告知其已受让第三人曾立言在顺强公司 36% 的股权事宜。后因被告顺强公司否认原告持有公司 36% 的股权，原告晋宝公司遂诉至法院，要求确认其股东身份。

另查明：顺强公司有关股权转让的公司章程与公司法的规定相一致。

【案件焦点】

"隐名股东"是否具备股东资格，能否行使股东权利？

【法院裁判要旨】

广东省罗定市人民法院经审理认为：本案属股东资格确认纠纷。各方争议的焦点是晋宝公司是否享有顺强公司 36% 的股权。鉴于晋宝公司主张其股权是通过受让曾立言在顺强公司的股权而得，故前提是要判断曾立言是否持有顺强公司 36% 的股权。顺强公司的企业机读登记资料载明投资者为第三人黎海辉、欧建伟、彭炳元，而顺强公司及彭炳元均否认曾立言持有公司股权，也未有证据证实曾立言通过出资等方式取得被告顺强公司股权，在本案中，仅凭《确认书》《股权转让协议》不能确认曾立言在顺强公司的股东资格地位。晋宝公司要求确认其享有顺强公司 36% 的股权，依据不足，不予支持。

原告持原审意见提起上诉。广东省云浮市中级人民法院经审理认为：只有属于公司的股东并持有股权，才存在转让股权的基础。一审认定本案中尚未能确立曾立言作为顺强公司的股东资格，事实清楚。即使第三人曾立言持有顺强公司36%的股权，但曾立言与晋宝公司签订《股权转让协议》后，才告知顺强公司以及黎海辉、欧建伟关于股权转让的情况，而未能在股权转让前告知其他股东并经过其他股东过半数的同意，违反了《中华人民共和国公司法》第七十一条的规定，该转让协议对顺强公司不具有约束力。曾立言认为顺强公司的三个股东在庭审中均表示不购买，而黎海辉与欧建伟的股份合计达80%，属超过过半数股东同意，视为股权转让协议合法有效的主张，是其对《中华人民共和国公司法》第七十一条的错误理解，法院不予采纳。一审判决认定事实清楚，适用法律及实体处理正确，应予维持。

广东省云浮市中级人民法院依照《中华人民共和国民事诉讼法》第一百七十条第一款第（一）项的规定，判决：

驳回上诉，维持原判。

【法官后语】

隐名股东，是与名义股东相对应的称谓，是指有实际出资，但未能在公司登记资料载明股权的权利人。对其实际出资的情况，往往也只有名义出资人才最清楚。

本案第三人曾立言，与顺强公司的两个名义股东签订有股权确认书，本来是占投资比例36%的"隐名股东"，但由于其并未能依照公司法的规定成为公司登记机关登记的股东，故其在行使股东权利与出让股份时均受限。这与公司的人合性特征有紧密联系。《最高人民法院关于适用〈中华人民共和国公司法〉若干问题的规定（三）》将实践中的"隐名股东"称为实际出资人，在条文中并没有明确其享有股东资格。该规定针对该类实际出资人，需要确认股东资格的（即要求登记变更为公司的股东的），受公司股份转让条件的限制，即实际出资人未经公司其他股东半数以上同意，未依程序确认前，不具有股东资格。实际出资人与名义股东之间签订的协议不具有对抗第三人的效力。按照《中华人民共和国公司法》第七十一条的规定，实际出资人与股东之外的受让人签订转让股权的协议，在程序上不能成功地将受让人确认为股东。

那么，"隐名股东"的权益如何保护呢？《最高人民法院关于适用〈中华人民共和国公司法〉若干问题的规定（三）》第二十五条第一款、第二款载明了相关规定，对其与名义股东之间的约定，依照合同法的规定，予以法律上的保护。由于"隐名股东"的投资权益不同于股东权益，不能行使股东权利，只能通过名义股东来实现其投资权益。故本案不论是曾立言还是晋宝公司，均不能享有股东的权利，不具备股东资格。

编写人：广东省罗定市人民法院　陈肖容

3

实际出资人的股东资格认定

——彭红娜诉彭伟泉股东资格确认案

【案件基本信息】

1. 裁判书字号

广东省广州市黄埔区人民法院（2015）穗黄法民二初字第 69 号民事判决书

2. 案由：股东资格确认纠纷

3. 当事人

原告：彭红娜

被告：彭伟泉

【基本案情】

2005 年 7 月 22 日，原告彭红娜与第三人黄思敏共同出资设立了第三人广州市一斗福机械设备有限公司（以下简称一斗福公司），其中彭红娜出资比例为 70%，黄思敏出资比例为 30%，法定代表人为彭红娜。

2007 年 3 月 18 日，原告彭红娜（甲方）、被告彭伟泉（乙方，为甲方的亲属）、第三人黄思敏（丙方）签订《股权代持协议书》，约定在丙方的同意与见证下，甲方自愿委托乙方作为自己在一斗福公司出资的名义持有人，并代为行使相关股东权利。协议约定甲、乙双方在工商机关办理过户登记，但不能视为甲方将其持有的股份转让或赠与乙方。协议还约定甲方委托乙方代持股份的期间自协议生效开始，至乙方根据甲方指示将代持股份转让给甲方或甲方指定的第三人时终止。同日，一斗福公司召开股东会议并形成《股东会决议》，全体股东同意彭红娜将其出资并持有的公司 70% 股份委托给彭伟泉代为持有。随后原告与被告在工商行政管理机关办理了一斗福公司 70% 股权过户的变更登记手续，并由被告担任一斗福公司的法定代表人。

2013 年 6 月 17 日，原告与其丈夫甘泽民签订《股权赠与协议》，约定原告将其实际持有的一斗福公司 70% 的股权全部无偿赠与甘泽民。同日，一斗福公司召开股东会议并形成《股东会决议》，全体股东同意将被告代持的一斗福公司 70% 的股权赠与甘泽民。随后被告与甘泽民在工商行政管理机关办理了一斗福公司 70% 股权过户的变更登记手续，并由甘泽民担任一斗福公司的法定代表人。

2014 年 6 月 16 日，甘泽民与原告签订《股权赠与协议》，约定甘泽民将其持有的一斗福公司 70% 股权无偿赠与原告。同日，原告、被告、甘泽民、黄思敏签订《股权代持协议书》，约定原告将受赠与甘泽民的一斗福公司 70% 股权委托给被告彭伟泉代为持有，由于该 70% 股权登记在甘泽民名下，故由甘泽民与被告在工商行政管理机关办理股权的过户登记，但不能视为甘泽民与被告发生了法律上的股权转让或股权赠与关系。协议同时约定原告委托被告代持股权的期间自协议生效开始，至被告根据原告指示将代持股权转让给原告或原告指定的第三人时终止。同日，一斗福公司召开股东会议并形成《股东会决议》，全体股东同意甘泽民将其名下的一斗福公司 70% 股权无偿赠与原告，并同意原告将受赠股份委托被告彭伟泉代为持有。随后甘泽民与被告在工商行政管理机关办理了一斗福公司 70% 股权过户的变更登记手续，并由被告担任一斗福公司的法定代表人。

另查明，在上述股权代持及变更登记过程中，被告彭伟泉未向原告彭红娜或甘泽民支付过股权对价。

之后，因被告在代持股权期间内，与原告就代理事项的具体履行事宜产生了诸多纷争，原告根据与被告之前签订的《股权代持协议书》约定，决定终止双方之间的股权代持关系，并要求被告将其名下的股权过户至原告名下，但被告一直未将其代持的股权变更过户至原告名下，遂成讼。

【案件焦点】

对实际出资人股东资格的认定。

【法院裁判要旨】

广东省广州市黄埔区人民法院经审理认为：原告彭红娜与被告彭伟泉之间关于一斗福公司70%股权的代持协议，是双方真实意思表示，且所有协议均经过一斗福公司召开股东会形成股东决议同意，其内容不违反法律规定并符合公司章程，合法有效，予以确认。根据验资报告可判定原告彭红娜是一斗福公司的实际出资人，被告确认在股权代持及股权变更过程中未有支付过股权对价，根据代持协议，登记在被告名下的一斗福公司70%股权只是原告委托被告代为持有，被告对该股权并无所有权。签订于2014年6月16日的《股权代持协议书》约定原告委托被告代持股权的期间自协议生效开始，至被告根据原告指示将代持股权转让给原告或原告指定的第三人时终止，故原告现起诉要求确认登记在被告名下的一斗福公司70%股权归原告所有的诉讼请求，有事实及法律依据，予以支持，被告应当协助原告到工商行政管理机关办理一斗福公司70%股权的变更登记手续。

广东省广州市黄埔区人民法院依照《中华人民共和国合同法》第八条、《中华人民共和国公司法》第二十七条、《最高人民法院关于适用〈中华人民共和国公司法〉若干问题的规定（三）》（以下简称《公司法司法解释（三）》）第二十二条的规定，判决：

一、确认被告彭伟泉所持有的广州市一斗福机械设备有限公司70%股权归原告彭红娜所有；

二、被告彭伟泉在本判决生效之日起十日内协助原告彭红娜到工商行政管理机关办理广州市一斗福机械设备有限公司70%股权的变更登记手续。

【法官后语】

有限责任公司的实际股东与登记在册的股东通常是一致的，但股东名册和工商登记的证明力并不绝对，有相反证据时则可能被推翻。在股权代持情况下，实际出资人具有一定的实质性证据来证明其实质股东资格的，则可推翻股东名册的记载。本案审理的焦点在于实际出资人要具备哪些实质条件才能获得股东资格。

其一，应当已向公司出资或已继受取得公司股权，且不违反法律、法规强制性规定（见《公司法司法解释（三）》第二十二条规定）。这是取得股东资格的基础性条件。本案中原告彭红娜是一斗福公司的发起人之一，占有 70% 的股份，所以在原告未将股份赠与给其丈夫甘泽民之前，可以基于实际出资主张股东资格；后来原告丈夫甘泽民又将 70% 的股份赠与回原告，则原告可基于继受取得公司股权而主张股东资格。且经查原告与被告之间的股权代持行为不存在违反法律、法规强制性规定的情形。

其二，应当具有合法有效且内容明确的股权代持协议。这是区分代持股关系与债权债务关系的关键。《公司法司法解释（三）》第二十四条第一款明确规定只要无《合同法》第五十二条规定的合同无效的法定情形，股权代持协议就有效。本案中，原告与被告先后签订的两份《股权代持协议书》，均无合同无效的法定情形，且明确约定原被告之间仅为代持股关系，过户登记至被告名下的行为并非股权转让或股权赠与。

其三，应获得公司其他股东半数以上同意（见《公司法司法解释（三）》第二十四条第三款规定）。实际出资人要想从幕后走到台前，成为公司的在册股东，必须经公司其他股东半数以上同意，这主要是基于对有限责任公司人合性的考量。其他股东是否同意的证明，可以通过股东会记录、分红账目登记或其他书面、录影证据等来判定。本案中，一斗福公司通过召开股东会议形成书面的《股东会决议》，对原被告签订的《股权代持协议书》予以认可，本案开庭审理中，第三人黄思敏作为一斗福公司唯一的其他股东亦同意公司 70% 的股权归原告彭红娜所有。以上事实，可以证明原告获得了一斗福公司其他股东半数以上同意。

编写人：广东省广州市黄埔区人民法院　李娜

$$4$$

股权收购前出资是否认定为实际出资人

——廖铁华诉新疆新地园房地产开发有限公司股东资格确认案

【案件基本信息】

1. 裁判书字号

新疆维吾尔自治区乌鲁木齐市中级人民法院（2015）乌中民二终字第 171 号民事判决书

2. 案由：股东资格确认纠纷

3. 当事人

原告：廖铁华

被告：新疆新地园房地产开发有限公司（以下简称新地园公司）

【基本案情】

2013 年 1 月 31 日，第三人郭旺与案外人张四新、张晓华签订《股权转让合同》，约定张四新、张晓华作为出让人向受让人郭旺出让二人持有的新地园公司共计 71.9039% 的股权，股权转让价格为 2556.79 万元，该转让价格包括转让 71.9039% 的股权及出让方对新地园公司拥有的债权的价格；受让方应向宏业公司支付人民币 7260 万元，经新地园公司与宏业公司、佳禾公司三方协议，由佳禾公司代新地园公司向宏业公司支付 6260 万元（佳禾公司已于 2013 年 12 月 31 日向宏业公司现行支付 1000 万元），佳禾公司同时取得对新地园公司 7260 万元。在《股权转让合同》磋商期间，因完成此次收购所需款项巨大，经介绍，郭旺与原告廖铁华相识，共同商议筹资事宜，双方未对股权比例作出明确约定。2012 年 12 月 4 日至 2013 年 5 月 16 日，廖铁华向郭旺指定的郭旺妻子胡阆账户付款 3000 万元。2013 年 2 月 7 日，出让方张四新、张晓华与郭旺完成股权交割，将张四新、张晓华名下新地园公司 71.9039% 的股权变更至郭旺名下。2013 年 8 月 10 日，廖铁华、郭旺、王琛然三人签署一份会议纪要，该会议纪要写明参加人员有郭旺、廖铁华、王琛然（新地园全体股东）；会议纪要对新地园公司账目及分配标准作了记录，其中第 6 条写明"郭旺、廖铁华按出资比例承担责任和分红"。该会议纪要由郭旺、廖铁华、王琛然三人共同署名。被告新地园公司不承认廖铁华的股东身份，第三人郭旺、王琛然对廖铁华系新地园公司的股东身份无异议，对其持股比例有异议。

另查明，在张四新、张晓华向郭旺出让股权时公司尚有自有资金 1800 万元在账。

【案件焦点】

廖铁华在郭旺收购新地园股权时出资是否可以认定为共同收购股权的实际出资人。

【法院裁判要旨】

新疆维吾尔自治区乌鲁木齐市水磨沟区人民法院经审理认为：本案的争议焦点在于郭旺与廖铁华是否共同出资收购张四新、张晓华持有的新地园公司股权。郭旺与廖铁华系共同出资收购张四新、张晓华持有的新地园公司股权，而非如郭旺所称 3000 万元系其向廖铁华转让新地园公司 15% 股权的股权转让款。理由如下：其一，廖铁华在郭旺与张四新、张晓华签订《股权转让合同》前已向郭旺指定的胡阗账户打款共计 2300 万元。其二，2013 年 8 月 10 日，廖铁华、郭旺、王琛然三人形成的会议纪要中明确载明"郭旺、廖铁华按出资比例承担责任和分红"，说明郭旺、廖铁华对二人均出资无异议。其三，郭旺未就其所称 3000 万元系其向廖铁华转让 15% 的股权的股权转让款的事实提供有效证据证明；郭旺提供的收据复印件无证据相互印证。在实际投资人履行了出资义务后，在其他股东对实际投资人股东身份无异议的情况下，可以认定其股东资格，其持股比例应当按照实际出资确认。郭旺、王琛然对廖铁华在新地园的股东身份均予以认可，对其持股比例有异议。欲完成收购张四新、张晓华 71.9039% 的股权，需要筹集的资金包括股权转让款 2556.79 万元和偿还新地园公司对外债务所需资金 7260 万元，因公司账户自有资金 1800 万元，故本次收购需筹集的资金为 8016.79 万元（5460 万元 + 2556.79 万元），其中廖铁华筹集 3000 万元。廖铁华对应享有的股权占整个新地园公司的股权比例应为 26.9074%（71.9039% × 3000 万元/8016.79 万元）。廖铁华未提供证据证明其与王琛然之间存在股权转让关系或代持关系，廖铁华应当承担其举证不能的不利后果。

新疆维吾尔自治区乌鲁木齐市水磨沟区人民法院依照《中华人民共和国合同法》第五十二条第（五）项、第五十八条，《中华人民共和国建筑法》第二十六条，《中华人民共和国担保法》第五条第一款之规定，判决：

一、确认原告廖铁华在被告新疆新地园房地产开发有限公司的股东身份，原告占有隐名在第三人郭旺名下的被告新疆新地园房地产开发有限公司 26.9074% 的股权；

二、被告新疆新地园房地产开发有限公司协助原告廖铁华办理上述股权变更登记手续；

三、驳回原告廖铁华要求确认第三人王琛然的 5% 的股权属原告廖铁华所有的诉讼请求。

郭旺不服一审判决提起上诉。新疆维吾尔自治区乌鲁木齐市中级人民法院经审理认为：廖铁华请求确认其具有新地园公司股东资格，同时请求确认持有股权的具体比例，符合公司诉讼的起诉条件。原审法院确定本案案由为股东资格确认纠纷正确。鉴于郭旺根据涉案《股权转让合同》的约定向张四新履行付款义务已使用新地园公司自有资金 1800 万元，原审法院借此认定郭旺偿还新地园公司对外债务所需资金 5460 万元，完成涉案股权收购需筹集资金 8016.79 万元（5460 万元 + 2556.79 万元）并无不妥。关于廖铁华是否与郭旺共同出资收购涉案股权的问题。根据本案已查证事实，郭旺与张四新、张晓华签订《股权转让合同》的时间为 2013 年 1 月 31 日，而截至 2013 年 1 月 29 日，廖铁华已向郭旺指定的收款人胡阗累计付款 2300 万元，可见廖铁华在郭旺与张四新、张晓华达成股权收购合意之前已参与出资。关于 2013 年 8 月 10 日会议纪要的效力。该纪要并无其所约定条款以凯迪公司成功受让新地园公司股权为生效条件的内容，原审判决借此确认廖铁华具有新地园公司股东资格及具体持股比例正确。关于郭旺所出示 2013 年 5 月 16 日收据复印件的证据效力。郭旺并未提交相关有效证据证明 2013 年 5 月 16 日收据的原件确由廖铁华持有，在郭旺、王琛然、廖铁华三人于 2013 年 8 月 10 日所签署会议纪要中亦未得到印证，原审法院据此对该证据的证据效力未予采信正确。新地园公司现登记股东为郭旺、王琛然，王琛然作为新地园公司股东之一，对原审判决第一项不持异议，廖铁华请求其新地园公司股东资格及持股比例并办理股权变更登记的主张业经新地园公司股东半数以上同意。郭旺所持上诉理由缺乏事实和法律依据，对其上诉请求，不予支持。原审判决认定事实清楚，适用法律正确，予以维持。

新疆维吾尔自治区乌鲁木齐市中级人民法院依照《中华人民共和国民事诉讼法》第一百七十条第一款第（一）项之规定，判决：

驳回上诉，维持原判。

【法官后语】

本案的争议焦点在于原告廖铁华与第三人郭旺之间是否存在共同收购股权并由郭旺代为持股的合意。在双方无书面代持协议的情况下，如何认定双方之间有无共同出资并由郭旺代持股份的合意要考量以下几个因素。

第一，原告廖铁华出资的时间。如果廖铁华实际出资在股权转让后向郭旺付款，此时，郭旺已用自己的资金完成股权收购，则不宜认定廖铁华系为受让股权出资，郭旺为廖铁华代持股份亦无从谈起；如果廖铁华实际出资在股权转让之前，则廖铁华和郭旺双方有可能是合意共同收购股权，并由郭旺出面收购并代持股份，但仅凭这一点仍不能确定双方存在共同收购的合意，因为双方之间有可能不是股权代持合意，而是借款合意。所以在此情形下需要考虑第二个因素，即投资收益是否由郭旺一人独享，如果仅由郭旺一人独享投资收益，则在无书面代持协议的情况下，不宜认定廖铁华和郭旺存在共同收购合意，很有可能双方仅是借贷关系。如果投资收益共享，则可以认定双方存在共同收购的合意，并且由郭旺代持股份。廖铁华曾经参与公司收益分配的股东会，并约定廖铁华按出资比例承担责任和分红，廖铁华在出资后还参与分红，享有出资收益。鉴于廖铁华和郭旺之间不存在书面代持协议，认定廖铁华与郭旺有共同收购股份并由郭旺代持股份的合意系基于以上两个因素推断而来，则允许郭旺通过其他证据予以推翻上述推断，郭旺出示的证据系复印件，现有证据无法形成证据链，不足以推翻上述推断，故原审法院认定廖铁华与郭旺有共同收购股份并由郭旺代持股份的合意。

编写人：新疆维吾尔自治区乌鲁木齐市水磨沟区人民法院　马彦玲

5

因夫妻财产分割取得股份能否确认股东资格

——姚某诉温州市瓯海某加油站股东资格确认案

【案件基本信息】

1. 裁判书字号

浙江省温州市瓯海区人民法院（2014）温瓯商初字第247号民事判决书

2. 案由：股东资格确认纠纷

3. 当事人

原告（被上诉人）：姚某

被告（上诉人）：温州市瓯海某加油站

【基本案情】

1992年9月，某加油站经工商行政管理部门登记成立，登记的股东为谢A、谢B、谢某，注册资金50万元，谢A18万元，占36%，谢B16万元，占32%，第三人谢某16万元，占32%。谢A与谢B系兄弟关系，谢A与谢某系父子关系。2009年11月4日，原告与第三人谢某经法院调解离婚，离婚协议约定双方在加油站享有的股权按25%、25%和50%的比例由原告、第三人及三个子女享有。三个子女享有的份额，在两个女儿出嫁后该50%的份额均归儿子谢金某所有。同日，加油站向法院出具一份股东决议，内容为加油站原有股东谢A 0.5股，谢B 0.5股，谢C 1股，谢D 1股，共4股份，谢某1股；对谢某1股，法院判谢某占0.25股，姚某（原告）占0.25股，谢金某0.5股，我站同意；因谢某、姚某（原告）对我站影响不好，今后谢某、姚某（原告）二人只拥有上述4股中1股的各0.25股权，但没有经营权等，并由谢A、谢B、谢C、谢D签名。

另查明，2014年8月19日，原告姚某及其三个子女以加油站为被告向法院提起诉讼，要求确认其在加油站持有24%的股份份额；并要求加油站支付2009年至

2013 年少付的 62.58 万元分红款，后撤回起诉，原告提起本案诉讼。

在诉讼过程中，被告召开股东会议，决议不同意谢某名下因离婚调解达成的姚某股份发生股权变更登记；凡在加油站未经工商登记的股东均不得变更成工商登记股东。

【案件焦点】

原告姚某因夫妻财产分割取得股份是否可以据此确认其股东资格？

【法院裁判要旨】

浙江省温州市瓯海区人民法院经审理认为：在有限责任公司股东资格认定问题上，若涉及债权人与股东、债权人与公司之间外部法律关系，应遵循公示公信原则与外观主义要求，坚持形式要件高于实质要件，以保障交易安全与善意第三人利益为优先考量，将工商登记材料作为确认股东资格的依据；若涉及公司内部法律关系，则应遵循意思自治原则，坚持实质要件高于形式要件，将当事人的意思表示与履约行为作为确认股东资格的依据，此时工商登记材料仅具有一般证据效力。本案属于公司内部法律关系，因原告系被告加油站登记股东谢某的前妻，且基于离婚分割共同财产而取得第三人谢某在被告加油站的股权，这种取得基于继受取得，且没有违反法律、法规强制性规定。根据被告加油站 2009 年 11 月 4 日出具的股东决议，可以明确加油站股东同意谢某的股份（实际占加油站股份 25%），由谢某占 0.25 股、原告姚某占 0.25 股、谢金某占 0.5 股。可见被告亦同意原告姚某为加油站股东。而且事实上原告每年均有取得加油站的红利，虽然原告认为红利分少了，被告认为红利是以第三人谢某名义分得后再给原告，不管是何种形式，原告享有加油站的分红是事实。虽然被告加油站在谢某、姚某离婚时，就明确在决议中确定，因该二人对加油站影响不好，今后只拥有股权，没有参与加油站的经营权，即限制原告及第三人参与加油站经营的权利，但这并不影响他们的股东资格。因此原告要求确认拥有加油站股东资格，符合法律规定，依法予以支持。

浙江省温州市瓯海区人民法院依照《中华人民共和国公司法》第四条，《最高人民法院关于适用〈中华人民共和国公司法〉若干问题的规定（三）》第二十一条、第二十二条之规定，判决：

确认原告姚某享有被告加油站股东资格。

被告不服，提起上诉。浙江省温州市中级人民法院经审理判决：

驳回上诉，维持原判。

【法官后语】

本案争议焦点是原告姚某因夫妻财产分割取得股份是否可以确认其股东资格。

根据《最高人民法院关于适用〈中华人民共和国婚姻法〉若干问题的解释（二）》第十六条规定，人民法院审理离婚案件，涉及分割夫妻共同财产中以一方名义在有限责任公司的出资额，另一方不是该公司股东的，按以下情形分别处理：（一）夫妻双方协商一致将出资额部分或者全部转让给该股东的配偶，过半数股东同意、其他股东明确表示放弃优先购买权的，该股东的配偶可以成为该公司股东；（二）夫妻双方就出资额转让份额和转让价格等事项协商一致后，过半数股东不同意转让，但愿意以同等价格购买该出资额的，人民法院可以对转让出资所得财产进行分割。过半数股东不同意转让，也不愿意以同等价格购买该出资额的，视为其同意转让，该股东的配偶可以成为该公司股东。用于证明前款规定的过半数股东同意的证据，可以是股东会决议，也可以是当事人通过其他合法途径取得的股东的书面声明材料。

本案中，姚某提供的证据即2009年11月4日加油站股东决议，可以证明加油站过半数股东同意姚某为加油站股东。虽然该股东会决议确定因其他原因，姚某、谢某二人今后只拥有加油站股权，没有经营权，但这并不影响姚某的股东资格。

编写人：浙江省温州市瓯海区人民法院　陈绵绵

二、股东出资纠纷

6

"对赌协议"纠纷的裁判规则

——苏州天相湛卢九鼎投资中心诉周秋火等公司增资案

【案件基本信息】

1. 裁判书字号

上海市第一中级人民法院（2014）沪一中民四（商）终字第 2041 号民事判决书

2. 案由：公司增资纠纷

3. 当事人

原告（被上诉人）：苏州天相湛卢九鼎投资中心

被告（上诉人）：周秋火、施某、浙江凯迪药业有限公司（以下简称浙江公司）、仙居凯迪投资有限公司（以下简称目标公司）

【基本案情】

2011 年 12 月，原告苏州天相湛卢九鼎投资中心（有限合伙）与其他七家公司为甲方、被告目标公司为乙方、浙江公司为丙方、周秋火与施某为丁方共同签署了《增资扩股协议》。根据协议约定，甲方共同出资以增资方式投资于被告目标公司，成为被告目标公司的股东，甲方即共同出资共计 1.5 亿元。

针对《增资扩股协议》，甲乙丙丁四方又签订了一份《补充协议》，约定在增资完成后，乙方、丙方和实际控制人（即丁方）对乙方未来一定时间内的经营业绩进行承诺：乙方 2012 年实现净利润 6000 万元……；如果乙方 2012 年未实现业绩承诺水平，实际控制人需对甲方予以现金补偿，对甲方的业绩补偿款应在次年 4 月 30 日前实施完毕；乙方、丙方和实际控制人对补充协议约定的相关责任和义务承担连带责任，甲方之各方对相关责任和义务按份承担。后，包括原告在内的甲方按《增资扩股协议》的约定完成了对目标公司的增资，并经工商变更登记，正式登记为目标公司的股东。

目标公司目前注册资本为 73714286 元，另有一股东浙江大红袍股权投资有限公司认缴出资额为 4422857 元。

2013 年 6 月 5 日，某国际会计师事务所出具了目标公司 2012 年的财务审计报告，被告目标公司 2012 年营业利润为 16905.68 元，净利润为 553351.30 元。

原告认为，被告目标公司 2012 年的业绩远未达到《补充协议》中约定的净利润目标 6000 万元，故于 2013 年 8 月 16 日向众被告发出律师函，要求被告周秋火、施某按照《补充协议》的约定，向原告等甲方公司支付共计 59983094.32 元的业绩补偿款及迟延付款的利息，其中按原告在甲方所占的出资比例，原告应获得的业绩补偿款为 4598703.90 元。被告浙江公司、目标公司对此承担连带付款责任。因被告未向原告支付补偿款，故原告诉至法院。

【案件焦点】

双方签订的《增资扩股协议》及《补充协议》是否存在显失公平而应被撤销？被告责任应如何认定？

【法院裁判要旨】

上海市奉贤区人民法院经审理认为：本案所涉的《增资扩股协议》及《补充协议》是一种估值调整协议，即股权投资中投资者根据融资企业未来经营情况，对企业估值及投资价格所进行调整的机制。根据合同当事人意思自治、诚实信用的原则，双方均应信守协议约定，履行协议义务。

估值调整协议作为一项新型的投资机制，其创设的风险和回报虽然较高，但对于双方而言亦是相对均等的。对于融资方，其需要资金注入以获得更多的经营空间，而对于投资方，其可以依靠注资企业的经营以实现高额的利润。因而协议实质上满足了交易双方对于实现投资利益最大化的营利性要求，系双方真实意思的表示。对于融资方而言，应具备专业的判断能力、分析能力和交易能力，在签订估值调整协议时，从常理而言，双方均会对企业经营状况及业绩目标的可行性作出全面的调查、评估和判断。尤其对于融资方而言，融资企业系其经营管理，较之投资方更能了解企业现状，而对投资风险更具有预见能力。故法院有理由相信，在被告作出业绩目标承诺时，亦系经过审慎仔细的计算和判断的，因此对被告辩称该协议显失公平法院不予采信。

两被告称其仅代表目标公司，不能由其个人承担责任。但两被告作为目标公司实际控制人，在《增资扩股协议》《补充协议》中以丁方的身份参与签约，并自行承诺如果目标公司业绩不能达到目标业绩，则业绩补偿款由其承担。该协议真实有效，对其具有约束力。两被告承担的责任与公司其他股东所承担责任并不冲突或者重叠，因此，两被告承担的责任也无法替代公司其他股东应承担的责任，故法院对两被告的辩称意见不予采纳。被告周秋火、施某应按协议约定，向原告承担给付业绩补偿款的责任。

在《补充协议》中，双方约定被告目标公司需对被告周秋火、施某给付补偿款承担连带清偿责任。估值调整协议虽然是投融资方的真实意思表示，但也必须遵守公司法和合同法的规定。被告目标公司作为目标公司，如果投融资方的协议使得投资者因取得收益而直接或间接地损害公司利益和公司债权人利益的，则该约定违反了法律、行政法规的强制性规定，应认定为无效。据此，《补充协议》要求被告目标公司承担连带责任的约定系无效约定，故对原告要求被告目标公司承担连带责任，法院不予支持。

本案中浙江公司作为协议丙方应为被告周秋火、施某的付款责任承担连带责任，故被告浙江公司应为被告周秋火、施某的付款义务承担连带责任。

综上，法院认为原告苏州天相湛卢九鼎投资中心（有限合伙）要求被告周秋火、施某向其支付业绩补偿款的诉讼请求依法应予支持。对于业绩补偿款的计算方式，根据《补充协议》约定的计算公式，被告周秋火、施某应向甲方公司支付业绩补偿款共计 59983094.32 元。根据协议约定，甲方各公司根据投资比例按份承担相应的权利义务，故根据原告投资款 1150 万元在甲方总投资金额 15000 万元中所占的比例，原告要求其应取得的业绩补偿款为 4598703.90 元计算无误，法院予以支持。《补充协议》中对于业绩补偿款的支付时间也作出了明确的约定，故被告应在约定的期限内及时向原告付款，否则应当向原告承担偿付逾期付款利息的违约责任。但原告主张的利息起算日期 2013 年 4 月 30 日系最后的付款期限，因此法院将利息起算日期调整为 2013 年 5 月 1 日。对原告要求被告浙江公司承担连带责任，法院予以支持。对原告要求被告目标公司承担连带责任，法院不予支持。

上海市奉贤区人民法院判决：

一、被告周秋火、施某于本判决生效之日起十日内给付原告苏州天相湛卢九鼎投资中心（有限合伙）业绩补偿款 6718106.56 元；

二、被告周秋火、施某于本判决生效之日起十日内偿付原告苏州天相湛卢九鼎投资中心（有限合伙）上述款项自 2013 年 5 月 1 日起至实际履行日止按中国人民银行同期贷款利率计算的利息损失；

三、被告浙江凯迪药业有限公司、仙居凯迪投资有限公司对上述第一项、第二项被告周秋火、施某的付款义务承担连带清偿责任；

四、驳回原告苏州天相湛卢九鼎投资中心（有限合伙）的其余诉讼请求。

周秋火、施某、浙江凯迪药业有限公司、仙居凯迪投资有限公司提出上诉。上海市第一中级人民法院认定原审判决认定事实清楚，适用法律正确，判决：

驳回上诉，维持原判。

【法官后语】

判断"对赌协议"合法与否应根据《合同法》和《公司法》的规定。实务中，对于融资企业的股东或实际控制人在约定的时间内，融资企业实际经营业绩未达到约定的目标业绩时，须向投资方支付协议补偿金的约定认为系合法有效的，原因在于该约定是其自行承诺的，真实有效，应当对其具有约束力。然而，对于融资企业的补偿承诺则要区别对待。投资方认购融资企业的股票后即成为股东，若对赌协议中约定一段时间内融资企业实际经营业绩未达到约定的目标业绩时，融资企业须支付投资方补偿款或者融资企业对其股东、实际控制人支付补偿款承担连带责任，就会引发公司对股东的赔偿责任，进而直接或间接地损害了融资公司、其他股东以及公司债权人的利益，因而违反了法律、法规效力性强制性规定而归于无效。

对赌协议作为一种私募股权投资方式，在国外发展较为完善，但国内发展还处于初级阶段，相关法律制度欠缺甚至空白，社会大众对对赌协议的认识不够全面和准确，导致一些认识上的误区，如认为对赌协议有保底收益零风险。目前司法实务中的审理倾向也使得"与公司对赌无效，与股东对赌有效"的错误认识盛行，偏离了判决的本意。这些认识误区的存在不利于估值调整机制的健康发展，因此有必要完善相关立法，规范对赌协议的操作。

编写人：上海市奉贤区人民法院　王蕾

三、股东知情权纠纷

$\boxed{7}$

股东有权查阅财务报表、账簿及会计凭证

——邱志平诉滁州凯凯建筑节能有限公司股东知情权案

【案件基本信息】

1. 裁判书字号

安徽省滁州市中级人民法院（2015）滁民二终字第 00042 号民事判决书

2. 案由：股东知情权纠纷

3. 当事人

原告（被上诉人）：邱志平

被告（上诉人）：滁州凯凯建筑节能有限公司（以下简称凯凯建筑公司）

【基本案情】

2006 年 8 月 1 日，徐标、邱志平、苏醒、陈荣虎四股东成立凯凯建筑公司。2014 年 5 月，凯凯建筑公司股东变更为徐标、邱志平、苏醒、陈荣虎、刘振中。同年 6 月 22 日，邱志平以需要全面了解公司运营及财务状况，维护股东的知情权为由，向凯凯建筑公司邮寄一份《会计账簿查阅函》，要求查阅凯凯建筑公司 2006—2013 年度的会计财务报告、会计账簿。凯凯建筑公司收到邱志平的《会计账簿查阅函》后，于 2014 年 7 月 4 日给邱志平一份《关于〈会计账簿查阅函〉的复函》，同意邱志平查阅 2006—2013 年度的会计财务报表、会计账簿，并要求邱志平于 2014 年 8 月 16 日至 8 月 31 日期间的公司正常工作时间内，在公司三楼会议室

查阅。

2014 年 8 月 18 日，凯凯建筑公司将其 2006—2013 年度的会计财务报表、会计账簿置备于公司会议室，供邱志平查阅。邱志平与其委托的会计一同前往凯凯建筑公司查阅时，凯凯建筑公司拒绝邱志平委托的会计查阅。邱志平遂提起诉讼，请求判令凯凯建筑公司提供财务报表、会计账簿、会计凭证供其查阅，并允许其委托的会计查阅。

凯凯建筑公司答辩称：凯凯建筑公司同意并通知邱志平于 2014 年 8 月 16 日至 8 月 31 日查阅公司财务报表及会计账簿，并安排财务人员将相关财务资料送至公司三楼会议室供邱志平查阅。会计凭证是公司最核心的机密，不属于股东知情权范围。邱志平委托股东之外人员查阅凯凯建筑公司会计账簿等财务资料无法律依据。请求驳回邱志平的诉讼请求。

【案件焦点】

凯凯建筑公司是否应当将公司的会计财务报表、会计账簿及会计凭证提供给邱志平及其委托的注册会计师进行查阅？

【法院裁判要旨】

安徽省来安县人民法院经审理认为：根据法律规定，股东有权查阅、复制公司财务会计报告及股东可以要求查阅公司会计账簿。会计账簿登记，必须以经过审核的会计凭证为依据。会计凭证是会计账簿的原始依据，是公司经营的真实反映，公司的具体经营过程只有通过查阅会计凭证才能知晓，也才能保障股东作为投资者全面真实的享有知情权。只有允许股东在必要时查阅会计凭证，才能充分保护股东的知情权。邱志平要求查阅凯凯建筑公司的财务报表、会计账簿、会计凭证，以便了解公司经营状况，目的正当，应予支持。

公司的会计财务报表、会计账簿、会计凭证等财务资料具有很强的专业性，如果不允许股东委托专业人员进行查阅，知情权将无法行使；同时，法律并未禁止股东委托专业人员进行查阅，且委托代理人实施民事法律行为是公民的权利。故邱志平委托注册会计师查阅，应予准许。

安徽省来安县人民法院依照《中华人民共和国公司法》第四条、第三十三条，《中华人民共和国民法通则》第六十三条，《中华人民共和国民事诉讼法》第六十

四条第一款,《最高人民法院关于民事诉讼证据的若干规定》第二条之规定,判决:

一、凯凯建筑公司于本判决生效后三十日内将其公司成立以来至今的会计财务报表、会计账簿、会计凭证(包括记账凭证和原始凭证)置备于其公司,供邱志平查阅;

二、邱志平有权委托注册会计师协助其查阅凯凯建筑公司会计财务报表、会计账簿、会计凭证(包括记账凭证和原始凭证)。

凯凯建筑公司提起上诉。安徽省滁州市中级人民法院经审理认为:股东知情权是股东享有对公司经营管理等重要情况或信息真实了解和掌握的权利,是股东依法行使资产收益、参与重大决策和选择管理者等权利的基础性权利。账簿查阅权是股东知情权的重要内容。股东对公司经营状况、财产状况的知悉,主要是通过查阅公司真实、完整的财务资料了解公司财务状况。会计凭证是编制会计账簿的依据,应当作为会计账簿的附件入账备查。邱志平要求查阅会计凭证,目的正当,应予准许。股东知情权是一个权利体系,由财务会计报告查阅权、账簿查阅权和检查人选任请求权三项权利所组成。财务会计报告、会计账簿、会计凭证具有高度的专业性,股东委托注册会计师帮助查阅,有助于股东知情权的充分行使;且现有法律、法规及凯凯建筑公司的章程并未对股东委托专业会计人员行使知情权明确禁止。凯凯建筑公司的上诉理由缺乏事实和法律依据,不予支持。

安徽省滁州市中级人民法院依照《中华人民共和国民事诉讼法》第一百七十条第一款第(一)项、第一百七十五条之规定,判决:

驳回上诉,维持原判。

【法官后语】

《公司法》赋予股东查阅公司财务会计报告、会计账簿权利的同时,并没有限制股东查阅原始会计凭证的权利,股东只有查阅会计账簿所依据的原始凭证,才能了解公司的真实经营情况和相关信息,才能依法享有资产收益、参与重大决策和选择管理者等权利。股东查阅会计账簿的权利应包含对其附件会计凭证的查阅。

首先,公司法关于股东知情权的立法目的和价值取向是为了保护股东尤其是中小股东的合法权益。查阅公司会计账簿及相应的会计凭证,是股东了解公司实际经营现状及信息的基本途径;其次,股东系公司的投资主体,依法享有资产收益等权利，一般情形下，其利益与公司利益应当是一致的，股东查阅原始会计凭证，不会损害公司利益，公司有义务保证股东知情权的充分行使；最后，为平衡公司与股东的利益，防止股东滥用知情权损害公司权益，公司法明确了股东在查阅公司会计账簿存在前置程序的必要限制。公司在不能举证证明股东要求查阅公司会计账簿有不正当目的，可能损害公司合法利益的情况下，应当将会计账簿及用于制作会计账簿的相关原始凭证提供给股东查阅。

关于股东是否可以委托他人代为行使公司财务资料查阅权的问题。因为财务会计报告、会计账簿等财务资料专业性强，如禁止股东委托专业会计人员查阅，则不利于股东知情权的充分行使；且根据法律规定，委托他人实施民事法律行为是公民的权利。当然，公司的会计凭证等财务资料涉及公司商业机密，对受托的查阅人的资质应作必要的限制。注册会计师作为中介服务专业机构的人员具有相应的职业纪律和职业操守，其接受委托代为行使查阅权，应予准许。

编写人：安徽省滁州市中级人民法院　陶继航

8

查阅公司会计账簿的不正当目的的认定

——张希娟诉北京鼎泰亨通有限公司股东知情权案

【案件基本信息】

1. 裁判书字号

北京市第三中级人民法院（2015）三中民（商）终字第 13365 号民事判决书

2. 案由：股东知情权纠纷

3. 当事人

原告（被上诉人）：张希娟

被告（上诉人）：北京鼎泰亨通有限公司（以下简称鼎泰亨通公司）

【基本案情】

张希娟系鼎泰亨通公司股东，持股比例为10%。2014年12月17日，张希娟为了解鼎泰亨通公司的经营状况，向鼎泰亨通公司发出了《关于要求查阅公司文件的函》（以下简称《查阅文件函》）要求查阅鼎泰亨通公司会计账簿等文件，该邮件因被鼎泰亨通公司拒收而退回。故张希娟起诉至法院，要求判令：1. 鼎泰亨通公司向张希娟提供公司自2010年2月至今的股东会会议记录、股东会会议决议，董事会会议记录、董事会会议决议、监事会会议决议、财务会计报告、会计账簿（包括记账凭证、电子账簿、原始会计凭证）等文件，供张希娟或其委托的律师、会计师查阅、复制；2. 鼎泰亨通公司承担本案全部诉讼费用。鼎泰亨通公司主张，张希娟以另一名字张嘉越出资1300万元作为控股股东成立了北京盛世恒昌商贸有限公司（以下简称恒昌商贸公司），恒昌商贸公司的经营范围与鼎泰亨通公司的大部分经营范围相同，双方存在同业竞争关系，因此张希娟查阅鼎泰亨通公司账簿会泄露鼎泰亨通公司商业秘密，有损鼎泰亨通公司利益，故不同意张希娟查阅鼎泰亨通公司会计账簿。

【案件焦点】

股东是否可以委托他人行使股东知情权？股东投资经营的公司与被查阅公司经营范围有交叉或重合，能否认定股东具有不正当目的？

【法院裁判要旨】

北京市朝阳区人民法院经审理认为：张希娟系鼎泰亨通公司股东，应当享有鼎泰亨通公司的股东权利。根据《中华人民共和国公司法》（以下简称《公司法》）第三十三条规定，公司有合理依据认为股东查阅会计账簿存有不正当目的，可能损害公司的合法利益的，可以拒绝提供查阅，并应当自股东提出书面请求之日起十五日内书面答复股东并说明理由。鼎泰亨通公司拒绝张希娟查阅公司会计账簿的请求，应举证证明张希娟查阅会计账簿存在不正当目的，并可能损害鼎泰亨通公司的合法利益。法院认为，股东通过查阅公司会计账簿虽可能会获悉公司的交易信息及客户信息，但在市场经济活动中，企业应当以其提供的商品、服务的质量和价格等方面的优势来参与市场竞争，市场也是基于此方面来选择、认可企业。企业间通过正常的市场竞争获得交易机会不属于不正当行为，不能仅以股东所持股的公司之间经营范围有交叉或重合认定股东查阅公司会计账簿有不正当目的，可能损害公司合法利益，公司也不能以此拒绝股东查阅公司会计账簿的要求，否则将严重限制股东查阅公司会计账簿的权利，损害股东的利益，背离市场经济的规律。本案中，鼎泰亨通公司与张希娟控股的恒昌商贸公司经营范围重合部分属于行业大类的重合，鼎泰亨通公司未举证证明张希娟有其他通过查阅公司会计账簿欲达到的不正当目的或存在损害公司合法利益的行为。故鼎泰亨通公司现提交的证据，未达到证明张希娟查阅会计账簿有损害鼎泰亨通公司合法利益的不正当目的具有高度盖然性的证明标准，对鼎泰亨通公司拒绝张希娟查阅公司会计账簿的答辩意见，法院不予采信。需要指出的是，如果张希娟利用查阅会计账簿的便利，在未来实施了损害鼎泰亨通公司合法利益的行为，则需对鼎泰亨通公司承担相应的损害赔偿责任。

股东通过行使股东知情权了解公司的经营状况，是股东参与公司经营管理、依照法律和公司章程行使和维护其权利的基础。股东行使股东知情权过程中，所触及的公司文件和资料在法律和财务等方面有较高的专业性，如果不允许股东获得具有法律和财务等专业知识人员的辅助，则股东无法真正了解公司的经营情况，股东知情权也无法起到保护股东利益的作用。因此，股东在行使股东知情权的过程中，应当允许股东委托外部专业人员在法律规定的股东知情权范围内查阅、复制公司文件。因此，对于张希娟要求委托律师或者会计师在其股东知情权范围内查阅、复制公司文件的诉讼请求，予以支持。

北京市朝阳区人民法院依照《中华人民共和国公司法》第三十三条，《最高人民法院关于适用〈中华人民共和国民事诉讼法〉的解释》第九十条之规定，判决：

一、被告北京鼎泰亨通有限公司于本判决生效之日起十日内置备自 2010 年 2 月 1 日至置备当日的股东会会议记录、董事会会议决议、监事会会议决议和财务会计报告于其办公场所供原告张希娟或原告张希娟委托的律师、会计师查阅、复制；

二、被告北京鼎泰亨通有限公司于本判决生效之日起十日内置备自 2010 年 2 月 1 日至置备当日的含原始凭证、记账凭证的会计账簿及电子账簿于其办公场所供原告张希娟或原告张希娟委托的律师、会计师查阅；

三、驳回原告张希娟的其他诉讼请求。

鼎泰亨通公司持原审答辩意见提起上诉。北京市第三中级人民法院经审理认为：一审法院认定鼎泰亨通公司应置备含原始凭证、记账凭证的会计账簿及电子账簿供张希娟或张希娟委托的律师、会计师查阅，并无不当，予以维持。

北京市第三中级人民法院依照《中华人民共和国民事诉讼法》第一百七十条第一款第（一）项之规定，判决：

驳回上诉，维持原判。

【法官后语】

《公司法》对公司董事和高管规定了竞业禁止义务，但对股东无此限制，股东投资经营范围类似或相同的其他公司并不违法，且在经济活动高度发达的社会，投资者投资多家经营范围类似或者相同的公司的情形非常普遍，如果仅以此即认定股东查阅公司账簿具有不正当目的，则将不合理地限制股东的知情权，不符合市场经济发展规律。但股东投资经营与被查阅公司经营范围类似的公司，股东查阅公司会计账簿，确实可能存在不正当目的，损害被查阅公司合法利益，在此种情况下，应具体分析股东投资经营的公司与被查阅公司经营范围的类似程度。

公司经营范围相同或者类似，并不代表其间必然会发生竞争关系，公司登记的经营范围一般都是行业大类范围，行业大类相同的公司之间，从事的可能是行业细化的不同业务，因此经营范围在行业大类重合的公司之间并不必然存在竞争关系。但是，如果公司经营范围类似程度非常高，在具体经营业务上存在同业竞争，或者经营范围均属于同一许可经营的范围，则公司之间构成实质竞争，此时股东查阅公司账簿，就可能存在以此获得客户信息或者其他商业秘密用于其投资经营的公司，从而损害被查阅公司的合法利益，在此种情况下，应认定股东查阅公司会计账簿存在不正当目的，即股东投资经营与被查阅公司经营范围重合的公司，股东不正当目的的认定应以股东投资经营的公司与被查阅公司之间是否构成实质竞争为标准。

编写人：北京市朝阳区人民法院　韩跃东

9

股东知情权的范围

——郭锦周诉厦门泰吉运动器材有限公司股东知情权案

【案件基本信息】

1. 裁判书字号

福建省厦门市海沧区人民法院（2015）海民初字第 927 号民事判决书

2. 案由：股东知情权纠纷

3. 当事人

原告：郭锦周

被告：厦门泰吉运动器材有限公司（以下简称泰吉公司）

【基本案情】

2006 年 11 月 14 日，郭锦周与案外人台湾泰吉实业厂、刘腾谦，分别出资 30%、40%、30% 成立被告泰吉公司，并由案外人徐源平担任泰吉公司法定代表人，职务董事长兼总经理。郭锦周系泰吉公司股东、董事。郭锦周认为，泰吉公司成立至今从未按照公司法规定向原告提供过财务会计报告，公司的年度财务预算、决算方案也从未提请通过董事会、股东大会审议。为此，郭锦周于 2015 年 2 月 6 日向泰吉公司及其法定代表人徐源平邮寄《查账申请书》，申请：1. 查阅、复制自公司成立至今的公司章程、股东会会议记录、董事会会议决议、监事会会议决议和财务会计报告。2. 查阅公司自成立至今的全部会计账簿、会计报表及相关原始凭证。厦门市鹭江公证处对原告的邮寄行为及过程给予了证据保全：邮寄至被告泰吉公司住所地的邮件"无此收件人邮局已退货"，邮寄至泰吉公司法定代表人徐源平台湾住址的邮件一份"投递并签收"，另一份"无此收件人邮局已退货"。郭锦周申请未果，诉至法院。

【案件焦点】

原始凭证是否属于《中华人民共和国公司法》第三十三条第二款规定的股东知情权的查阅对象，是否属于股东知情权范围。

【法院裁判要旨】

福建省厦门市海沧区人民法院经审理认为：原告作为泰吉公司的股东，依法享有知情权，现原告已依法向泰吉公司及其法定代表人提出书面请求，并说明了目的，其理由正当合法，泰吉公司应予提供相关公司章程、股东会会议记录、董事会会议决议、监事会会议决议供原告查阅、复制。公司的会计账簿等财务资料具有很强的专业性，原告作为股东未必具有专业的会计知识，如果不允许其委托专业人员进行查阅，知情权将无法行使。因此，泰吉公司应予提供公司会计账簿供原告及其委托的具有执业资格的注册会计师进行查阅。至于原始凭证问题，《中华人民共和国公司法》第三十三条第二款规定的股东知情权的查阅对象非常明确，即仅为"会计账簿"。《中华人民共和国会计法》第十四条第一款和第十五条第一款分别规定："会计凭证包括原始凭证和记账凭证。""会计账簿登记，必须以经过审核的会计凭证为依据，并符合有关法律、行政法规和国家统一的会计制度的规定。"因此，原告要求查阅原始凭证的诉求，没有法律依据，不予支持。此外，原告的查阅和复制不得影响公司正常的经营且对公司会计账簿所涉相关商业秘密还应承担相应的保密义务。

福建省厦门市海沧区人民法院依据《中华人民共和国公司法》第三十三条，《中华人民共和国民事诉讼法》第六十四条第一款、第一百四十四条之规定，判决：

一、被告厦门泰吉运动器材有限公司于本判决生效后十日内将其公司成立以来至今的股东会会议记录、董事会会议决议、监事会会议决议以及财务会计报告供原告郭锦周查阅和复制；

二、被告厦门泰吉运动器材有限公司于本判决生效后十日内将其公司成立以来至今的会计账簿供原告郭锦周及其委托的具有执业资格的注册会计师进行查阅；

三、驳回原告郭锦周的其他诉讼请求。

【法官后语】

根据《中华人民共和国公司法》第三十三条的规定，股东有权无条件查阅、复制的公司文件，包括公司章程、股东会会议记录、董事会会议决议、监事会会议决议和财务会计报告，也可且仅可请求查阅公司会计账簿，查阅对象不包含原始凭证，要求查阅原始凭证已经超出股东正当行使知情权的范围。

首先，会计账簿与会计原始凭证分属于两种不同性质的文件，并不必然存在包含与被包含的关系。根据《中华人民共和国会计法》的相关规定，会计账簿包括总账、明细账、日记账和其他辅助性账簿，是由一定格式、相互联系的账页组成，用来全面记录和反映一个公司经济业务事项的会计簿籍。会计凭证包括原始凭证和记账凭证。公司在发生经营活动的过程中取得原始凭证，会计机构和人员根据经过审核的原始凭证及有关资料编制记账凭证，最后根据审核的会计凭证依法进行会计账簿登记，由此可见，会计账簿与原始凭证无论是概念还是作用都不尽相同，两者本身并不存在必然的包含关系。

其次，现行《中华人民共和国公司法》修正后，股东的知情权在一定程度上得以延伸扩展，但同时也作了相应的限制规定，由此可见，在对待股东所享有的知情权范围问题上，立法者持一种十分谨慎的态度。股东知情权并不是一种无限权，其范围边界取决于法律在公司自治机制与股东权利保护之间的权衡，而实现平衡的关键在于能有效防止各方滥用权利，在强调给予股东权利最大限度的保护的同时，也不能忽视股东在行使权利过程中可能违背正当原则或超越法律规定的范围，构成知情权的滥用，进而阻碍公司的正常经营甚至侵害公司利益，因此必须对股东知情权行使的范围予以合理的限制。基于这种立法背景，应当严格按照法律条文字面的通常含义进行条文解释，不能盲目扩大或缩小。

最后，原始凭证的特殊性决定了其不应被包含于公司股东查账权的范围内。原始凭证中包含大量的公司经营信息，包括公司客户、交易金额等，不可避免地会涉及一些商业秘密，对这些商业秘密的有意无意泄露，都会给公司带来不利影响。另外，公司在生产经营过程中会产生大量的原始凭证和基础资料，这些材料如果一律允许股东查阅，将造成人力资源和时间资源的浪费，还可能扰乱公司工作秩序，进而影响公司正常的经营活动。从目前的法律规定来看，仅仅要求提供查阅会计账簿是合情合理合法的，要求查阅原始会计凭证，没有直接的立法依据。

编写人：福建省厦门市海沧区人民法院　叶炎乾　邱碧蓉

10

能否越过职工持股会直接行使权利

——邱祖锦等 115 人诉南京柘塘水泥有限公司股东知情权案

【案件基本信息】

1. 裁判书字号

江苏省南京市中级人民法院（2015）宁商终字第 1415 号民事判决书

2. 案由：股东知情权纠纷

3. 当事人

原告（上诉人）：邱祖锦等 115 人

被告（被上诉人）：南京柘塘水泥有限公司（以下简称柘塘水泥有限公司）

【基本案情】

1998 年，南京柘塘梅冠水泥厂实行企业产权制度改革。1998 年 1 月 11 日，南京柘塘梅冠水泥厂向全体职工发布《招股说明》，其中第二条规定，改制后企业依据有关法律建立南京柘塘梅冠水泥制造有限责任公司，企业的股东由柘塘水泥厂作为集体股东的一方，梅冠水泥厂内部职工认股的股东成立的持股会为一方……第四条规定，凡认购本企业股份并缴纳股金的职工均为本企业的股东。股东有下列权利……（6）有依据章程经持股会对公司的生产经营行使监督权。……股东的义务……（2）有遵守持股会章程和公司章程的义务……邱祖锦等 115 人作为南京柘塘梅冠水泥厂的职工，根据《招股说明》的要求向改制企业缴纳款项并认购股份，南京柘塘梅冠水泥厂向缴款职工出具了内容为认购股金的收款收据。

1998 年 4 月 13 日，南京柘塘梅冠水泥制造有限责任公司设立，登记股东为柘塘经济实业总公司、南京柘塘梅冠水泥制造有限责任公司职工持股会。同日，溧水县总工会批复同意成立南京柘塘梅冠水泥制造有限责任公司职工持股会，职工持股会隶属公司工会领导。2002 年 3 月 29 日，南京柘塘梅冠水泥制造有限责任公司经核准变更股东登记，变更后的股东为葛昌林、张闻龙、孙照银、陈清、章明生、谢敬、孙猛及南京柘塘梅冠水泥制造有限责任公司职工持股会。2002 年 10 月 31 日，南京柘塘梅冠水泥制造有限责任公司经核准变更企业名称，变更后的名称为南京柘塘水泥有限公司。

南京柘塘梅冠水泥制造有限责任公司《职工持股会章程》第一条规定，南京柘塘梅冠水泥制造有限责任公司职工持股会是职工持股者的群众组织，是职工持股者利益的代表机构，是在南京柘塘梅冠水泥制造有限责任公司工会领导下从事内部职工股管理，代表持股职工行使股东权并承担民事责任的组织。该章程还对职工持股会的性质、宗旨、职权、组织机构、工作制度、持股会会员的权利与义务、股本构成、股份管理办法、红利分配办法、财务管理和审计、持股会的解散与清算等作了具体规定。

2010 年 2 月 7 日、2011 年 1 月 29 日、2012 年 1 月 15 日、2013 年 2 月 3 日、2014 年 1 月 26 日，柘塘水泥公司先后召开职工代表、持股会会员代表大会，会议内容为听取上年度企业工作、财务工作、工会工作情况的汇报。

邱祖锦等 115 人要求查阅公司自成立以来的全部会计凭证及相关报表材料，但柘塘水泥公司自 2015 年 1 月 6 日收到申请后一直未予回复，其认为邱祖锦等 115 人不具有公司股东身份，不具备提起股东知情权的主体资格。

【案件焦点】

邱祖锦等 115 人是否可以越过职工持股会行使查阅柘塘水泥公司会计账簿的股东权利？

【法院裁判要旨】

江苏省南京市溧水区人民法院经审理认为：股东可以要求查阅公司会计账簿。公司拒绝提供查阅的，股东可以请求人民法院要求公司提供查阅。柘塘水泥公司的股东为葛昌林、张闻龙、孙照银、陈清、章明生、谢敬、孙猛及职工持股会，邱祖锦等 115 人并非柘塘水泥公司的股东。职工购买公司股份之后，成为公司持股职工，应通过职工持股会享有相应的股东权利。柘塘水泥公司的持股职工应要求职工持股会代表其行使股东权利，而非以个人名义要求查阅公司会计账簿。

江苏省南京市溧水区人民法院依照《中华人民共和国公司法》第三十四条，

《中华人民共和国民事诉讼法》第一百四十二条之规定，判决：

　　驳回邱祖锦等115人的诉讼请求。

　　邱祖锦等115人提起上诉。江苏省南京市中级人民法院经审理认为：柘塘水泥公司设立时，公司登记股东为柘塘经济实业总公司、南京柘塘梅冠水泥制造有限责任公司职工持股会，2002年3月变更登记股东为葛昌林、张闻龙、孙照银、陈清、章明生、谢敬、孙猛及南京柘塘梅冠水泥制造有限责任公司职工持股会。邱祖锦等115人作为原南京柘塘梅冠水泥厂的职工，虽然向改制企业认购股份并缴纳股金，但并未取得股东资格，应当认定其为柘塘水泥公司的实际出资人。柘塘水泥公司职工持股会并未向柘塘水泥公司实际出资，其依法设立并代表出资职工持有公司股份，应当认定为柘塘水泥公司的名义股东。《中华人民共和国公司法》第三十三条规定，股东可以要求查阅公司会计账簿。公司拒绝提供查阅的，股东可以请求人民法院要求公司提供查阅。查阅公司会计账簿是法律赋予公司股东的请求权，非公司股东不能直接向公司主张。邱祖锦等115名实际出资人如果认为自身的合法权益受到侵害，应当根据《招股说明》《职工持股会章程》的约定，通过名义股东柘塘水泥公司职工持股会向柘塘水泥公司进行主张，而无权越过名义股东直接向公司主张。柘塘水泥公司提供的证据也表明，柘塘水泥公司职工持股会经批准成立并实际运行至今，邱祖锦等115名实际出资人通过其行使相关权利并无法律和事实上的障碍。一审判决认定事实基本清楚，裁判结果正确，但引用法律条文有误，应予纠正。邱祖锦等115人的上诉理由缺乏事实和法律依据，不予支持。

　　江苏省南京市中级人民法院依照《中华人民共和国公司法》第三十三条，《中华人民共和国民事诉讼法》第一百七十条第一款第（一）项之规定，判决：

　　驳回上诉，维持原判决。

【法官后语】

　　根据我国对于职工持股会的相关规定及本案中职工持股会章程的约定，职工持股会是职工持股者的群众组织，是职工持股者利益的代表机构，是在公司工会领导下从事内部职工股管理，代表持股职工行使股东权并承担民事责任的组织。邱祖锦等115人虽然认购了股份并缴纳了股金，但并未取得股东的资格，应认定为公司的实际出资人。职工持股会虽未实际出资，但其代表出资职工持有公司股份，应当认定为公司的名义股东。

查阅公司会计账簿是法律赋予公司股东的请求权，非公司股东不能直接向公司主张。这里应该考虑到，职工持股会作为全体持股职工的代表，应代表持股职工集体的利益与诉求，持股职工应通过职工持股会的相应程序形成有效决议，进而以职工持股会的名义行使权利。邱祖锦等 115 人的诉求，应通过职工持股会行使，邱祖锦等 115 人并不能当然的代表全体持股职工。

编写人：江苏省南京市溧水区人民法院　任涛

四、公司盈余分配纠纷

11

股东资格的实质性标准

——刘爱科诉北京励志立信商贸有限公司公司盈余分配案

【案件基本信息】

1. 裁判书字号

北京市海淀区人民法院（2015）海民（商）初字第 25985 号民事裁定书

2. 案由：公司盈余分配纠纷

3. 当事人

原告：刘爱科

被告：北京励志立信商贸有限公司（以下简称商贸公司）

【基本案情】

2012 年 2 月 6 日，商贸公司依法注册成立（注册号：110108015054652），注册资本为 10 万元，住所地位于北京市海淀区清华园三才堂 42 号 8 号平房 4560。2013 年 11 月 25 日，于云宝（甲方）与刘爱科（乙方）签订一份股东协议书。根据协议书记载，经甲乙双方协商，就商贸公司投资化妆品项目事项达成以下协议，该协议一式两份，甲乙双方签字生效。协议规定：甲乙双方各占股 50%，股份变更在签订该协议之日起 180 天内完成，法定代表人变更为于云宝。公司经营范围是化妆品自主品牌的生产和销售以及其他和化妆品相关的投资。甲乙双方 5 年内不得在公司之外从事和化妆品相关的工作或投资。甲乙双方在分红后，如若其中一方在化妆品领域要进行投资，应通知另一方协商进行参股投资，如果另一方不看好投资项目，无意投资，此种投资方式不受该条约束。第一期乙方投资 30 万元，资金在签订该协议之日起 180 天内完成注资；如果公司还需要继续融资，则以公司股东借款的形式筹集资金，甲乙双方股份维持不变。甲乙任何一方转让或出售股份必须征得另一方的同意。经甲乙双方同意，任命甲方为公司的 CEO（首席执行官）负责公司产品、团队管理、公司运营、市场推广等公司日常工作。上述协议书的落款处，分别有于云宝与刘爱科的签名字样。

2014 年 9 月 5 日，于云宝（甲方）与刘爱科（乙方）共同签订一份合作解除协议。根据协议记载，该份合同用于取代 2013 年 11 月 25 日签署的股东协议书。股东协议书在该协议签订之日起作废。双方约定在 2014 年 10 月 10 日前把商贸公司的法定代表人变更为甲方。乙方不再担任商贸公司法定代表人。乙方要配合公司完成法人变更。甲方将配合乙方将爱马丽萨转出到乙方所指定的公司。合同生效之日至 2014 年 10 月 10 日，商贸公司由爱马丽萨经营产生的所有法律纠纷由乙方一人承担，除爱马丽萨以外所产生的其他所有法律纠纷由商贸公司承担。甲乙双方本着利益最大化的原则，在 2014 年 10 月 10 日前，由甲方继续负责爱马丽萨产品生产相关工作；在 2014 年 10 月 10 日前由乙方负责法黎斯汀官网的维护工作。甲方须在签署合同 3 日内退还乙方 1.5 万元，爱马丽萨相关的物料归乙方所有。其他资产归甲方所有。公司现有的工商问题由甲乙双方共同解决。上述协议的落款处，分别有于云宝与刘爱科的签名字样。另查，根据商贸公司的企业信用信息网上查询结果显示，该公司的注册资本目前仍为 10 万元，公司股东为自然人股东于云宝一人，原法定代表人为刘爱科，现任法定代表人为闫雪松。

【案件焦点】

刘爱科是否实际取得了商贸公司的股东资格？

【法院裁判要旨】

北京市海淀区人民法院经审理认为：根据《中华人民共和国公司法》（以下简称《公司法》）的规定，公司股东依法享有资产收益、参与重大决策和选择管理者等权利。股东所享有之资产收益权利的典型表现形式系公司盈余分配请求权，而该项法定权利又系公司股东的固有权利。公司股东以外的民事主体并不具备行使上述权利的主体资格，故其与上述权利所对应之利益亦无公司法上之利害关系。

从刘爱科所提交的股东协议书与合作解除协议两份证据的内容来看，其本人与案外人于云宝之间确实存在依托商贸公司从事化妆品经营的合作事项。上述两份协议中也确实约定有刘爱科向商贸公司注资以及商贸公司融资的有关内容，但从商贸公司的工商登记情况来看，该公司自设立时起并未发生过注册资本的增加，也并无证据显示刘爱科曾受让于云宝所持商贸公司股权。对于刘爱科与商贸公司的关系而言，《公司法》所明确规定的新股东加入公司的情形并未发生。刘爱科于本案中也并未提供任何可能涉及商贸公司之股权代持或者隐名出资的证据。结合本案现有证据，刘爱科目前并非商贸公司的合法股东。

公司盈余分配请求权应系公司股东所享有的固有权利，非公司股东则无权向公司主张分配盈余。刘爱科本人与其所诉请的商贸公司盈余分配内容之间并无法律上的利害关系。刘爱科提起本案诉讼，应属诉讼主体不适格。

北京市海淀区人民法院依照《中华人民共和国公司法》第四条，《中华人民共和国民事诉讼法》第一百一十九条第（一）项、第一百五十四条第一款第（三）项之规定，裁定：

驳回原告刘爱科的起诉。

【法官后语】

股东的盈余分配请求权即股利分配请求权，是股东自益权的一种，指股东基于其股东地位依法享有的请求公司按照自己的持股比例向自己分配股利的权利。公司盈余分配纠纷主要发生在有限责任公司中，处理此类纠纷的法律依据主要是《公司法》第四条、第三十五条、第一百六十七条的规定。

股东要求分配盈余的前提，系该股东具有合法的股东资格。换言之，非公司股东或者已然丧失资格的公司股东，无权向公司要求分配盈余。实践中，股东资格的取得途径主要有二，即通过认缴出资方式成为股东或者通过受让他人股权的方式成为股东。从公司层面来看，认缴出资的直接后果系导致公司注册资本的增加，而受让股权的直接后果系引起公司股东的变更。同时，对于受让股权而言，交易双方主体系新旧股东，与公司本身无关，受让对价的支付也系发生在交易双方之间。除上述两种情形外，通常无法在公司法上成立股东资格的取得效力。

本案中，于云宝系商贸公司的唯一股东。从于云宝与刘爱科所签股东协议书的约定内容来看，双方围绕各自持股比例问题，刘爱科向公司注资的具体时间和方式问题，以及双方在经营公司过程中的任职和分工问题均作出明确约定。从上述协议所约定的条款及其文字表述来看，该协议似乎导致刘爱科实际取得了商贸公司的股东资格。然而，结合《公司法》的有关规定来看，上述协议约定内容实际并不明确。一方面，商贸公司并未出现《公司法》上的增资效果，故刘爱科的股东资格可能系来源于于云宝出让其所持该公司股权。另一方面，刘爱科依约付款的对象并非于云宝个人，该笔款项系直接投入商贸公司，这又与公司增资的实际情况相类似。也就是说，股东协议书的约定内容实际并不符合《公司法》上的任何一种股东资格取得方式，而是两种取得方式的混合体。因此，无论将股东协议书解释为增资协议抑或股权转让协议均有不妥之处，认为该协议同时符合两种协议的法律特征却又不宜于自相矛盾。

除股东协议书本身所存在的疑点外，从于云宝与刘爱科后续所签合作解除协议内容来看，其中虽涉及有商贸公司的法定代表人变更问题，以及公司资产的分割问题，但并未提及《公司法》上的股权变动问题。由此看来，商贸公司的股权结构实际并未因为股东协议书而发生改变，刘爱科与于云宝个人之间虽以公司为平台开展有具体合作，但刘爱科并未于《公司法》层面上取得公司股东资格。有鉴于此，刘爱科在本案中主张行使要求公司分配盈余的权利，显属诉讼主体不适格，故法院裁定驳回起诉。

编写人：北京市海淀区人民法院　魏玮

$\boxed{12}$

公司盈余分配的前提条件

——华荣青诉北京自由空间酒店管理有限公司公司盈余分配案

【案件基本信息】

1. 裁判书字号

北京市第一中级人民法院（2015）一中民（商）终字第 437 号民事判决书

2. 案由：公司盈余分配纠纷

3. 当事人

原告（被上诉人）：华荣青

被告（上诉人）：北京自由空间酒店管理有限公司（以下简称管理公司）

【基本案情】

2009 年 10 月 29 日，管理公司注册成立，公司类型为有限责任公司，股东四人，分别为韩彩金、梁忠恩、饶远武及华荣青（占股 15%）。公司章程约定，股东会由全体股东组成，是公司的权力机构，有权审议批准公司的利润分配方案和弥补亏损的方案。股东会会议由股东按照出资比例行使表决权。公司不设董事会，设执行董事一人，由股东会选举产生，有权制订公司的利润分配方案和弥补亏损方案。2014 年 8 月 7 日，华荣青提起诉讼，请求判令管理公司向其支付 2012 年后的股东分红款 1013033.7 元，并支付相应迟延分红利息。

诉讼中，华荣青提交了管理公司 2012 年 1 月至 12 月，2013 年 1 月至 12 月，以及 2014 年 1 月、2 月、3 月的 5 份收支利润表。其中，2012 年 1 月至 12 月收支利润表记载，管理公司全年总收入为 6236064.7 元，全年总支出为 3802814.41 元，全年总利润为 2433250 元，股东饶远武（含饶远星）应得利润为 1216625.14 元，股东梁忠恩应得利润为 608312.57 元，股东韩彩金应得利润为 608312.57 元。其余 4 份收支利润表均有类似记载。

管理公司辩称：第一，在没有经过公司股东会审议的情况下，股东不能直接提起公司盈余分配之诉。第二，华荣青在取得红利之前，应当在公司利润中扣除应当提取的法定公积金后，再进行分配，但 5 张收支利润表未进行依法审计。第三，管理公司已经将华荣青应当取得的分红给了管理公司的法定代表人饶远武，华荣青的分红一直由饶远武收取，2012 年后华荣青并未告知管理公司由其本人收取分红，故华荣青应向饶远武主张分红。第四，华荣青存在侵占公司资金的行为。

诉讼中，管理公司称，该公司在经营过程中系按月向股东进行分红，且分红时并不形成股东会决议，而是直接分红。管理公司认可其与 3 位股东的实际分红情况与 5 份收支利润表记载内容一致。管理公司在向股东进行分红时，并未依法先行提取法定公积金，亦未弥补公司亏损，且没有制订分配方案并召开股东会对分配方案进行审议和通过。

【案件焦点】

管理公司未按公司章程规定，制订公司利润分配方案并经股东会审议通过，且管理公司实际分红并未弥补亏损和提取法定公积金，有违公司法明文规定，此时能否判决支持华荣青的盈余分配请求？

【法院裁判要旨】

北京市海淀区人民法院经审理认为：依据管理公司相应年度及月份的收支利润表中关于其他股东已分取红利的总数额，结合华荣青在该公司的持股比例，可以计算得出华荣青实际有权分取的红利数额。对于华荣青有权取得的相应分红款，虽然管理公司已经支付给其他股东，但华荣青仍要求管理公司继续向其足额支付。

北京市海淀区人民法院依照《中华人民共和国公司法》第四条、第三十四条，《中华人民共和国民事诉讼法》第六十四条第一款之规定，判决：

一、管理公司向华荣青支付分红款 860512.07 元，于判决生效后十日内付清；

二、驳回华荣青的其他诉讼请求。

管理公司不服提起上诉。北京市第一中级人民法院经审理认为：有限责任公司的股东享有按照实缴出资比例分取红利的权利。第一，从公司领取分红的权利人为股东，华荣青从未向管理公司明确表示将其 2012 年后的分红支付给饶远武，此时管理公司仍应承担向华荣青本人分红的义务。第二，公司应就弥补亏损和提取公积金后的所余税后利润进行分配，但根据管理公司的陈述，管理公司并未提取法定公积金即进行了分红，且除华荣青之外的其他三名股东已然按此金额实际取得了分红，上述实际分红情况结合管理公司股东间存在矛盾及内部治理缺失的事实，如在本案中对华荣青应当取得的分红单独予以扣减，将可能出现管理公司的股东间义务分担失衡及个别股东单独给付的结果，故法院同意一审所提出的就管理公司未按法律规定提取的法定公积金和弥补亏损部分"通过其他途径予以整体性纠正或补足"的意见。第三，提取法定公积金系公司的法定义务，管理公司内部财务会计制度混乱，违反法律规定，管理公司应尽快按照法律规定补足法定公积金，弥补亏损，交清税款，依法进行企业运行。

北京市第一中级人民法院依照《中华人民共和国民事诉讼法》第一百七十条第一款第（一）项之规定，判决：

驳回上诉，维持原判。

【法官后语】

股东盈余分配权，即股东的分红权，是股东自益权的一种，根据《中华人民共和国公司法》（以下简称《公司法》）第三十四条的规定，有限责任公司的股东享有按照实缴出资比例分取红利的权利，即股东可基于股东地位享有请求公司按照自己的持股比例向自己分配股利的权利，这是股东盈余分配权的法律依据。公司章程一般都会对股东的分红进行约定，这是股东盈余分配权的合同依据。

本案中，管理公司的章程约定了由董事制定公司的利润分配方案，股东会予以审议。从查明的事实来看，管理公司并未按照公司章程的程序进行股东分红，此时，是否能以未有股东会分红决议为由，否定华荣青获得分红的权利，是本案的争议焦点之一。公司法的宗旨为尊重公司自治权，司法审判不应介入公司治理范畴。股东究竟通过何种程序或方式从公司分取红利，属于公司自治的范畴，尽管管理公司股东实际分取红利的程序与方式，与该公司章程的规定内容存在冲突，但全体股东之间协同一致的上述红利分取行为，应与该公司章程的规定内容具有同等的合理性与正当性，故华荣青亦可按照同等方式从公司获得分红，管理公司以未形成股东会分红决议进行抗辩，显然脱离了公司治理的实际情况。

管理公司自述公司分红前没有填补亏损和提取公积金，故其主张需审计后方能向华荣青分红。根据《公司法》的规定，公司应就弥补亏损和提取公积金后的所余税后利润进行分配，如违反规定分配利润，股东应将违法部分的利润退回。管理公司确实存在违反上述规定的情况，故按照利润分配表分配的利润很有可能不是合法的应当分配的利润。但一二审法院均没有支持管理公司的该项抗辩，其考虑包括，首先，其他三名股东已经按照上述标准收取了分红，华荣青作为 15% 持股比例的股东，亦不参与管理公司经营，显然在公司居于弱势地位，如果在本案中对华荣青应当取得的分红单独予以扣减，将可能出现管理公司的股东间义务分担失衡及个别股东单独给付的结果。其次，本案也不可能在审计后要求其他三位股东退还部分分红，而如果对其他三名股东退还部分分红的情况不予处理，华荣青只能通过股东代表诉讼要求其他股东退还，增加诉讼负担。最终，终审判决明确要求管理公司按照法律规定补足法定公积金，弥补亏损，交清税款，依法进行企业运行，对法定公积金或有亏损及债权人问题"通过其他途径予以整体性纠正或补足"。该处理结果，既维持了管理公司内部各股东盈余分配权的统一性，又对今后若管理公司出现债权人时，各股东应返还公司财产的问题预先指明，且对管理公司不按照法律规定的财务制度运行的问题予以了训诫，在司法强制价值判断与公司内部自理中找到了合理的平衡点。

编写人：北京市第一中级人民法院　王晴

13

公司盈余分配的司法救济

——顾云秀诉无锡峰华氟塑防腐科技有限公司公司盈余分配案

【案件基本信息】

1. 裁判书字号

江苏省无锡市惠山区人民法院（2014）惠商初字第 00730 号民事判决书

2. 案由：公司盈余分配纠纷

3. 当事人

原告：顾云秀

被告：无锡峰华氟塑防腐科技有限公司（以下简称峰华公司）

【基本案情】

2005 年 3 月 25 日，宋国华出资 468000 元、顾云秀出资 52000 元共同设立峰华公司，注册资本为 520000 元，宋国华担任公司执行董事、经理，顾云秀担任公司监事。峰华公司章程规定：峰华公司股东宋国华出资比例为 90%、顾云秀出资比例为 10%；股东有权按照出资比例分取红利；股东会审议批准公司的利润分配方案和弥补亏损的方案；股东会对其他事项作出决议，必须经代表半数以上表决权的股东通过；公司分配当年税后利润时，应当提取利润的 10% 列入公司法定公积金，并提取利润的 5% 至 10% 列入公司法定公益金，公司法定公积金累积额为公司注册资本 50% 以上的，不再提取，公司法定公积金不足以弥补上一年度公司亏损的，在提取法定公积金和法定公益金之前应先用当年利润弥补亏损；公司在从税后利润中提取法定公积金后经股东会决议，可以提取任意公积金；公司弥补亏损和提取公积金、法定公益金后所余利润，按照股东的出资比例进行分配。

2007 年 7 月 10 日，峰华公司作出股东会决议：鉴于峰华公司在 2006 年盈利 446000 元，峰华公司于 2007 年分配全体股东 2006 年红利 350000 元。2008 年 8 月 20 日，峰华公司作出股东会决议：峰华公司股东一致通过于 2008 年将分配全体股东 2007 年股东红利，同时补提 2008 年前未分配利润的 10% 为法定盈余公积金。2010 年 7 月 15 日，峰华公司作出股东会决议：峰华公司 2009 年度的利润 360000 元，以现金方式按股东股份比例分配，分别为宋国华 324000 元、顾云秀 36000 元。2010 年 10 月 20 日，峰华公司作出股东会决议：峰华公司可分配的利润 207944.69 元以现金方式按照股东股份比例分配，分别为宋国华 187150.22 元、顾云秀 20794.47 元。上述股东会决议中，除 2010 年 10 月 20 日的股东会决议仅有宋国华签字，其余股东会决议均有宋国华、顾云秀签字。

顾云秀另提供峰华公司 2007 年至 2010 年的会计明细分类账册，载明：2007 年 7 月 12 日分配股东利润 350000 元，2008 年 9 月 30 日分配股东利润 703097.54 元，2008 年 12 月 31 日本年利润转入 187384.62 元，2010 年 7 月 30 日利润分配 360000

元，2010 年 10 月 31 日利润分配 207944.69 元。峰华公司对上述会计分类明细账册均不予认可。顾云秀另提供峰华公司 2009 年至 2012 年的财务报表及利润表，用以证明峰华公司 2010 年至 2012 年的税后利润分别为 1339377.16 元、530000 元、490000 元，并表示峰华公司 2013 年、2014 年税后利润系根据 2010 年至 2012 年的平均值计算为每年 786459 元。顾云秀要求判令峰华公司支付自 2005 年至今的利润分配款 534049.2 元及利息，峰华公司则认为顾云秀主张的利润分配没有计算依据。法院经审理后认为在股东会未对股利分配形成股东会决议时，股东不能直接请求法院进行股利分配，故对于顾云秀所主张的未经股东会作出决议的利润分配部分，不予支持。

【案件焦点】

在股东会未对股利分配形成股东会决议时，股东能否直接请求法院进行股利分配？

【法院裁判要旨】

江苏省无锡市惠山区人民法院经审理认为：公司盈余分配权是股东基于其公司股东身份依法享有的请求公司按照章程规定向其分配股利的权利。顾云秀系峰华公司经工商登记及章程确定的股东，持股比例为 10%，依法享有公司盈余分配权。峰华公司抗辩顾云秀并非公司实际股东但未提供证据证明，故对该抗辩，法院不予采信。峰华公司于 2007 年 7 月 10 日、2010 年 7 月 15 日、2010 年 10 月 20 日作出的股东会决议，载明公司应向股东分配利润为 350000 元、360000 元、207944.69 元，按照顾云秀的持股比例，顾云秀应分得利润为 35000 元、36000 元、20794.469 元，共计 91794.469 元。峰华公司于 2008 年 8 月 20 日作出的股东会决议虽载明将对 2007 年红利进行分配，但未明确利润的分配方案，故未对利润分配方案形成股东会决议。关于股东会未对股利分配方案形成股东会决议时，股东是否有权直接请求法院进行利润分配的问题，《中华人民共和国公司法》（以下简称《公司法》）及峰华公司章程均规定股东会有权审议批准公司的利润分配方案和弥补亏损方案，故决定公司是否实施利润分配的权利在于股东会，《公司法》也未明确规定在股东会作出利润分配决议之前，法院能够直接作出利润分配的判决，故在股东会未对股利分配形成股东会决议时，股东不能直接请求法院进行股利分配，故对顾云秀所主张的未经股东会作出决议的利润分配部分，法院不予支持，故顾云秀应分得的股利为91794.469元，并应由峰华公司承担自起诉之日起按照银行同期贷款利率计算的逾期付款利息损失。

江苏省无锡市惠山区人民法院依照《中华人民共和国公司法》第三十四条、第三十七条、第一百六十条，《最高人民法院关于民事诉讼证据的若干规定》第二条之规定，判决：

一、无锡峰华氟塑防腐科技有限公司于本判决生效之日起十日内支付顾云秀利润分配款91794.469元及逾期付款的利息（以91794.469元为基数，自2014年9月24日起至实际给付之日止，按照银行同期贷款利率计算）；

二、驳回顾云秀的其他诉讼请求。

【法官后语】

公司股东享有盈余分配权，但这并不意味着随时可以要求公司进行分配，需满足特定的条件方能要求公司进行盈余分配，即分配是否符合法定及约定的分配条件和顺序。公司有盈余，甚至符合盈余分配的实质条件，并不意味着股东也就可以进行盈余分配，还取决于公司分配盈余的意思，只有当公司治理机构宣布进行盈余分配时，股东的具体盈余分配请求权才能得以产生，也即需经公司的盈余分配决策程序。

我国公司法把盈余分配的意思决定机构规定为股东会，有限公司的股东会、股份有限公司的股东大会对董事会提交的利润分配方案有最终决定权。对此，司法实践中往往持审慎的态度，尊重股东会的商业决策，通常不予介入，人民法院有依据审理公司盈余分配权纠纷，并不意味着法院可以"放开手脚"充分行使司法权。由于公司盈余分配属公司自主决策事项，公司可以就盈余分配为独立的意思表示。盈余分配事项与其他经营决策一样，都属于公司或股东基于自身的知识与经验作出的商业判断。如果法院在公司治理机构未作出相应决议的前提下径行判断和干预，就将束缚公司在瞬息万变的市场经济中迅速作出独立意思表示，干扰公司自治，因此司法审查公司内部法律关系时应持审慎态度。

我国现行《公司法》也未明确规定在股东会作出盈余分配决议之前，法院能够直接作出利润分配的判决，故在股东会未对股利分配形成股东会决议时，股东不能直接请求法院进行公司盈余分配。当然，公司盈余分配权作为股东的一项固有的权能，应当得到合理的保护，虽然《公司法》从制度上确立了一些保障股东盈余分配权的路径，但是在实际运作过程中，中小股东盈余分配权利的保障依然显得苍白无力，尤其是在公司股东发生利益冲突、公司内部矛盾加剧甚至形成公司僵局，且公司自治机制无法解决的情况下，法院应当进行适当的司法救济，给予股东间解决其诉愿的出路。

编写人：江苏省无锡市惠山区人民法院　季静娜

14

不按出资分取红利应经全体股东同意

—— 李黎诉成都金河景园环境制作有限责任公司公司盈余分配案

【案件基本信息】

1. 裁判书字号

四川省成都市锦江区人民法院（2015）锦江民初字第 501 号民事判决书

2. 案由：公司盈余分配纠纷

3. 当事人

原告：李黎

被告：成都金河景园环境制作有限责任公司（以下简称金河公司）

【基本案情】

金河公司由吴坚、胡兆地出资 500 万元设立，吴坚担任公司法定代表人。后胡兆地将部分股权转让给吴强。2007 年 3 月 15 日，金河公司增资 500 万元，股本结构变为吴坚占 49.5%、吴强占 45%、胡兆地占 5.5%。2011 年 2 月 18 日，吴强将其持有的 5% 公司股权转让给王锴、40% 的股权转让给陈永书，吴坚将其持有的 10% 公司股权转让给邹刚、29.5% 的股权转让给曾卫东、10% 的股权转让给王永忠。此后，曾卫东担任金河公司法定代表人。公司股本结构现为曾卫东占 58%，邹刚占 32%，王锴占 10%。金河公司章程规定，股东按出资比例分取红利，股东会审议批准利润分配、弥补亏损方案。李黎 2008 年、2009 年担任金河公司财务负责人。其间金河公司由曾卫东、李黎等人组成承包团队"承包经营"，每年向公司上缴利润，曾卫东为承包团队负责人。时任公司法定代表人吴坚提出减少大股东股权比例，为李黎等人配置股份，但未形成股东会决议，也未就分配公司利润另行作出股东会决议。金河公司《企业所得税汇算清缴纳税申报鉴证报告》和经成都市工商行政管理局备案的财务报表记载，公司 2008 年度税前利润 406963 元、净利润 305222.98 元，2009 年度税前利润 337622.78 元、净利润 253217.08 元。2009 年 3 月 9 日，李黎填制费用报销单并经吴坚签名审批，载明"2008 年已上交利润 100 万元，按 5% 股份计算，李黎分红款 50000 元"。2010 年李黎退出金河公司。金河公司 2011 年 2 月 14 日、2011 年 7 月 6 日、2012 年 1 月 19 日向李黎各支付 5 万元，2014 年 1 月 28 日又向李黎支付 3 万元。2014 年 11 月、12 月，李黎认为其持有 5% 公司股份，要求金河公司按 2008 年、2009 年承包利润 1200 万元分配红利 37 万元及利息，被金河公司拒绝。李黎遂提出诉讼。金河公司否认李黎持有公司股权及公司实际利润为 1200 万元，请求驳回其诉讼请求。

【案件焦点】

公司法定代表人提议为财务负责人配置股权，但未形成股东会决议，能否作为向该财务负责人分配公司盈余（红利）的依据？

【法院裁判要旨】

四川省成都市锦江区人民法院经审理认为：股东向公司主张公司盈余分配，应当满足公司有利润可供分配、当事人享有分配权、股东会同意分配利润的要件。金河公司 2008 年度净利润为 305222.98 元、2009 年度净利润为 253217.08 元，有工商登记机关备案记载和鉴证报告印证。李黎主张曾卫东承包期间实际利润达到 1200 万元，但未提交确实证据，法院不予采纳。李黎不是金河公司出资人。由于公司为没有实际出资的他人配置"股权"影响公司所有股东利益，李黎所称股权并未取得全体股东实际同意，不受法律保护。公司分配股利应遵守股东会的经营决策。公司盈余分配决定权从属于股东会。金河公司股东会未就利润分配作出相应决议，未满足分配公司利润的程序要件。李黎要求金河公司支付股利及利息，法院不予支持。四川省成都市锦江区人民法院依照《中华人民共和国公司法》（以下简称《公司法》）第三十四条、第一百六十六条和《最高人民法院关于适用〈中华人民共和国民事诉讼法〉的解释》第九十条之规定，判决：

驳回原告李黎的诉讼请求。

【法官后语】

本案为未实际出资或认缴出资的关系人向公司主张公司盈余分配引起的纠纷。公司盈余分配权一方面以股东的财产权利为基础，另一方面又以尊重公司机关意思自治为原则。《公司法》第二十四条既规定股东按照实缴出资比例分取红利，又规定了在特定情形下，可依全体股东的意思不按照出资比例分取红利。

本案原告未认缴出资或隐名出资，也未通过其他股东受让股权，并不是公司股东，其要求从公司分配利润是以原公司法定代表人承诺向其配置股权为根据，可归入主张不按照出资比例分取红利的情形，类似于干股或虚拟股股东要求公司分配利润。考虑到干股、虚拟股只是公司实践中的一种现象，《公司法》既未明确禁止，也未明确认可，故本案从理论上对干股、虚拟股的处理原则出发，在对《公司法》第二十四条作出一定解释的基础上作出判决，并未明确使用干股、虚拟股术语。

从民事法律关系看，干股、虚拟股在本质上体现为出资与利润分配例外的非同一性。作为公司实践中的一种现象，干股、虚拟股对创新公司运营、激发公司活力具有一定的积极作用。从刑事法律关系看，接受贿赂取得干股或虚拟股的，应当追究当事人刑事责任并没收受贿人取得的干股、虚拟股权。从干股、虚拟股的形成原因看，有的单纯理解为因公司赠与取得的股权，有的理解为包括他人垫资取得的股权。干股、虚拟股是以约定俗成存在的概念，在外延上并没有严格界限。在存在形式上，干股、虚拟股不一定通过工商登记机关备案，但原则上应当记载于股东名册，在公司和股东内部之间产生效力。已经通过工商登记机关备案的干股、虚拟股，由于对外具有公示效力，可能在认缴范围内向公司和债权人承担出资人责任。

干股、虚拟股引起的利润分配纠纷，应适用《公司法》第三十四条关于不按照出资比例分配公司利润的相关规定。根据该条规定，不按出资比例分配公司利润应当经全体股东约定，亦即应以一致决的方式取得全体股东同意。原告仅经作为股东之一的法定代表人提议配置股权，既未明确其具体份额，又未经全体股东一致同意或形成股东会决议，故其要求分配公司利润无法律依据，不受法律保护。

编写人：四川省成都市锦江区人民法院　张真伟

五、公司决议纠纷

15

股东除名制度的机制

——辜将诉北京宜科英泰工程咨询有限公司决议效力确认案

【案件基本信息】

1. 裁判书字号

北京市第三中级人民法院（2015）三中民（商）终字第 10163 号民事判决书

2. 案由：公司决议效力确认纠纷

3. 当事人

原告（上诉人）：辜将

被告（被上诉人）：北京宜科英泰工程咨询有限公司（以下简称宜科英泰公司）

【基本案情】

宜科英泰公司成立于 2010 年 6 月 23 日，公司类型为有限责任公司，注册资本为 20 万元。根据宜科英泰公司 2010 年 6 月 4 日的章程记载，辜将认缴出资 12 万元，设立时实缴出资 2.4 万元，应于 2012 年 6 月 3 日分期缴付 9.6 万元；赵志伟认缴出资 8 万元，设立时实缴出资 1.6 万元，应于 2012 年 6 月 3 日分期缴付出资 6.4 万元。

2010 年 6 月 4 日，北京润鹏冀能会计师事务所出具京润（验）字第［2010］-211569 号验资报告书，据该报告书记载，赵志伟于 2010 年 6 月 4 日向宜科英泰公司入资专户交存 1.6 万元，辜将亦于同日交存 2.4 万元，宜科英泰公司已全部收到辜将和赵志伟首期缴纳的注册资本。

庭审中，辜将向法院提交了一份中国民生银行转账记账凭证，证明赵志伟在 2010 年 11 月 18 日通过向其实际控制的莱恩创科（北京）国际商贸有限公司（以下简称莱恩创科公司）转账 4 万元的方式抽逃出资。该转账凭证记载的汇款人为宜科英泰公司，收款人为莱恩创科公司，金额为 4 万元，摘要为其他借款。赵志伟否认该笔汇款为抽逃出资，其认为莱恩创科公司与宜科英泰公司存在多笔经济往来，且该汇款凭证上显示的摘要也说明只是企业间正常的资金拆借，不能认定赵志伟存在抽逃资金的行为。为证明莱恩创科公司与宜科英泰公司存在资金往来，赵志伟提交中国民生银行支票存根和中国民生银行单位账户对账单，上述两份证据显示，宜科英泰公司于 2014 年 4 月 2 日收到莱恩创科公司支付的款项 2 万元。

另查，宜科英泰公司曾分别于 2014 年 3 月 21 日和 2014 年 4 月 10 日通过中国邮政特快专递书面要求赵志伟返还抽逃的出资并履行第二期出资义务。另外，在 2014 年 4 月 22 日和 2014 年 4 月 29 日，宜科英泰公司又向赵志伟发送了召开股东会的通知，但是赵志伟均未签收上述邮件，赵志伟在庭审中否认接到过邮局寄送邮件的通知。

辜将向法院提交了一份《北京宜科英泰工程咨询有限公司股东会决议》（以下简称《决议》），《决议》记载：根据《中华人民共和国公司法》及本公司章程的有关规定，宜科英泰公司临时股东会会议于 2014 年 5 月 8 日在公司办公室召开。本次会议由辜将先生召集，宜科英泰公司及召集人于会议召开 15 日前以书面通知的方式通知全体股东，应到会股东 2 人，实际到会股东 1 人，代表 60% 的表决权，会议由执行董事辜将先生主持。赵志伟先生于宜科英泰公司成立后不久，便将首期出资人民币 1.6 万元及辜将先生的首期出资人民币 2.4 万元共计 4 万元，全部转入了其所实际控制的莱恩创科公司。虽经宜科英泰公司及辜将先生的多次催告，至今仍未返还上述首期出资。另外，依据公司章程赵志伟先生应于 2012 年 6 月 3 日支付第二期出资人民币 6.4 万元、辜将先生应于 2012 年 6 月 3 日支付第二期出资人民币 9.6 万元。但公司章程所规定的第二期出资期限届满后，虽经多次催告，赵志伟先生均未履行第二期出资的义务，并导致工商管理部门多次要求宜科英泰公司尽快缴纳第二期出资，否则将对宜科英泰公司采取处罚措施。在此情况下，辜将先生不得不单方支付了第二期的全部出资人民币 16 万元。之后虽经多次催告，赵志伟先生仍未支付第二期出资人民币 6.4 万元。基于赵志伟先生的上述行为严重违反了公司章程的规定及《中华人民共和国公司法》的规定，损害了宜科英泰公司的权益，特形成决议如下：解除赵志伟先生的股东资格。在决议落款处，辜将进行了签字确认。宜科英泰公司和赵志伟均认可该决议的真实性，但赵志伟对其内容的合法性不予认可。

【案件焦点】

何种条件下公司可以通过决议对股东进行除名，股东除名的程序如何？

【法院裁判要旨】

北京市朝阳区人民法院经审理认为：根据《最高人民法院关于适用〈中华人民共和国公司法〉若干问题的规定（三）》（以下简称《公司法解释（三）》）第十八条规定，有限责任公司的股东未履行出资义务或者抽逃全部出资，经公司催告缴纳或者返还，其在合理期间内仍未缴纳或者返还出资的，公司可以召开股东会决议解除该股东的股东资格。通过公司决议解除股东资格的，应当同时满足下列三个条件：一是公司股东未履行出资义务或者抽逃全部出资；二是公司已经催告该股东缴纳或返还；三是该股东未在合理期间内缴纳或者返还出资。

本案中，虽然宜科英泰公司曾经于 2010 年 11 月 18 日向莱恩创科公司转账汇款 4 万元，但是根据转账凭证记载的摘要以及莱恩创科公司向宜科英泰公司出具 2 万元的转账支票来看，宜科英泰公司与莱恩创科公司之间存在正常的资金往来，4 万元的款项尚无充足的证据可以认定为系赵志伟抽逃的出资。关于赵志伟是否存在未履行出资义务的行为，上述规定所指的未履行出资义务应当是指完全未履行出资义务，而根据宜科英泰公司的验资报告，赵志伟在公司设立时实际出资 1.6 万元，其已经履行了部分出资义务，故不应当认定为完全未履行出资义务。因此，宜科英泰公司于 2014 年 5 月 8 日作出的股东会决议并未满足公司可以解除赵志伟股东资格的前提条件，辜将要求确认该协议有效的主张，证据不足，法院不予支持。

北京市朝阳区人民法院依照《最高人民法院关于民事诉讼证据的若干规定》第二条之规定，判决：

驳回原告辜将的诉讼请求。

辜将不服一审法院判决，提起上诉。北京市第三中级人民法院审理后，判决：驳回上诉，维持原判。

【法官后语】

股东除名是指公司基于特定的事由，依照法律规定的程序，将违反义务的股东从股东名册中删除，强制其退出公司，终止其与公司和其他股东关系的制度。相对于公司解散，股东除名制度具有对公司和股东的共同利益的保护性作用和预防性功能，可以在化解公司内部矛盾的同时，确保公司存在的价值及其他股东继续经营公司的利益。

《公司法解释（三）》第十七条第一款则在司法解释的层面确立了股东除名制度，适用股东除名制度的公司类型为有限责任公司，适用的具体情形仅限于完全不履行出资义务和抽逃全部出资，适用的前提条件为：对于完全不履行出资义务和抽逃全部出资的股东，公司应当首先催告其缴纳或者返还出资，该股东在合理期限内仍未缴纳或者返还出资，股东会才可作出决议予以除名。

《公司法解释（三）》并未对该款中的"合理期限"作出明确规定，而是由法官根据具体情况自由裁量，法官在裁判时，可以借鉴域外立法的相关规定予以确定，如德国《有限责任公司法》第二十一条规定"股东迟延缴付出资时，可催告其在规定的宽限期内缴付，并提出警告可能因此没收其已缴的股份。此项催告应以挂号信发出，宽限期至少为一个月"；瑞士《债务法》第七百七十九条规定"在不少于一个月的延期内，付款的股东经两次挂号信催告后仍未付款的，将被开除资格，但并不因此免除其支付到期款项的责任"。

编写人：北京市朝阳区人民法院　代策

16

公司决议无效的认定

——李至强等诉永福贵公司等公司决议效力确认案

【案件基本信息】

1. 裁判书字号

福建省厦门市中级人民法院（2015）厦民终字第 1536 号民事判决书

2. 案由：公司决议效力确认纠纷

3. 当事人

原告（上诉人）：李至强、张湘琳

被告（被上诉人）：厦门永福贵投资有限公司（以下简称永福贵公司）、林加其、叶彦君

【基本案情】

2011 年，林加其、叶彦君投资设立永福贵公司。2011 年 12 月 13 日，李至强、张湘琳分别与林加其签订《厦门永福贵投资有限公司股权转让协议》，约定林加其分别将其持有的永福贵公司 20% 股权以 400 万元价格转让给李至强、张湘琳，李至强、张湘琳同意在协议签订之日起 10 日内将转让款 400 万元以现金方式一次性支付给林加其，并约定了违约金等事宜。2011 年 12 月 19 日，永福贵公司工商登记的股权为李至强、张湘琳、林加其、叶彦君各享有股权 20%、20%、40%、20%。

2012 年 10 月 17 日，永福贵公司作出《厦门永福贵投资有限公司股东会会议决议》，决议内容如下：1. 同意以 20256000 元购买普定县嘉琪水泥有限公司 50.64% 股权，并成为普定县嘉琪水泥有限公司股东；2. 委派温耀盛代表厦门永福贵公司在普定县嘉琪水泥有限公司行使股东权利。被告林加其、叶彦君在股东会决议上分别签字，永福贵公司亦加盖公章确认。2012 年 10 月 20 日，永福贵公司与林加其签订《普定县嘉琪水泥有限公司股权转让协议》，约定永福贵公司向林加其购买普定

县嘉琪水泥有限公司 50.64% 股权等事宜。

2012 年，林加其以李至强、张湘琳未支付股权转让款为由，向法院分别提起诉讼，请求判令解除李至强、张湘琳与林加其于 2011 年 12 月 13 日签订的《厦门永福贵投资有限公司股权转让协议》、返还公司股权、协助办理股权变更工商登记手续、支付违约金等。2013 年 12 月 6 日，厦门市中级人民法院判令解除林加其与李至强、张湘琳于 2011 年 12 月 13 日签订的《厦门永福贵投资有限公司股权转让协议》，李至强、张湘琳应将其各自持有的永福贵公司 20% 股权返还给林加其，协助办理工商变更登记手续，并分别支付违约金 40 万元。

李至强、张湘琳不服上诉。2014 年 10 月 9 日，福建省高级人民法院作出 (2014) 闽民终字第 136 号、(2014) 闽民终字第 135 号民事判决，判令驳回李至强、张湘琳的上诉，维持原判。现该两个案件已经生效，林加其已向法院申请强制执行，但永福贵公司的股权工商登记尚未变更。

另查明，2014 年 3 月，李至强以永福贵公司拖欠其借款未还为由诉至法院。2014 年 5 月 20 日，法院判决永福贵公司偿还李至强借款 100 万元及利息，驳回李至强的其他诉讼请求。李至强不服上诉。2014 年 9 月 15 日，厦门市中级人民法院作出判决：驳回上诉，维持原判。

审理过程中，法院向原告释明其主张的事实并不符合决议无效的情形，询问其是否变更诉求，原告未在法院指定的期限内提出书面变更申请，法院视为其坚持原诉求。

【案件焦点】

公司决议无效及可撤销的认定。

【法院裁判要旨】

福建省厦门市思明区人民法院经审理认为：原告李至强、张湘琳曾分别与被告林加其签订《厦门永福贵投资有限公司股权转让协议》而工商登记为被告永福贵公司的股东，虽然双方签订的两份股权转让协议最终经一二审法院判决解除，但根据合同解除的法律后果，该协议并非自始无效，而是自协议解除后没有法律效力，故二原告有权基于协议解除前的股东身份提起诉讼并确认股东会决议无效。三被告认为二原告并非永福贵公司的股东，无权提起本案诉讼的答辩意见，于法无据，不予采纳。被告林加其、叶彦君于 2012 年 10 月 17 日作出《厦门永福贵投资有限公司股东会会议决议》的内容并未违反法律、行政法规的规定，而系违反了《中华人民共和国公司法》第四十三条有关股东会召集程序的规定，根据《中华人民共和国公司法》第二十二条的规定，该股东会决议属于可撤销的情形。原告经释明后仍坚持主张确认决议无效，与法院认定的事实不符，故对原告该项诉求，不予支持。对于三被告的答辩意见，予以采纳。

福建省厦门市思明区人民法院依照《中华人民共和国公司法》第二十二条、《中华人民共和国民事诉讼法》第六十四条第一款之规定，判决如下：

驳回原告李至强、张湘琳的诉讼请求。

李至强、张湘琳持原审起诉意见提起上诉。福建省厦门市中级人民法院经审理认为：2011 年 12 月 13 日李至强、张湘琳曾分别与林加其签订《厦门永福贵投资有限公司股权转让协议》，并经工商变更登记成为永福贵公司的股东。上述两份股权转让协议虽经生效裁判解除，但生效裁判文书认定合同解除的理由在于李至强、张湘琳未支付股权转让款构成违约，根据合同法相关规定，该合同解除事由不属合同无效自始解除情形，故原审认定李至强、张湘琳有权基于协议解除前的股东身份提起诉讼确认股东会决议无效，程序上并无不当，被上诉人关于李至强、张湘琳无权提起本案诉讼的主张，不予采纳。

讼争的 2012 年 10 月 17 日《厦门永福贵投资有限公司股东会会议决议》决议事项为永福贵公司对外购买其他公司股权，该决议事项内容并无违反法律、行政法规的规定。另，公司股东会做出决议属于公司行为，而非股东个人行为。《中华人民共和国公司法》第二十一条规定的适用主体为公司的控股股东、实际控制人、董事、监事、高级管理人员，其适用情形为相关行为主体违反相关法律规定而应向公司承担赔偿责任的情形，《中华人民共和国公司法》第一百四十八条规定的适用主体为公司的董事、高级管理人员，其适用情形为相关行为主体违反其相关义务而应对公司承担责任的情形，上述法律规定均未涉及公司股东会做出决议的效力问题。李至强、张湘琳主张被上诉人的行为违反《中华人民共和国公司法》第二十一条、第一百四十八条规定，故讼争公司股东会决议无效的上诉理由不能成立，法院不予支持。李至强、张湘琳主张其未获得召开股东会议通知、股东会由两名股东组成存在虚假，该主张事由属我国《中华人民共和国公司法》规定的股东申请撤销股东会决议情形，与本案中李至强、张湘琳主张公司股东会决议无效的法律关系无关。根据《最高人民法院关于民事诉讼证据的若干规定》第三十五条规定，诉讼过程中当事人主张的法律关系的性质或者民事行为的效力与人民法院根据案件事实作出的认定不一致的，人民法院应当告知当事人可以变更诉讼请求。经原审法院释明后，李至强、张湘琳仍坚持不变更诉讼请求，故原审法院对李至强、张湘琳该主张事由不予采纳程序上并无不当。李至强、张湘琳主张讼争股东会决议无效的上诉理由均不能成立，其上诉请求本院不予支持。原审判决结果正确，予以维持。

福建省厦门市中级人民法院依照《中华人民共和国民事诉讼法》第一百七十条第一款第（一）项之规定，判决：

驳回上诉，维持原判。

【法官后语】

公司决议一般有两种形式：股东（大）会决议和董事会决议。公司决议在程序及内容上应当符合法律、行政法规以及公司章程的规定，如有瑕疵，则公司决议的效力将会受到影响。

本案中，被告未通知原告参加公司股东会，并在没有原告参加的情况下作出公司决议，决议程序存在瑕疵，属于可撤销决议，其决议内容并不存在违反法律、行政法规的情形，因此不是无效决议。另，公司股东会做出决议属于公司行为，而非股东个人行为。原告主张其未获得召开股东会议通知、股东会由两名股东组成存在虚假，该主张事由属《公司法》规定的股东申请撤销股东会决议情形，与本案中李至强、张湘琳主张公司股东会决议无效的法律关系无关。经原审法院释明后，李至强、张湘琳仍坚持不变更诉讼请求，故原审法院对李至强、张湘琳该主张事由不予采纳程序上并无不当。

编写人：福建省厦门市思明区人民法院　曾燕珍

$$\boxed{17}$$

股东会决议存在分歧的处理

——张福崇等诉河北特宏化工设备制造有限公司等公司决议撤销案

【案件基本信息】

1. 裁判书字号

河北省黄骅市人民法院（2015）黄民初字第876号民事判决书

2. 案由：公司决议撤销纠纷

3. 当事人

原告：张福崇、沈松阁

被告：刘青、河北特宏化工设备制造有限公司（以下简称特宏制造公司）

【基本案情】

原告张福崇、沈松阁与被告刘青及王振东、齐金刚等人于2013年8月出资成立特宏制造公司。2014年11月30日，经股东刘青、王振东、张福崇、沈松阁在刘青打印成稿的说明材料上签字，形成股东会决议。决议主要内容如下："在公司资金困难的情况下，由各股东按投资比例继续往公司投资，来保证公司正常运转。考虑到有的股东资金困难，因此先由股东刘青陆续向特宏公司投资600万元，按股东会约定，股东刘青代股东张福崇出资160万元、代股东王振东出资80万元、代股东沈松阁出资40万元，剩下的320万元为刘青自己投资。由于此600万元的渠道为刘青自己对外融资所来，所以刘青和出借方约定的融资利息（融资利率见特宏公司账）分别按比例由各股东自己承担。"签署决议的同时，二原告各自在刘青打印成稿的欠据上签名，二份欠据均交付被告刘青。欠据内容分别为："张福崇欠刘青款160万元，特此证明，欠款凭证详见特宏制造公司股东会说明。张福崇签名，2014年11月30日"；"沈松阁欠刘青款40万元，特此证明，欠款凭证详见特宏制造公司股东会说明。沈松阁签名，2014年11月30日"。在签署该决议及欠据后的

60 日内，二原告向本院起诉，请求撤销该股东会决议及二份欠据。

刘青辩称，股东会决议是各股东的真实意思表示，应当予以执行，二原告请求撤销股东会决议，没有事实依据和法律依据。股东会决议所附的二原告向刘青出具的欠据，符合当事人的意思表示，不违背法律规定，该欠据应予确认。

【案件焦点】

股东对股东会决议存在分歧应如何处理？法院对公司决议的干预如何保持适度？

【法院裁判要旨】

河北省黄骅市人民法院经审理认为：被告特宏制造公司在经营中对公司的重大事项组织召开股东会进行议定，应当遵循自愿、公平、诚信等原则进行，决议内容应明确，意思表达应清楚，不应存在歧义。2014 年 11 月 30 日经股东刘青、王振东、张福崇、沈松阁签字形成的股东会决议，因系对刘青事先打印成稿的内容进行签字，并且决议内容前后表述不统一，意思表达不明确，造成事后原被告双方对决议内容在理解上出现重大分歧。原告张福崇、沈松阁依据"在公司资金困难的情况下，由各股东按投资比例继续往公司投资，来保证公司正常运转"等内容，认为决议中所指的 600 万元投资为决议后的新增投资，当时尚未实际投资，系计划投资。被告刘青依据"由于此 600 万元的渠道为刘青自己对外融资所来，所以刘青和出借方约定的融资利息（融资利率见特宏公司账）分别按比例由各股东自己承担"等内容，认为决议所指的 600 万元投资是对经营期间刘青已对公司投入资金的确认，是已经形成的投资事实。歧义的存在，证实二原告对被告刘青的意思表达有重大误解。

二原告就其主张已经提交证据，公司基本账户银行流水明细显示，被告刘青未在公司经营期间注资 600 万元。依据《最高人民法院关于适用〈中华人民共和国公司法〉若干问题的规定（三）》第二十条规定，当事人之间对是否已履行出资义务发生争议，原告提供对股东履行出资义务产生合理怀疑证据的，被告股东应当就其已履行出资义务承担举证责任。在二原告举证完毕的情况下，被告刘青应负举证义务。被告刘青提交的刘青、王婷婷二人名下账号银行流水明细单等证据中的资金流转，不排除包括其开办的万方公司的资金流转，不能直接证实刘青已对特宏制造公司新增投资 600 万元。故对刘青是否已向特宏制造公司新增投资 600 万元，应依据审计结果确定。在法院组织委托审计过程中，被告刘青以实际行动拒绝审计，其应承担举证不能的法律后果。

二原告签署的两份欠据，系在该决议基础上延伸形成的债权债务依据。在各股东对该决议内容存在重大误解，并且尚未对公司资产和已有投资进行审计，不能证实刘青已向公司注资 600 万元及股东刘青未在决议后有新投资的情况下，二原告签署的两份欠据，显然缺少事实基础。二原告签署该欠据的行为，因对决议内容存在重大分歧，属于行为人对行为内容存在重大误解；欠据在缺少事实基础的情况下签署，属于显失公平。故二原告签署该欠据的行为，依法属于可撤销的民事行为，二原告主张撤销两份欠据，法院应予支持。

股东会决议系各股东的意思表示，在各方未提出股东会召集程序、表决方式违反法律、行政法规或者公司章程，或者决议内容违反公司章程的情况下，不宜予以撤销。各股东对决议内容存在分歧，应在核实清楚公司资产及投资情况的基础上，本着自愿、公平、诚信的原则协商处理。如果协商不成或者核实审计资产受阻，在公司实际歇业，不能继续经营的情况下，可以另案起诉，主张公司解散，并在公司解散后组织清算。各股东的权利义务，应以公司章程及清算结果为依据。

河北省黄骅市人民法院依照《中华人民共和国民法通则》第四条、第五十九条，《中华人民共和国公司法》第二十二条第二款，《最高人民法院关于适用〈中华人民共和国公司法〉若干问题的规定（三）》第二十条，《中华人民共和国民事诉讼法》第一百四十四条之规定，判决：

一、撤销原告张福崇 2014 年 11 月 30 日签名并出具给被告刘青的 1600000 元欠据；

二、撤销原告沈松阁 2014 年 11 月 30 日签名并出具给被告刘青的 400000 元欠据；

三、驳回原告张福崇、原告沈松阁的其他诉讼请求。

【法官后语】

人民法院对民事法律行为及公司决议的干预应适度。如果能够证实行为人对行为内容存在重大误解或显失公平，则属于可撤销的民事行为，人民法院应予撤销。

公司在经营中对重大事项组织召开股东会进行议定，应遵循自愿、公平、等价有偿、诚实信用的原则进行，决议内容应明确，意思表达应清楚，不应存在歧义。股东对决议内容在理解上出现了重大分歧的，人民法院应审查决议是否存在违反法律规定的情形，以判断是否应予撤销决议。在各方未提出股东会召集程序、表决方式违反法律、行政法规或者公司章程，或者决议内容违反公司章程的情况下，人民法院不宜撤销决议。应引导公司股东在核实清楚公司资产及投资情况的基础上，本着自愿、公平、诚信的原则协商处理。各股东的权利义务，应以公司章程及清算结果为依据。

编写人：河北省黄骅市人民法院　董海荣

18

未经股东会同意处置重大资产行为的效力

——滁州安兴环保彩纤有限公司诉江苏霞客环保色纺股份有限公司普通破产债权确认案

【案件基本信息】

1. 裁判书字号

江苏省无锡市中级人民法院（2015）锡商初字第 00029 号民事判决书

2. 案由：普通破产债权确认纠纷

3. 当事人

原告：滁州安兴环保彩纤有限公司（以下简称安兴公司）

被告：江苏霞客环保色纺股份有限公司（以下简称霞客公司）

【基本案情】

2004 年 7 月 8 日，霞客公司股票在深圳证券交易所上市（股票名称为霞客环保，股票代码为 002015）。霞客公司系安兴公司股东。2012 年 10 月 15 日，安兴公司召开股东会，并形成《股东会决议》1 份，载明：安兴公司以未分配利润 2000 万元向股东进行分红，各股东按持股比例享受分红；股东霞客公司持股 70%，分配红利为1400万元。霞客公司在该《股东会决议》中盖章。2013年4月17日，安兴公司通过银行转账分两笔向霞客公司汇入分红款1400万元。

2014年7月15日，安兴公司作出《董事会决议》1份，载明：经董事会研究决定，对2012年10月15日董事会审议通过的《2012年三季度利润分配方案》予以撤销，即撤销股东霞客公司分配的1400万元。

后，安兴公司召开股东会，并形成《股东会决议》1份，载明：根据安兴公司实际经营状况，经董事会提议，撤销2012年10月15日《股东会决议》；撤销未实施到位的分配方案，即撤销股东霞客公司分配的1400万元。该《股东会决议》有霞客公司和安兴公司的盖章，但未签署落款时间。2014年9月27日，安兴公司将该1400万元作为其应收账款计入记账凭证。

2014年11月19日，无锡市中级人民法院（以下简称无锡中院）裁定受理霞客公司重整一案，并指定了管理人。安兴公司随后向霞客公司管理人申报债权81927707.40元，霞客公司管理人经审查后确认安兴公司的债权金额为63252198.68元，并向安兴公司发出关于审查债权申报材料的询证函。安兴公司对其中未予确认的1400万元债权有异议，遂诉至法院，要求确认安兴公司对霞客公司享有1400万元债权。

【案件焦点】

霞客公司在安兴公司撤销对其公司分红1400万元的股东会决议中盖章的行为的效力如何认定？

【法院裁判要旨】

江苏省无锡市中级人民法院经审理认为：就上市公司而言，其资产与负债情况影响社会公众的利益，故包括处置重大资产在内的影响公司资产与信用的诸多事项需对全体股东进行公告披露，且就某些决定应在披露前召开股东大会并形成有效决议。如未经股东大会同意而处置重大资产，应属重大违规行为，因其侵害了众多投资者的利益，扰乱了证券市场的秩序，故依照《中华人民共和国合同法》第五十二条第（五）项的规定应认定为无效。安兴公司于2012年形成《股东会决议》决定向霞客公司分红1400万元，霞客公司于2013年亦实际取得该1400万元并入账。2014年7月，霞客公司同意就其获得的上述1400万元分红撤销并返还安兴公司，实际系处分霞客公司的重大资产，且会对霞客公司的资产、负债、权益等产生重要影响，该同意返还 1400 万元分红的行为应经股东大会决议通过后才能予以实施。但霞客公司既未就上述事项形成有效的股东会决议，亦未就该事项进行披露，而直接在 2014 年 7 月的《股东会决议》中盖章，该行为应认定为无效，对霞客公司不发生法律约束力。霞客公司既已获取分红，则无义务向安兴公司返还该笔款项。故对安兴公司要求确认享有霞客公司 1400 万元债权的诉讼请求不予支持。

江苏省无锡市中级人民法院依照《中华人民共和国证券法》第六十七条、《中华人民共和国合同法》第五十二条之规定，判决：

驳回安兴公司的诉讼请求。

宣判后，双方当事人均未提出上诉，判决现已发生法律效力。

【法官后语】

该案是因上市公司处置重大资产而引发的关于该行为效力的纠纷，本案中的重大资产指的是霞客公司已分配到位并入账的利润 1400 万元，而霞客公司在安兴公司撤销已分配利润的《股东会决议》中盖章表示同意，则构成对上述 1400 万元的处置。该处置未经霞客公司股东会决议，其效力问题值得探讨。

一般而言，上市公司未经股东大会同意处置重大资产或对外担保的行为不能简单地以交易相对方为善意的就认定为有效。如果对外担保或处分的财产数额较低而占上市公司资产数额较低比例时，因并未实际影响到公司经营，则可以比照封闭公司的处理原则，即认定有效。如对外担保或处分的财产数额较大，已经影响到上市公司的经营时，则需要考察是否经过股东大会同意，未经股东大会同意的资产处置和对外担保应认定为无效。

本案中，安兴公司向霞客公司分红 1400 万元，霞客公司获取的该分红实际已成为其公司资产的一部分。后霞客公司同意将上述 1400 万元分红返还给安兴公司，实际是处置其公司重大资产，且会对霞客公司的资产、负债、权益等产生重要影响，该行为应获得股东大会的同意。但霞客公司并未就此召开股东大会，也并未召开董事会，作为相对方的安兴公司也未审查霞客公司就返还分红的行为是否经过了董事或股东大会的同意，故应认定霞客公司处置上述 1400 万元的行为无效。

编写人：江苏省无锡市中级人民法院 王俊梅

19

伪造股东签名形成的公司决议无效

——廖恩荣诉天津东方泛亚集装箱物流有限公司等公司决议效力案

【案件基本信息】

1. 裁判书字号

天津市滨海新区人民法院（2014）滨民初字第 1561 号民事判决书

2. 案由：公司决议效力纠纷

3. 当事人

原告：廖恩荣

被告：天津东方泛亚集装箱物流有限公司（以下简称泛亚公司）、贾爱君、天津宝鑫通进出口有限公司（以下简称宝鑫通公司）

【基本案情】

泛亚公司成立于 2009 年 5 月 19 日，由贾爱君一人出资设立，注册资本为 100 万元。后泛亚公司增加注册资本至 200 万元，并增加一名股东廖恩荣，廖恩荣、贾爱君各自出资 100 万元，贾爱君为公司的法定代表人。2013 年 12 月 15 日，泛亚公司提出变更登记申请，将公司法定代表人变更为案外人李文。2014 年 2 月 26 日，泛亚公司作出（原）股东会决议：增加法人股东宝鑫通公司，并将公司注册资本由 200 万元增至 667 万元，变更后贾爱君、廖恩荣出资比例各占 15%，宝鑫通公司占 70%，股东会决议上的签字为贾爱君、廖恩荣。同日，泛亚公司作出（新）股东会决议：公司注册资本为 667 万元，贾爱君和廖恩荣出资比例各占 15%，宝鑫通公司出资比例占 70%，原公司章程废止，启用新章程，执行董事及监事不变，该股东会决议上的签章为贾爱君、廖恩荣、宝鑫通公司。2014 年 2 月 26 日的两份股东会决议，廖恩荣称系伪造，贾爱君自认是其代廖恩荣签名，泛亚公司对此未提出异议主张；宝鑫通公司述称召开后一次股东会时，廖恩荣确未出席，签字也是由贾爱君操办。2014 年 2 月 28 日，泛亚公司在收到宝鑫通公司 4670149.83 元出资后，当日又将上述款项全部转入宝鑫通公司账户，银行业务回单显示用途为还款。另查，案外人李文系宝鑫通公司的法定代表人。原告请求确认泛亚公司 2014 年 2 月 26 日的公司新增资本无效；三被告办理将公司注册资本和股权结构恢复原状的变更登记事宜。

【案件焦点】

伪造股东签名而形成的公司决议的效力。

【法院裁判要旨】

天津市滨海新区人民法院经审理认为：原告请求确认泛亚公司 2014 年 2 月 26 日的新增资本无效，实际是确认作出增资决定的股东会决议无效。公司的意思表示是股东会、董事会通过会议形式所作的意思决定。只有公司决议的程序公正和内容合法、股东意思表示真实才能发生法律效力。被告辩称诉争的股东会决议内容不违反法律、行政法规，即使存在程序瑕疵原告起诉也已经超过了《中华人民共和国公司法》（以下简称《公司法》）第二十二条第二款规定的法定期限，但是本案原告系主张 2014 年 2 月 26 日的两份股东会决议系伪造的，廖恩荣并未参加股东会，决议上的签字非廖恩荣本人签署，其对股东会决议的效力也不予追认，故原告的主张并非基于股东会决议的内容违反法律、行政法规而无效，也不是因形式上的瑕疵请求撤销股东会决议，故不适用《公司法》第二十二条第一款的规定，亦不受第二款规定的 60 天法定期间的限制。依照《中华人民共和国民法通则》（以下简称《民法通则》）第五十五条的规定，民事法律行为应当具备的条件之一就是意思表示真实。依据《公司法》第三十七条的规定，股东会行使对公司增加或者减少注册资本作出决议的职权。泛亚公司章程第十一条也规定，"股东会会议作出修改公司章程、增加或减少注册资本的决议……必须经代表三分之二以上表决权的股东通过"。原告持有泛亚公司 50% 的股权比例，公司未通知其参加股东会，也无证据证实原告委托或授权他人签字，诉争的股东会决议未得到原告的追认，在原告未参加股东会的情况下，公司其他股东伪造其签名，违背了其真实意思表示，侵害了其作为股东的合法权益，故上述股东会决议因欠缺股东的真实意思表示而无效。

【法官后语】

对于公司决议，我国《公司法》只有撤销和无效之诉的划分，实际上其他国家公司法还有决议不存在或者表见决议之诉。决议不存在，是指决议的程序严重违法，以至于决议的本身也无法认可，或者达到了可以视为会议不存在的程度。例如，在召集程序和决议方法上有重大瑕疵，以至于不能认定为一次股东会。本案中的实际情况更为符合决议不存在的情况。

我国《公司法》第二十二条只有两款规定，第一款针对决议内容违法，第二款针对决议程序违法。本案决议的内容为增资，显然不属于违反法律、行政法规的事项。若适用第二款，则显然与原告的诉请不一致，而且也已经超过了60天法定期限的限制，原告不能获得法律救济。

本案该如何适用法律呢？笔者认为，根据一般法与特别法的关系，在公司法有规定的时候，优先适用公司法的规定。公司法没有明确规定的，可以民法通则的规定作为补充。依据《民法通则》第五十五条的规定，民事法律行为应当具备的条件之一就是意思表示真实。本案中，原告作为持股比例50%的股东，其意见显然对于增资决议能否通过起着决定性的作用。在原告未参加股东会的情况下，其他股东伪造其签名，违背了其真实意思表示，侵害了其作为股东的合法权益，故本案涉及的内容为增资的股东会决议因欠缺股东的真实意思表示而无效，股东的相关利益可因此得到救济。

原告请求确认新增资本无效，这一请求非常模糊。当事人的权利请求必须固定下来，首先要了解当事人诉讼的目的和动机，才能把法律关系和请求权的性质以及内容弄清楚，据此寻找到诉讼的基础法律规范。因股东会决议是作出增资的前提和基础，故法院明晰了当事人的诉请实际是确认作出增资决定的股东会决议无效，这属于公司决议效力的法律问题。

编写人：天津市滨海新区人民法院　张全伟

六、股权转让纠纷

20

股权转让协议的解除
——黄洁非、毕正文诉尹文民等股权转让案

【案件基本信息】

1. 裁判书字号

安徽省高级人民法院（2015）皖民二终字第 01074 号民事判决书

2. 案由：股权转让纠纷

3. 当事人

原告（被上诉人）：黄洁非、毕正文

被告（上诉人）：尹文民、单为民、黄伟

【基本案情】

2011 年 10 月 11 日和 12 月 1 日，蒙城县发改委和亳州市发改委分别对蒙城县绿源农副产品再生资源有限公司年产 5000 吨糠醛生产项目进行备案。2012 年 3 月 19 日，亳州市环保局对该项目《环境影响报告书》进行批复，同意按照《环境影响报告书》进行项目建设。2012 年 3 月 20 日，蒙城县绿源农副产品再生资源有限公司与蒙城县双涧镇人民政府签署《工业项目合同书》，约定在蒙城县双涧镇工业功能区投资建设该项目，项目用地 70 亩，固定资产投资不低于 4500 万元。2012 年 5 月 7 日，蒙城县绿源农副产品再生资源有限公司在蒙城县工商行政管理局进行公司核准设立登记，公司注册资本 1000 万元，尹文民、单为民、黄伟拥有公司股份

分别为 51%、23%、26%。

2014 年 12 月 8 日，尹文民、单为民、黄伟与黄洁非、毕正文签订《公司股份及资产整体转让协议书》，约定：尹文民、单为民、黄伟将其在蒙城县绿源农副产品再生资源科技有限公司的股权整体转让给黄洁非、毕正文，转让价格为 1000 万元，黄洁非、毕正文于协议书签订之日起先期支付 300 万元定金至蒙城县双涧镇人民政府指定账户，定金到达之日起三日内完成资产交接及工商变更手续，余款 700 万元在双方办理完交接手续后 120 日内付清。协议签订后，2014 年 11 月 26 日、12 月 9 日，黄洁非、毕正文共支付 300 万元至蒙城县双涧镇人民政府指定账户。2014 年 12 月 8 日，双方办理了股权变更登记手续，黄洁非担任公司法定代表人。

黄洁非、毕正文接手该公司后，发现因糠醛生产项目不在政府规划的化工园区或化工集中区内，且未全面履行安全生产"三同时"手续，于 2013 年 6 月 9 日、8 月 6 日两次被蒙城县安全生产监督管理局通知停止建设，使公司无法正常生产和经营。尹文民、单为民、黄伟故意隐瞒上述事实，导致股权转让合同目的无法实现。黄洁非、毕正文遂于 2015 年 2 月 4 日诉至安徽省亳州市中级人民法院，请求判令：解除涉案《公司股份及资产整体转让协议书》，尹文民、单为民、黄伟返还其定金 300 万元。

【案件焦点】

双方当事人签订股权转让合同的目的是否已实现？能否以转让方隐瞒公司资产存在重大瑕疵为由要求解除涉案《公司股份及资产整体转让协议书》？

【法院裁判要旨】

安徽省亳州市中级人民法院经审理认为：双方签署《公司股份及资产整体转让协议书》，目的是通过收购该公司的股权，进而控制公司的生产经营，而蒙城县安全生产监督管理局两次通知该公司停止糠醛生产项目建设，项目停止建设的原因是糠醛生产项目不在政府规划的化工园区或化工集中区内。对于该影响公司生产经营的重大事件，尹文民、单为民、黄伟没有提供证据证明在签署股权转让协议前已经告知了黄洁非、毕正文。尹文民、单为民、黄伟的行为没有遵循先合同义务，违反了《中华人民共和国合同法》第六条规定的诚实信用原则，根据《中华人民共和国合同法》第九十四条之规定，涉案《公司股份及资产整体转让协议书》应予解除。

安徽省亳州市中级人民法院依照《中华人民共和国合同法》第六条、第九十四条、第九十七条之规定，判决：

一、解除黄洁非、毕正文与尹文民、单为民、黄伟于 2014 年 12 月 8 日签署的《蒙城县绿源农副产品再生资源科技有限公司股份及资产整体转让协议书》；

二、尹文民、单为民、黄伟于判决生效之日起十日内返还黄洁非、毕正文定金 300 万元。

尹文民、单为民、黄伟不服一审判决，向法院提起上诉称：一审判决将"糠醛项目"的生产经营问题视为股权转让合同的目的错误。股权转让的目的是一方出让股权，一方受让股权，成为股东和享有股东权利。本案中，双方已办理了股权转让手续，移交了公司资产，黄洁非、毕正文已取得股东身份并实际占有了公司全部资产，股权转让的合同目的已经实现。原判以其违反所谓"先合同义务"，判令解除涉案股权转让合同，缺乏依据。

安徽省高级人民法院经审理认为：蒙城县绿源农副产品再生资源科技有限公司主要生产经营的项目是年产 5000 吨糠醛。糠醛物理性质危险标记为"易燃液体"，被列入国家《危险化学品目录》。根据国务院《危险化学品安全生产条例》的规定，国家对危险化学品经营实施许可制度，经营危险化学品的企业应当取得危险化学品经营许可证，未取得经营许可证，任何单位和个人不得经营危险化学品。

涉案合同虽名为股权转让协议，但实为公司资产和经营权的整体转让，转让的标的物包括蒙城县绿源农副产品再生资源科技有限公司的全部资产和经营权，受让人签署股权转让合同的目的不但体现在其成为公司股东，而且还体现在取得公司资产所有权和合法经营公司的经营权。因转让标的物经营权中糠醛生产经营属于危险化学品经营项目，所以根据国家相关产业政策，必须先取得危险化学品经营许可证。本案中，双方签订股权转让协议时，涉案糠醛生产在建项目没有取得危险化学品经营许可证，之前已被蒙城县安全生产监督管理局两次下发文件通知停建，且因该项目不在蒙城县人民政府规划的化工园区或化工集中区内，选址不符合国家安全生产监督管理局《危险化学品经营许可证管理办法》规定的"应当符合当地县级以上（含县级）人民政府的规划和布局，新设立的企业应建在地方人民政府规划的专门用于危险化学品生产、储存的区域内"的规定，属于亳州市重点督办整治的非法建设项目。二审中，蒙城县安全生产监督管理局书面回复安徽省高级人民法院涉案糠醛生产项目因选址问题不可能颁发安全生产许可证。该影响公司生产经营的重大事项，属于转让标的物的重大瑕疵，当事人在签订转让协议时应当根据合同的性质、目的和交易习惯，履行明确的告知义务，而转让人尹文民、单为民、黄伟无证据证明其向受让人黄洁非、毕正文履行了告知义务，该违约行为直接导致受让人通过股权转让取得公司合法经营权的目的不能实现，黄洁非、毕正文诉请解除涉案合同符合《中华人民共和国合同法》（以下简称《合同法》）第九十四条第一款第（四）项规定的解除条件。

安徽省高级人民法院依照《中华人民共和国民事诉讼法》第一百七十条第一款第（一）项、第一百七十五条之规定，判决：

驳回上诉，维持原判。

【法官后语】

本案的重点在于双方订立股权转让的合同目的是否实现，尽管一、二审均认为涉案股权转让合同应当解除，但解除的原因和适用法律条文却不尽一致。

一审法院以转让方违反了先合同义务为由判令解除涉案合同，实际上是适用了《合同法》第四十二条之规定。这就存在两个问题，一是先合同义务实际上缔约阶段一方违反诚实信用原则应当承担的缔约过失责任，本案股权转让合同已经签订，受让方也实际成为了公司股东，故《合同法》第四十二条已没有适用的余地；二是原告的起诉是转让方存在欺诈，并未主张转让方违反先合同义务，一审存在超诉讼请求裁判的嫌疑。

二审法院认为，涉案合同虽名为股权转让合同，但股权仅是受让方控制公司资产的手段和方式，最终目的是取得公司全部资产和后续合法的经营权，因此不能以双方办理了股权变更登记就认定合同目的已经实现。现因转让方未能履行告知义务，致使双方订立合同的目的落空，符合《合同法》第九十四条第一款第（四）项规定的解除条件。

值得注意的是，二审法院就目标公司能否取得安全生产许可证，专门函告蒙城县安全生产监督管理局，该局书面回复称涉案糠醛生产项目因选址问题不可能颁发安全生产许可证，安徽省高级人民法院据此作出最终判决。

编写人：安徽省高级人民法院　王玉圣　杨芳

$\boxed{21}$

"对赌协议"的法律效力

——蔡继续诉厦门欧迈家居有限公司、陈加栋股权转让案

【案件基本信息】

1. 裁判书字号

福建省厦门市同安区人民法院（2015）同民初字第 859 号民事判决书

2. 案由：股权转让纠纷

3. 当事人

原告：蔡继续

被告：厦门欧迈家居有限公司（以下简称欧迈家居公司）、陈加栋

【基本案情】

2014 年 1 月 15 日，蔡继续作为甲方、欧迈家居公司作为乙方共同签订了投资合同书。合同书约定：蔡继续有意出资叁佰万元人民币，以基于欧迈家居公司 2013 年经公司拟上市地交易所认可的审计师事务所审计实现净利润柒仟万元人民币的 4.285 倍市盈率对公司进行估值，以购买老股的方式向欧迈家居公司的股东购买占欧迈家居公司发行总股数 1% 的普通股，为本轮私募的投资方。欧迈家居公司目前拟进行私募融资，待私募融资后于 2015 年 6 月 30 日前在海外（暂定台湾证券交易市场）上市交易，为本轮私募的被投资方。合同第 1.2 条约定，双方同意，在本合同签署后蔡继续付叁佰万元人民币至欧迈家居公司指定的银行账户（三天内）。第 2 条约定，在投资方按本合同约定支付相应投资款后，欧迈家居公司于收到投资款后的 5 个工作日内，办理转让占欧迈家居公司总股数 1% 的普通股予投资方的相关手续，并由陈加栋代持蔡继续所持股权。合同第 4.9 约定，若公司上市项目发生下列情况之一，投资方有权要求欧迈家居公司回购蔡继续所持有的全部或部分股份，回购价格为投资成本及以投资成本 15% 的年利率（单利）作为补偿（日期以投资

完成之日起至支付回购价格之日止），要求回购 5 天必须到账回购款。第 4.9.1 条约定，公司不能在 2015 年 6 月 30 日之前在我国台湾或美国主板等全球主流资本市场上市；第 4.9.2 条约定，公司在 2013 年甲、乙双方认可的审计机构审计税后净利润低于人民币柒仟万元。合同第 8.2 条约定，本合同在下列情况下解除：第 8.2.1 条经合同双方当事人协商一致解除。第 8.2.2 条任一方发生违约行为并在 30 天内不予更正的，或发生累计两次或以上违约行为且不予更正的，守约方有权单方解除本合同。第 8.3 条提出解除合同的一方应当以书面形式通知，通知在到达其他各方时生效。

2014 年 1 月 15 日蔡继续作为甲方、欧迈家居公司作为乙方、陈加栋作为丙方共同签订了《担保协议》。《担保协议》约定，甲、乙、丙三方本着平等、互助的精神，经友好协商，就甲方向乙方投资达成一致，并于 2014 年元月 15 日签署《投资合同书》，丙方为《投资合同书》之第 4.9 条提供担保相关事宜达成如下协议：一、投资款及用途：乙方计划在境外或国内证券市场进行 IPO 融资，因资金周转需要向甲方融资人民币叁佰万元整用于启动乙方拟上市公司上市计划。二、关于甲、乙、丙三方之权利义务关系：（一）承诺与保证：在乙方的上市过程中，一旦发生《投资合同书》的第 4.9 条规定之情况，并且甲方根据《投资合同书》的第 4.9 条规定要求乙方回购甲方所持有的全部或部分股份，乙方不可撤销地承诺将按《投资合同书》的第 4.9 条之规定，严格履行回购义务。根据《投资合同书》的约定，回购价格为投资成本及以投资成本 15% 的年利率（单利）作为补偿（日期以投资完成之日起至支付回购价格之日止），并且回购后 15 天必须到账回购款。（二）损失赔偿：如甲方根据《投资合同书》的第 4.9 条之规定要求乙方回购甲方所持有的全部或部分股份，乙方若不能在约定期限内到账回购款，将无条件赔偿因此给甲方带来的一切经济损失，包括但不限于所有本金及利息、违约金、赔偿金等，并赔偿甲方向乙方及上述相关担保人要求回购义务的所有费用（包括但不限于诉讼费用、律师费用、公证费用、执行费用等）。三、丙方之担保义务：（一）丙方为本《担保协议》第二条项下乙方之义务提供连带担保，担保范围包括但不限于所有本金及利息、违约金、赔偿金等，及甲方实现《投资合同书》的第 4.9 条之规定之权利的所有费用（包括但不限于诉讼费用、律师费用、公证费用、执行费用等）。（二）本《担保协议》所涉及的担保期限为自甲方根据《投资合同书》第 4.9 条之规定要求乙方履行回购义务之日起两年。

2014 年 1 月 17 日，蔡继续将 300 万元转入欧迈家居公司法定代表人陈加栋的个人银行账户。之后，欧迈家居公司未指定审计机构对公司 2013 年的公司利润进行审计，蔡继续要求欧迈家居公司支付回购款 300 万元。欧迈家居公司于 2014 年 12 月 11 日支付蔡继续回购款 50 万元。2015 年 1 月 31 日，蔡继续以 EMS 全球邮政特快专递的方式向欧迈家居公司和陈加栋邮寄了通知函，告知欧迈家居公司和陈加栋，解除其与欧迈家居公司于 2014 年 1 月 15 日签订的《投资合同书》，通知自邮寄之日起生效。要求欧迈家居公司于 2015 年 2 月 10 日前，将回购其所持有的全部股份的回购余款计 250 万元及其投资成本年利率 15% 的补偿金全部返还；陈加栋对上述款项的支付承担连带保证责任。由于欧迈家居公司和陈加栋未履行给付义务，蔡继续遂向本院提起诉讼，请求判令：欧迈家居公司返还 250 万元，并支付律师费 30000 元；判令陈加栋承担连带清偿责任。诉讼中，蔡继续陈述，讼争借款是名为投资实为借贷。2014 年 12 月 11 日，双方口头约定解除合同，返还本金，被告实际也返还了 50 万元。欧迈家居公司和陈加栋则提出，讼争 300 万元系投资款，合同第二条明确约定了蔡继续为隐名股东，收益主要是等公司上市之后才能计算，但是目前公司没有上市所以不存在分配收益。返还蔡继续的 50 万元是因蔡继续一直催款，所以欧迈家居公司和陈加栋先还了 50 万元，但这并不构成合同解除。法院经审理于 2015 年 6 月 3 日作出 (2014) 同民初字第 859 号民事判决，判决：一、被告厦门欧迈家居有限公司于本判决生效之日起十五日内返还原告蔡继续投资款人民币 250 万元；二、被告厦门欧迈家居有限公司于本判决生效之日起十五日内支付原告蔡继续律师费人民币 30000 元；三、被告陈加栋对被告厦门欧迈家居有限公司履行上述第一项和第二项确定的还款义务承担连带清偿责任。

【案件焦点】

原告蔡继续与被告欧迈家居公司、陈加栋签订的投资合同书和担保协议法律效力如何，原告可否要求返还已支付的投资款？

【法院裁判要旨】

福建省厦门市同安区人民法院经审理认为：蔡继续与欧迈家居公司、陈加栋签订的投资合同书和担保协议均系各方当事人的真实意思表示，不违反法律、行政法规的强制性规定，应属合法有效，对各方当事人具有约束力。蔡继续按照投资合同书约定入资欧迈家居公司后，因欧迈家居公司未能按照投资合同书第4.9.2条规定即指定双方认可的审计机构就2013年的公司利润进行审计的约定履行，其行为构成了违约，应承担相应的违约责任。因此，蔡继续有权按照投资合同书第4.9条的规定，要求欧迈家居公司回购蔡继续所持有的公司全部或部分股份，欧迈家居公司也实际返还了蔡继续50万元的投资款。故，蔡继续要求欧迈家居公司返还股权回购款250万元的诉讼请求，符合合同约定，法院予以支持。关于律师费的承担问题。因原、被告三方签订的担保协议约定："欧迈家居公司若不能在约定期限内到账回购款将无条件赔偿因此给蔡继续带来的一切经济损失，包括但不限于所有本金及利息、违约金、赔偿金等，并赔偿甲方向乙方及上述相关担保人要求回购义务的所有费用（包括但不限于诉讼费用、律师费用、公证费用、执行费用等）。"蔡继续要求欧迈家居公司支付律师费30000元，符合合同约定，法院予以支持。关于陈加栋的责任承担问题。根据原、被告三方签订的担保协议约定："陈加栋为本《担保协议》第二条项下欧迈家居公司之义务提供连带担保，担保范围包括但不限于所有本金及利息、违约金、赔偿金等，及蔡继续实现《投资合同书》的第4.9条之规定之权利的所有费用（包括但不限于诉讼费用、律师费用、公证费用、执行费用等）。"陈加栋应对欧迈家居公司返还股权回购款及为实现债权所支付的律师费提供连带责任担保，应承担连带清偿责任。

福建省厦门市同安区人民法院依照《中华人民共和国合同法》第六条、第八条、第一百零七条，《中华人民共和国担保法》第十八条、第二十一条之规定，判决：

一、被告厦门欧迈家居有限公司于本判决生效之日起十五日内返还原告蔡继续投资款人民币250万元；

二、被告厦门欧迈家居有限公司于本判决生效之日起十五日内支付原告蔡继续律师费人民币30000元；

三、被告陈加栋对被告厦门欧迈家居有限公司履行上述第一项和第二项确定的还款义务承担连带清偿责任。

【法官后语】

本案涉及一个要点——对赌协议。对赌协议在法律上效力如何呢？笔者认为，一方面，对赌协议是企业和资本按市场规律重新分配、预防风险的技术策略，只要不违反法律规定，即属当事人真实意思的表达，风险就需由缔约人承担，司法不应过多干涉。另一方面，对于对赌协议的效力不能一概而论，要具体情况具体分析，无效情形仅限于以目标公司为主体的回购和补偿条款，而对于股东与投资方签订的补偿承诺，不违反法律法规的禁止性规定，是当事人的真实意思表示，应属有效。本案中，原、被告之间签订的投资合同书和担保协议均系双方的真实意思表示，没有违反法律或者行政法规的强制性规定。

蔡继续与欧迈家居公司、陈加栋签订的投资合同书和担保协议均系各方当事人的真实意思表示，不违反法律、行政法规的强制性规定，应属合法有效，对各方当事人具有约束力。蔡继续按照投资合同书约定入资欧迈家居公司后，因欧迈家居公司未能按照投资合同书第4.9.2条规定即指定双方认可的审计机构就2013年的公司利润进行审计的约定履行，其行为构成了违约，应承担相应的违约责任。因此，蔡继续有权按照投资合同书第4.9条的规定，要求欧迈家居公司回购蔡继续所持有的公司全部或部分股份，欧迈家居公司也实际返还了蔡继续50万元的投资款。

编写人：福建省厦门市同安区人民法院　王月萍　杨文德

股权转让阴阳合同的效力

——黄友谊等诉林施施等股权转让案

【案件基本信息】

1. 裁判书字号

福建省福鼎市人民法院（2015）鼎民初字第1403号民事判决书

2. 案由：股权转让纠纷

3. 当事人

原告：黄友谊、赵建设、雷开清、郑道孝

被告：林施施、张若勉、季庆和、福鼎市光辉石业开发有限公司

【基本案情】

2014 年 5 月 5 日，原告黄友谊、赵建设、雷开清、郑道孝与被告林施施签订《矿山股份转让合同》，约定将四原告持有的福鼎市光辉石业开发有限公司全部股权、股份、矿山现有设备（活动房、食堂、炸药库、水池、供电变压器一台、开山牌 LG – 13/8G 空压机一台、夏工、夏鑫装载机各一台、挖掘机一台、平板车一辆）以及马槽湾矿山上面现有荒料，以总价 3700000 元转让给林施施。该转让款分四期支付，合同签订生效之日，被告林施施支付转让款 500000 元；自合同签订之日起 30 日内被告林施施支付 1600000 元；自合同签订之日起 90 日内被告林施施支付 1000000 元；自合同签订之日起 120 日内被告林施施付清全部余款。股权、股份转让变更被告后，受让方未付的转让价款向转让方立借据，月息按 2% 计算。若受让方未按合同约定的付款方式的第三期、第四期，受让方应按本合同总价款的 13.5% 向甲方偿还违约金。应被告林施施的要求，2014 年 5 月 6 日，原告黄友谊、赵建设、雷开清、郑道孝与被告林施施、张若勉分别签订四份《福鼎市光辉石业开发有限公司股权转让协议》，约定四原告将持有的福鼎市光辉石业开发有限公司股权转让给林施施、张若勉，但该四份协议仅作为工商股权登记变更的依据，并未实际履行。2014 年 5 月 28 日，福鼎市光辉石业开发有限公司股东经工商登记变更为林施施、张若勉。2014 年 6 月 17 日，被告林施施出具一份欠条，确认被告林施施结欠四原告股权转让款 1600000 元，利息按月利率 2% 计算。被告季庆和、张若勉、福鼎市光辉石业开发有限公司为以上债务本息承担连带偿还责任。嗣后被告林施施偿还部分转让款，截至起诉时尚结欠转让款 250000 元未偿还。原告诉至法院请求判令：一、被告林施施偿还四原告股权转让欠款 250000 元及相应的利息（自 2015 年 2 月 9 日起至还款之日止按月利率 2% 计付）；二、请求依法判令被告林施施向原告支付逾期付款违约金 499500 元；三、请求依法判令被告张若勉、季庆和、福鼎市光辉石业开发有限公司对上述一、二项诉请承担连带偿还责任；四、案件受理费由被告承担。

【案件焦点】

矿山股份转让合同是否有效？

【法院裁判要旨】

福建省福鼎市人民法院经审理认为：四原告与被告林施施就福鼎市光辉石业开发有限公司股份转让事宜达成一致意见，并签订《矿山股份转让合同》，该合同系双方真实意思表示，并不违反法律强制性规定，上述合同合法有效，对双方当事人具有法律约束力。协议书签订后，被告林施施已按协议书接受原告转让前拥有的股份，并履行大部分付款义务。因此双方股份转让行为已实际生效。被告林施施应按照股份转让协议的约定支付原告剩余的股份转让款 250000 元，并承担逾期还款的违约责任。但双方合同约定的逾期付款利息、逾期付款违约金明显过高，应予以调整降低，应以实际拖欠股份转让款 250000 元为基数，按月利率 2% 计算。被告季庆和、张若勉、福鼎市光辉石业开发有限公司自愿为被告林施施向原告支付转让款提供保证，该保证行为合法有效，应依约承担保证责任。由于被告季庆和、张若勉、福鼎市光辉石业开发有限公司在提供担保时约定的保证期限不明，故保证期间为主债务履行期届满之日起二年。

福建省福鼎市人民法院依照《中华人民共和国合同法》第六十条第一款、第一百一十四条，《中华人民共和国民事诉讼法》第一百四十四条的规定，判决：

一、被告林施施应于本判决生效之日起十日内支付给原告黄友谊、赵建设、雷开清、郑道孝股权转让款 250000 元，并支付逾期还款违约金（自 2015 年 2 月 9 日起至还款之日止按月利率 2% 计算）；

二、被告张若勉、季庆和、福鼎市光辉石业开发有限公司对第一项还款义务承担连带偿还责任；

三、驳回原告的其他诉讼请求。

【法官后语】

本案涉及"阴阳合同"问题，双方当事人在《矿山股份转让合同》签订后，为工商登记需要，在原合同基础上重新签订了四份《福鼎市光辉石业开发有限公司股权转让协议》，上述合同在受让人、受让金额、违约责任等方面有巨大的差异，如何认定两份协议的效力成为本案关键。

原、被告就同一公司股权签订了多份不同的股权转让合同，其中一份是《矿山股份转让合同》，另一份则是在为办理工商登记签订的《福鼎市光辉石业开发有限公司股权转让协议》，这一阴一阳两个合同的效力如何，成为解决本案争议的最关键因素。

本案中的阴合同（《矿山股份转让合同》）系双方当事人真实意思表示的体现，亦不存在法定的无效情形，因此自成立时生效。而阳合同（《福鼎市光辉石业开发有限公司股权转让协议》）并非当事人真实意思的体现，双方也并未按合同约定履行义务，故该份合同不发生法律效力。

《矿山股份转让合同》中约定"若受让方未按合同约定的付款方式的第三期、第四期，受让方应按本合同总价款的13.5%向甲方偿还违约金"。起诉时被告尚欠原告股份转让款25万元，若依照合同约定执行，则被告承担的违约金可能高达50万元，明显不符合违约金的补偿性质，应予以降低。

编写人：福建省福鼎市人民法院　陈晨阳

23

股权转让意思表示的解释

——游颖娟诉叶勇生等股权转让案

【案件基本信息】

1. 裁判书字号

福建省厦门市思明区人民法院（2014）思民初字第10787号民事判决书

2. 案由：股权转让纠纷

3. 当事人

原告：游颖娟

被告：叶勇生、杨瑞传、陈荣泉

【基本案情】

原告游颖娟与陈荣泉系夫妻关系。2002 年 8 月，被告叶勇生、杨瑞传、陈荣泉共同投资设立汉丰公司，被告叶勇生持 58% 股权、杨瑞传持 29% 股权，陈荣泉持 13% 股权。2004 年 1 月 14 日，陈荣泉向被告叶勇生出具《欠条》两张，分别载明："陈荣泉欠叶勇生 80000 元人民币，一年内归还。""截止到 2013 年 12 月 31 日陈荣泉欠叶勇生模具款 114080 元，约半年时间逐步还清。"2005 年 1 月，被告叶勇生将陈荣泉起诉至法院，要求陈荣泉偿还借款 160880 元及利息。2005 年 1 月 24 日，厦门市湖里区人民法院作出（2005）湖民初字第 648 号民事调解书，由陈荣泉分期偿还被告叶勇生的上述借款及利息。调解后，陈荣泉向被告叶勇生还清款项。2005 年 3 月，原告向厦门市湖里区工商行政管理局提交有"叶勇生"签字的《股份转让协议》及《股东会纪要》（日期均为 2005 年 3 月 2 日，股权转让对价为 290000 元）申请办理股权变更登记，将被告叶勇生持有的汉丰公司 58% 的股权登记在原告游颖娟名下。2014 年 2 月，被告叶勇生向福建正泰司法鉴定中心申请对 2005 年 3 月 2 日签订的《股份转让协议》及《股东会纪要》上"叶勇生"签字的真实性进行鉴定。同月，福建正泰司法鉴定中心作出鉴定意见为上述材料中"叶勇生"签字并非被告叶勇生书写。2014 年 2 月，被告叶勇生向厦门市湖里区工商行政管理局申请要求撤销汉丰公司的股权变更登记，恢复原状。

另查明，2002 年，被告叶勇生、杨瑞传、陈荣泉共同投资设立高捷公司，被告叶勇生持 58% 股权、杨瑞传持 29% 股权，陈荣泉持 13% 股权。2004 年 5 月 20 日，陈荣泉分别与被告叶勇生、叶勇生的父亲叶世端签订《股份转让协议》，分别约定陈荣泉将其持有的高捷公司 3% 的股权以 15000 元的价格转让给被告叶勇生，将 10% 股权以 50000 元的价格转让给叶世端，并且办理了相应的工商变更手续。

审理中，原告向法院申请对《股份转让协议》及《股东会纪要》上"叶勇生"签字的真实性进行鉴定，法院予以准许，并依法委托福建历思司法鉴定所进行鉴定。2014 年 11 月 17 日，福建历思司法鉴定所作出鉴定意见为《股份转让协议》及《股东会纪要》中"叶勇生"的签名笔迹与样本中叶勇生书写的笔迹不是出自同一人书写。

庭审中，法院向原告释明原告提交的《股份转让协议》并不成立，原告表示坚持原诉求不进行变更。

【案件焦点】

《股权转让协议》是否是被告的真实意思表示？

【法院裁判要旨】

福建省厦门市思明区人民法院认为：虽然该份《股份转让协议》上"叶勇生"的签名并非被告本人签字，但应从该协议的履行情况来查明是否是被告的真实意思表示。该协议约定被告叶勇生以290000元的价格将持有的汉丰公司58%的股权转让给原告游颖娟，支付方式为协议生效后10天内以现金方式支付，该协议并未载明股权转让款系通过股权置换方式支付，且原告未能提交其他证据佐证原、被告或陈荣泉与被告签订过相关的协议。原告称股权转让金290000元系陈荣泉用其持有的高捷公司13%的股权进行置换，并补偿被告80000元差额，但陈荣泉与被告及叶世端签订的《股份转让协议》同样未载明股权转让款系通过股权置换方式支付，且双方在汉丰公司股权变更登记之前即办理了工商变更登记，而原告主张的80000元差额，因陈荣泉向被告出具的《欠条》仅载明欠款并未明确系股权转让款的差额，且在被告诉诸厦门市湖里区人民法院时陈荣泉亦未说明该款项的性质，故厦门市湖里区人民法院出具的（2005）湖民初字第648号民事调解书亦确认该款为陈荣泉尚欠被告的借款。假设存在原告所称的股权置换行为，陈荣泉将高捷公司13%的股权转让给被告，股权转让款仅65000元，加上差额80000元，亦不足290000元。从该协议的履行情况来看无法认定股权转让行为系被告的真实意思表示。

本案原告通过伪造被告的签字取得股权，该协议属原告单方虚构，不具备合同成立所需的要件，故法院认定该份《股份转让协议》不成立。原告要求确认双方就汉丰公司股权转让行为合法有效的诉讼请求，缺乏事实和法律依据，法院不予支持。被告的答辩意见，于法有据，法院予以采纳。

福建省厦门市思明区人民法院依照《中华人民共和国合同法》第三十二条，《中华人民共和国民事诉讼法》第六十四条第一款的规定，判决：

驳回原告游颖娟的诉讼请求。

宣判后，双方均未上诉。

【法官后语】

本案中，原被告双方争议的焦点在于《股权转让协议》是否是被告的真实意思表示。在进行司法判断时，不仅应当关注签名是否是真实的，还应当全方位考察协议的条款，以及该协议的实际履行情况是否能表现出被告有股权转让的意思。根据双方提交的证据，不论是协议本身的内容，还是双方在汉丰公司股权变更登记之前即办理了工商变更登记这一客观行为，都无法推定被告具有通过股权置换的方式转让股权的内心意思。因此，原告要求确认双方就汉丰公司股权转让行为合法有效的诉讼请求，缺乏事实和法律依据，法院不予支持。

编写人：福建省厦门市思明区人民法院　李莹

24

"阴阳"股权转让合同的效力

——盖某仲诉马某勇、马某强股权转让案

【案件基本信息】

1. 裁判书字号

广东省广州市中级人民法院（2015）穗中法民二终字第 1123 号民事判决书

2. 案由：股权转让纠纷

3. 当事人

原告（被上诉人）：盖某仲

被告（上诉人）：马某勇、马某强

【基本案情】

长和公司是成立于 2005 年 1 月 25 日的有限责任公司，公司股东为董某林、盖某仲，其中董某林出资 150 万元、持股比例 30%，盖某仲出资 350 万元、持股比例 70%。2010 年 6 月 28 日，马某勇（甲方）与董某林、盖某仲（乙方）签订《技术及股权转让协议书》，约定，甲方分期出资合计 300 万元，用于收购董某林、盖某仲二人拥有的长和公司 100% 的股权及乙方拥有的节电技术；其中，首期 150 万元于 2010 年 6 月前出资，第二期 150 万元于 2010 年 7 月前出资；乙方承诺于 2010 年

6月28日前在工商部门将上述转让的股权变更登记至甲方名下；自合同生效之日起5年内，董某林需要为长和公司服务并接受该企业的管理，且不得以任何方式服务于其他企业；乙方保证合同签订日前长和公司没有任何债务；合同签订之日起五年内，乙方盖某仲不得从事电力节能行业；合同还对乙方出现违约行为时应承担的赔偿责任、违约责任、违约金等进行了详细约定。同日，盖某仲、董某林（转让方）与马某勇（受让方）签订《股东转让出资合同书》，约定，盖某仲将原出资350万元（占公司注册资本的70%）的全部350万元转让给马某勇，转让金350万元；董某林将原出资150万元（占公司注册资本的30%）的全部150万元转让给马某勇，转让金150万元；2010年6月28日前，受让方需将转让金全部付给转让方；从2010年6月28日起马某勇成为公司的股东；公司红利的收益按合同签订之日起计算，转让方享有转让前的红利，受让方享有转让后的红利；盖某仲、董某林自转让之日起，不再是公司股东，不得以公司的名义对外从事任何活动；合同一式五份，交公司登记机关一份。同日，马某勇向盖某仲支付了股权转让款150万元，双方依据《股东转让出资合同书》为上述股权转让在工商行政管理部门办理变更登记。因马某勇未付剩余股权转让款，盖某仲依据《股东转让出资合同书》向法院提起诉讼，诉请要求被告马某勇立即支付原告股权转让款200万元及逾期利息，被告马某强对马某勇的债务承担连带偿还责任。被告马某勇抗辩涉案股权转让法律关系是以《技术及股权转让协议书》，《股东转让出资合同书》则是为履行前述《技术及股权转让协议书》而签订的程序性、形式性文件，是专为过户使用而签订的，不是双方真实意思表示，不能作为双方权利义务的依据。

【案件焦点】

"阴阳"股权转让合同的效力。

【法院裁判要旨】

广州市越秀区人民法院经审理认为：原告向被告马某勇转让其持有的长和公司股权，现原告以马某勇欠付股权转让款为由提起诉讼，本案为股权转让纠纷。原告主张股权转让是按照《股东转让出资合同书》的约定执行，被告马某勇则主张涉案股权转让是按照《技术及股权转让协议书》的约定执行，故案件争议的焦点在于确定双方当事人关于股权转让的合同本意。首先，《技术及股权转让协议书》除规定了股权转让的价款及付款时间，还对技术转让事宜、双方当事人除股权转让外的其他权利义务、违约责任等进行了详细的规定，而《股东转让出资合同书》仅就股权转让的价款及付款时间进行了约定，两者相比《技术及股权转让协议书》更为详尽完备。其次，盖某仲、董某林、马某勇、长和公司共同确认涉案股权转让是依据《股东转让出资合同书》办理的变更登记备案；《股东转让出资合同书》也约定签订后交公司登记机关，上述事实与马某勇主张的《股东转让出资合同书》签署的目的是用于办理股权变更登记相互印证。最后，在（2012）穗越法民一初字第 785 号案中，盖某仲、董某林为证明其主张的事实也提交了《技术及股权转让协议书》作为证据，可见盖某仲、董某林也认可《技术及股权转让协议书》的效力及约定。故对马某勇主张的涉案股权转让是按照《技术及股权转让协议书》的约定执行的说法，本院予以采纳。《技术及股权转让协议书》是双方当事人的真实意思表示，内容没有违反法律法规的强制性规定，合法有效，对双方当事人均有法律约束力。《技术及股权转让协议书》约定，盖某仲、董某林将其持有的全部长和公司股份转让给马某勇，马某勇向盖某仲、董某林支付股权转让款 300 万元。现盖某仲、董某林已经履行将股权转让给马某勇的义务并办理了股权变更工商登记，依约享有收取股权转让款的权利。马某勇在支付了 150 万元股权转让款后尚欠盖某仲、董某林 150 万元股权转让款，其欠付剩余股权转让款 150 万元的行为已经构成违约，应承担相应的违约责任。故马某勇应向盖某仲支付股权转让款 150 万元及逾期利息。

广州市越秀区人民法院依照《中华人民共和国合同法》第八条、第六十条、第一百零七条的规定，判决：

本判决发生法律效力之日起十日内，被告马某勇向原告盖某仲支付股权转让款 1500000 元及利息。

判决后被告马某勇提起上诉，广州市中级人民法院审理认为：马某勇、盖某仲和董某林对于原审判决认定双方就涉案的股权转让是依照《技术及股权转让协议书》的约定执行无异议，予以确认。经对被告马某勇拒付剩余股权转让款的理由进行审查、分析，最终认定马某勇的抗辩理由不充分，予以驳回。

【法官后语】

所谓股权转让"阴阳"合同，是指在股权转让过程中，合同双方当事人通过签订两份内容存在差别的股权转让合同，一份提交给工商机关办理股权变更登记，进行对外公开的"阳"合同，另一份存在当事人内部，是反映当事人真实意思表示的"阴"合同。

关于"阴""阳"合同的辨认。司法实践中对此并没有通用正确的标准，只能通过裁判者针对不同的案情，运用日常经验法则及逻辑推理进行分析。对此，笔者认为可从三方面判断。

一是合同的版本。由于当事人订立"阳"合同的目的多是提交给工商管理部门用于办理股权变更登记手续，而目前国内许多工商管理部门出于规范管理的目的大多会制定通用的股权转让合同范本，因此"阳"合同在签订时多采用工商管理部门提供的版本，而"阴"合同多由当事人自行制定。

二是合同的繁简对比。股权转让协议是以股权转让为内容的合同，其基本的合同条款必然涉及出让方、受让方、价款、标的股权及履行方式这些基本的合同内容，同时股权变动必然涉及公司内部管理、经营调整等方面，在存在"阴""阳"合同的情况下，由于"阴"合同是双方实际执行的合同，因此在规定内容上除基本的股权转让条款外，或多或少会涉及公司经营管理的约定以及双方当事人其他的权利义务安排，其在合同违约责任的约定上也会更加详尽。而"阳"合同由于当事人出于保密目的、交易效率等考虑，以及工商管理部门格式范本的原因，在规定上要比"阴"合同简单。

三是区分"阴阳"股权转让合同与合同变更。由于"阴阳"股权转让合同与合同变更均存在合同签订的先后顺序，且基于"阴阳"股权转让合同签订的模式及目的，实践过程中基本上均是"阴"合同签订在前，"阳"合同签订在后，从合同签订时间上，"阴阳"股权转让合同与合同变更容易混淆进而作出错误认定。对此，首先从合同目的区分。"阴阳"股权转让合同与合同变更的区别在于只有"阴"合同是双方当事人的真实意思表示，当事人协议执行的是签订在前的"阴"合同，而合同变更中的两份合同均是当事人的真实意思表示，当事人执行的是签订在后的合同。其次从合同的合理性区分。股权转让协议一般是出让方与受让方经过一段时间的磋商后达成的结果，因此其在合同条款的内容，特别是付款期、转让价款上相对固定，除非有特殊原因否则短期不会随意改变。双方在同一天内签订两份价款不同的股权转让合同，且未有合理解释的，明显不符常理。

编写人：广东省广州市越秀区人民法院　陈伟清

$\boxed{25}$

阴阳股权转让合同的效力

——海口恒天晟公司诉葛洲坝房地产公司股权转让案

【案件基本信息】

1. 裁判书字号

海南省高级人民法院（2015）琼民二终字第 8 号民事判决书

2. 案由：股权转让纠纷

3. 当事人

原告（上诉人）：海口恒天晟实业有限公司（以下简称海口恒天晟公司）

被告（被上诉人）：中国葛洲坝集团房地产开发有限公司（以下简称葛洲坝房地产公司）

【基本案情】

海口恒天晟公司与葛洲坝房地产公司共同发起设立海南葛洲坝公司，葛洲坝房地产公司出资 2550 万元，持股 51%，海口恒天晟公司出资 2450 万元，持股 49%。

2014 年 4 月 15 日，海口恒天晟公司依据其与葛洲坝房地产公司签订的《股权转让协议书》，向一审法院起诉，主张其已将持有的海南葛洲坝公司 49% 股权以 4900 万元转让给葛洲坝房地产公司，请求法院判令葛洲坝房地产公司支付拖欠海口恒天晟公司股权转让款 2450 万元。该协议书一共 4 页，且加盖有海口恒天晟公司、葛洲坝房地产公司公章为骑缝章。

葛洲坝房地产公司抗辩称股权转让的价款为 2450 万元，且其已将股权价款 2450 万元支付完毕。葛洲坝公司抗辩的主要证据是以海口恒天晟公司为转让方、以葛洲坝房地产公司及佳鸿物业公司为受让方的《股权转让协议》。该协议约定：海口恒天晟公司同意将持有的海南葛洲坝公司 46.96% 的股权即 2400 万元，转让给葛洲坝房地产公司，同意将所持有的海南葛洲坝公司 2.04% 的股权即 50 万元，转让给佳鸿物业公司。该《股权转让协议》共 2 页，没有加盖骑缝章，葛洲坝房地产公司不能提交原件，工商局备有一份原件。

葛洲坝房地产公司抗辩称转让款为 4900 万元《股权转让协议书》没有实施且已变更，双方就股权转让内容变更为转让款为 2450 万元的三方《股权转让协议》。另外，葛洲坝房地产公司已支付 2450 万元给海口恒天晟公司，并由葛洲坝房地产公司于 2011 年 8 月 3 日完成海南葛洲坝公司股东股权变更登记手续。

【案件焦点】

两份股权转让协议哪一份为有效协议？葛洲坝房地产公司是否拖欠海口恒天晟公司股权转让款 2450 万元？

【法院裁判要旨】

海南省第一中级人民法院经审理认为：对于股权转让款是 2450 万元还是 4900 万元，海口恒天晟公司与葛洲坝房地产公司对同一事实分别举出相反的证据，双方各自提交的《股权转让协议书》，最后一页均有双方公司法定代表人或者授权代表的签名，并加盖有双方公司公章。葛洲坝房地产公司提交的协议与工商局备案的协议一致，但海口恒天晟公司没有进一步举出足以否定葛洲坝房地产公司提交的协议真实性的证据。故海口恒天晟公司与葛洲坝房地产公司各自提交的股权转让协议均无法充分证实海口恒天晟公司转让款的数额。故海口恒天晟公司应承担举证不能的不利后果。

海南省第一中级人民法院判决：

驳回海口恒天晟公司的诉讼请求。

海口恒天晟公司持原审起诉意见提起上诉。海南省高级人民法院经审理认为：从协议意思表示的真实性、协议的内容、协议的实际履行情况、股东变更登记手续的办理情况、公司管理的规范性、举证责任的分配等因素综合分析，转让款为 4900 万元的协议的证明力明显大于转让款为 2450 万元的协议，对转让款为 4900 万元的协议的证明力予以确认。因此，转让款为 4900 万元的协议是双方的真实意思表示，且并未违反法律、行政法规的禁止性规定，该协议为合法有效协议。

海南省高级人民法院依照《最高人民法院关于审理买卖合同纠纷案件适用法律问题的解释》第二十四条第四款，《最高人民法院关于民事诉讼证据的若干规定》第七十三条，《中华人民共和国民事诉讼法》第一百七十条第一款第（二）项的规定，判决：

一、撤销海南省第一中级人民法院（2014）海南一中民二初字第 2 号民事判决；

二、中国葛洲坝集团房地产开发有限公司应于本判决生效之日起 10 日内向海口恒天晟实业有限公司支付剩余的转让款 2450 万元及逾期付款利息。

【法官后语】

本案涉及"阴阳"股权转让协议的效力认定问题。当事人为了避税而签订两份股权转让协议："阳合同"约定的转让款较低，用于工商备案和缴税，当事人并不履行该合同的内容，该合同并非当事人真实的意思表示；"阴合同"约定的是真实的转让款，当事人实际履行的是该合同的内容，该合同为当事人真实的意思表示。"阴阳"股权转让协议不仅使国家税收蒙受损失，而且还会动摇和破坏社会对诚实信用的信心，扰乱了正常的市场秩序。司法实践中，应该结合协议意思表示的真实性、协议的内容、协议的实际履行情况、股东变更登记手续的办理情况、公司管理的规范性、举证责任的分配等因素综合分析阴阳股权转让协议。一般而言，应该认定体现当事人真实意思表示的"阴合同"为有效协议，为逃避税收而签订的不能体现当事人真实意思表示的"阳合同"为无效协议。

编写人：海南省高级人民法院　钟垂林

26

违反章程对股权转让所作限制无效

——丁毅诉中山市庆华电子制造有限公司、丁力、丁海欧、丁钦元股权转让案

【案件基本信息】

1. 裁判书字号

广东省中山市中级人民法院（2015）中中法民四终字第 22 号民事判决书

2. 案由：股权转让纠纷

3. 当事人

原告（被上诉人）：丁毅

被告（上诉人）：中山市庆华电子制造有限公司（以下简称庆华公司）、丁力、丁海欧

被告：丁钦元

【基本案情】

庆华公司的工商登记资料反映：庆华公司的前身是中山市三乡庆华电子厂（以下简称庆华电子厂），成立于1995年11月2日，企业性质是集体企业，注册资本为21万元，注册资金来源于查雁群、胡春梅及中山市三乡镇前陇经济联合社。1997年5月，庆华电子厂改制为庆华公司，企业性质变更为有限责任公司，注册资金为50万元，股东为胡都杰、丁钦元、卢单，三人各占庆华公司40%、40%、20%的股权。1999年10月，庆华公司的注册资金增加至200万元，股东变更为胡都杰、丁钦元、丁海欧、丁力、丁毅及卢单，六人分别持有庆华公司26.615%、26.615%、11.3625%、11.6925%、11.6925%、11.6925%的股权，公司章程第九条载明，股东之间可以互相转让全部出资或者部分出资，所有股东对该全部或部分出资具有同等的认购权，但无优先权，转让后股东人数不得少于二人；公司董事会是公司的最高权力机构，由股东按照出资比例行使表决权，召开董事会时应于会议召开十五日前通知全体董事，董事会应对所议事项的决议作出会议记录。2007年4月4日，卢单、胡都杰分别与丁钦元、丁海欧、丁力签订股份转让协议，将所持有的庆华公司股权转让给丁钦元、丁海欧、丁力。同年4月10日，丁力以丁毅的名义与丁钦元、丁海欧、丁力签订股权转让协议，将丁毅名下的庆华公司股权转让给丁钦元、丁海欧、丁力。庆华公司为此召开股东会决议，同意上述股权转让协议并以此办理了工商变更登记，庆华公司的股东为丁钦元、丁海欧、丁力，三人各持有庆华公司43%、28.5%、28.5%的股权，但公司章程中关于股权转让、董事会议事规则的记载没有改变。2013年1月21日，丁钦元、丁力、丁海欧签署一份庆华公司的股东会决议，同意丁钦元将庆华公司43%的股权平均转让给丁力、丁海欧，各方并签订了股权转让合同，庆华公司也变更了工商登记，公司的股东变更为丁海

欧、丁力，二人各持有公司 50% 的股权。2014 年 2 月 26 日，丁毅以 2007 年 4 月 10 日的股权转让协议、股东会决议并非其本人签名，相关股权转让协议、股东会决议应为无效为由向法院提起诉讼。

【案件焦点】

丁毅并未在涉案股东会决议、股权转让协议上签字，也没有收到召开股东会的通知，而且该股权转让协议违背了公司章程对股权转让的限制，是否构成相关股东会决议、股权转让协议无效的理由？

【法院裁判要旨】

广东省中山市第一人民法院审理认为：庆华公司在召开 2007 年 4 月 10 日股东会前并未告知丁毅，也没有将股东会的决议告知丁毅，在未有效通知丁毅到场的情况下，其余股东于 2007 年 4 月 10 日作出决议将丁毅持有的股权全部转让，因此该股东会不仅形式不符合公司法的规定及公司章程的规定，更严重损害了丁毅的合法权益，故不能认定就该次会议形成了真实有效的股东会决议，庆华公司据以决定办理公司变更登记、股权转让等事项的所谓股东会决议也当然不能产生法律效力。因不能认定丁毅持有的相关股权已转让，而 2013 年 1 月 23 日股东会决议是以 2007 年 4 月 10 日的股东会决议为前提，在前一股东会决议无效而丁毅也未获通知参与 2013 年 1 月 23 日股东会的情况下，庆华公司 2013 年 1 月 23 日作出的股东会决议也不能被认定为符合法定要求的真实有效的决议，相关决议也应归于无效。

本案中，不能认定 2007 年 4 月 10 日股权转让协议中涉及丁毅的部分是其真实意思表示，也没有证件反映被告支付了合理对价，因此 2007 年 4 月 10 日涉及丁毅的股权转让协议依法不能成立。对于 2013 年 1 月 23 日的股权转让协议，虽然丁钦元在庆华公司享有的股权比例为 43%，受让人丁力、丁海欧本是庆华公司的股东，该股权转让协议没有违反《中华人民共和国公司法》中"有限责任公司的股东之间可以相互转让其全部或者部分股权"的规定。但有限公司毕竟是人合公司，公司法允许公司章程对股东转让股权设定特定条款，《中华人民共和国公司法》（2005 年修订）第七十二条第四款即规定"公司章程对股权转让另有规定的，从其规定"。各方均认可 2007 年 4 月 10 日前庆华公司的公司章程对股东之间的股权转让行为作出了限制，即在股东之间发生的股权转让，各股东对所出让的股权享有平等的认购权，现丁钦元、丁力、丁海欧在明知公司章程对股东之间转让股权有限制性规定的情况下，未给予丁毅适当通知且向丁毅隐瞒了这一股权转让行为，使丁毅丧失了认购该股权的机会，侵害了其合法权益，根据上述规定，2013 年 1 月 23 日的股权协议也应认定为无效。

广东省中山市第一人民法院依照《中华人民共和国民法通则》第五十五条、第一百三十五条、第一百三十七条，《中华人民共和国公司法》（2005 修订）第二十二条第一款、第二款、第三款，第三十三条第三款，第四十二条、第七十二条第一款、第四款，《中华人民共和国民事诉讼法》第二十六条、第六十四条第一款之规定，判决：

一、确认中山市庆华电子制造有限公司于 2007 年 4 月 10 日作出的股东会决议及股权转让协议中涉及丁毅股权的部分无效；

二、确认中山市庆华电子制造有限公司于 2013 年 1 月 21 日作出的股东会决议及相应的股权转让协议无效；

三、被告中山市庆华电子制造有限公司于本判决发生法律效力之日起三十日内向登记机关办理撤销登记，恢复原告丁毅在中山市庆华电子制造有限公司持有的 11.6925% 股权；丁海欧、丁力、丁钦元应协助被告中山市庆华电子制造有限公司办理变更登记手续。

庆华公司、丁力、丁海欧不服一审判决提起上诉。广东省中山市中级人民法院根据《中华人民共和国民事诉讼法》第一百七十条第一款第（一）项之规定，判决：

驳回上诉，维持原判。

【法官后语】

公司章程是股东共同制定的有关公司的性质宗旨、经营范围、组织机构、活动方式、运行规范、权利义务的基本规则。公司章程的记载分为必要记载事项及任意记载事项，必要记载事项是指依法必须在公司章程中加以记载的事项，而任意记载事项，我国公司法并未对公司章程有关股权转让所作的限制性规定的法律效力作出明确约定。有观点认为公司法为强制法，股权自由转让是公司法的基本原则，公司章程对股权转让的限制性规定无效，违反公司章程的规定不影响股权转让的效力。

也有观点认为公司法具有任意法的性质，应当允许公司章程对股权转让加以限制，在公司章程中对股东股权转让作出限制的应为有效，违反该限制性规定的股权转让合同应当无效。

笔者同意第二种观点。因为有限责任公司是人合公司，为了保证和维持有限责任公司的人合性，公司章程对股东转让股权设定特定条款符合合同自由原则，当股东订立股权转让合同时，不得违反章程的规定，这是诚实信用原则和当事人意思自治原则的体现。本案中，2013 年 1 月的股权转让发生在公司内部股东之间，公司法规定公司股东之间可以相互转让股份，但既然章程规定了公司股权内部转让时其他股东按持股比例享有平等的购买权，且该规定并不违反法律法规的强制性规定，应该认定为有效，但违反该规定而签订的股权转让合同，应当认定为无效。

编写人：广东省中山市第一人民法院　朱慧珊

27

公司与股东签订《股权回购协议》的效力

——广州市双诚信息技术有限公司诉吕桂新股权转让协议案

【案件基本信息】

1. 裁判书字号

广东省广州市越秀区人民法院（2015）穗越法民二初字第 612 号民事判决书

2. 案由：股权转让协议纠纷

3. 当事人

原告：广州市双诚信息技术有限公司

被告：吕桂新

【基本案情】

原告于 2003 年 12 月 29 日注册成立，股东组成情况为：陈亚峰占股 69.77%、吕桂新占股 17.44%、蔡凯占股 8.14%、谢立荣占股 4.65%。2009 年 1 月 15 日，原告股东组成情况变更登记为：陈亚峰占股80%、吕桂新占股20%。原告于2003年12月29日至今，注册资金为1000万元，未发生变化。

2012年7月4日，原告（甲方、受让方）与被告（乙方、出让方）签订《股权回购协议》，约定甲方愿意回购乙方所持有的甲方20%的股权，乙方愿意出让；甲方以90万元及奥迪车（粤AT3×××）一辆（发动机号：187703、车架号：LFV3A24F2A3023826，折合价值人民币40万元），合计130万元的价格，回购乙方持有的甲方20%的股权；甲方于2012年7月13日前支付乙方10万元，2012年8月30日前支付乙方40万元，并且完成车辆过户（交易生效后办理），剩余的40万元在2013年5月1日前支付；乙方在收到甲方于2012年7月13日前支付的10万元、2012年8月30日前支付的40万元并且完成车辆过户后，三个工作日内依法向工商行政管理机关办理变更登记手续；乙方保证对其拟转让给甲方的股权拥有所有权及完全处分权，保证该股权未设定抵押、质押，保证股权未被查封，保证股权不受第三人之追索，否则，乙方应承担由此引起的一切经济和法律责任；自本协议书项下的转让完成之日起，甲方对上述回购的股权享有自2012年1月1日起的所有权及全部权益；本协议一经生效，双方必须自觉履行，任何一方未按协议书的规定全面履行义务，应当按照法律和本协议书的规定承担责任；如甲方不能按期支付转让款，每逾期一天，应向乙方支付逾期部分转让款的百分之一的违约金，如因甲方违约给乙方造成损失，甲方支付的违约金金额低于实际损失的，必须另予以补偿；如由于乙方的原因，致使甲方不能如期办理变更登记，或者严重影响甲方实现订立本协议的目的，乙方应按照甲方已经支付的转让款的百分之一向甲方支付违约金。如因乙方违约给甲方造成损失，乙方支付的违约金金额低于实际损失的，必须另予以补偿；在本次股权转让过程中发生的所有费用由甲方承担。现原告以公司未经法定程序以公司自有资产回购股东的股权违反了公司法的相关禁止性规定为由要求确认该《股权回购协议》无效。

【案件焦点】

原、被告订立的《股权回购协议》的法律效力。

【法院裁判要旨】

广东省广州市越秀区人民法院经审理认为：《中华人民共和国公司法》（以下

简称《公司法》）第七十四条赋予异议股东在特定的情形出现时，可以要求对其所持股份的价值进行评估并由公司以公平合理的价格予以回购的权利，其制度价值主要在于保护中小股东的利益，使异议股东可以以获得合理、公平的股份补偿的方式脱离公司，而不再受到"资本多数决"形成的决议的约束。在通常情形下，针对有限责任公司和股东协商收购股东股份的，法律并未作出禁止性规定。虽《公司法》第一百四十二条规定了股份有限公司不得收购本公司股份，但该规定并不适用于有限责任公司。另外，在本案原告收购被告股份前后，公司注册资本未发生变化，并未以回购股金的方式抽逃资本，不违反资本维持原则。原、被告之间自愿订立的《股权回购协议》，是双方真实意思表示，不违反法律强制性规定，亦未损害国家、集体及第三人利益，应当认定其具有法律效力。故原告要求确认原、被告签订的《股权回购协议》无效的诉讼请求，不予支持。

广东省广州市越秀区人民法院判决：

驳回原告的诉讼请求。

判后，双方均未提起上诉。

【法官后语】

股权回购是平衡股东权益、健全股东退出机制的重要途径。本案处理主要是理顺《公司法》第一百四十二条所确立的回购规则是否适用于有限责任公司。从《公司法》第一百四十二条的规定在公司法中的条文序列位置来看，其仅仅针对股份有限公司是非常明确的，也不存在任何其他规定指明有限责任公司应当"适用"或"准用"其规定。由于有限责任公司具有人合性和封闭性的特征，《公司法》第一百四十二条所确立的股份有限公司"原则禁止，例外允许"的回购规则不适用于有限责任公司，有限责任公司的股权回购应当奉行"原则上允许，例外禁止"的原则。

虽然《公司法》第七十四条规定有限责任公司异议股东的股权回购请求权，但该条并未对有限责任公司除三种法定事由外的其他回购予以排除或禁止。基于有限责任公司是一种资合公司，依照法律规定必须具有基本资本，股东及公司必须严格遵循资本维持原则。同时它又具有人合性的特征，即一般股东人数较少，股东亲自管理公司，更加强调公司管理的自由，公司的资本制度更加灵活和宽松，存在不同层次上的资本维持原则。但是公司回购股份不得违反资本维持原则，不得损害债权人利益，否则将会导致无效。被回购股份上的出资义务已被完全履行，被告的股权已经转让给案外人刘洪斌，且办理了工商变更登记，公司的注册资本未发生变化，案外人刘洪斌仍以其认缴的出资额对公司的债务承担偿还责任，回购股份未侵害债权人的利益。因此，原、被告签订的《股权回购协议》应为合法有效

编写人：广东省广州市越秀区人民法院　邓望成

28

法院是否主动审查保证期间超过

——续洪荣、李小龙诉吴高祝、周小平股权转让案

【案件基本信息】

1. 裁判书字号

湖南省衡南县人民法院（2015）南法三民一初字第 53 号民事判决书

2. 案由：股权转让合同纠纷

3. 当事人

原告：续洪荣、李小龙

被告：吴高祝、周小平

【基本案情】

2013 年 8 月 8 日，原告续洪荣、李小龙分别与被告吴高祝签订《股权转让协议》，约定原告续洪荣、李小龙将各自持有的衡阳市鹭阳文具有限公司 30% 的股份（共计 60%）转让给被告吴高祝，转让价格为 100000 元（共计 200000 元），并约定被告吴高祝于 2014 年 11 月 8 日前付清股权转让款，逾期不付，则按月息 24‰支付利息。同日，被告吴高祝向原告续洪荣、李小龙出具欠条，被告周小平作为担保人在欠条上签字。被告吴高祝至今未向二原告支付股权转让款。另查明，2013 年 8

月 8 日，衡阳市鹭阳文具有限公司召开股东会，经全体股东（原告续洪荣、李小龙，被告吴高祝、周小平）决议同意原告续洪荣、李小龙将各占公司 30% 的股份转让给被告吴高祝，并于 2013 年 8 月 9 日办理了公司股东变更登记手续。

续洪荣、李小龙认为被告吴高祝应当按照约定支付给二原告股份转让款 200000 元，并按月息 24‰ 支付利息，并且认为被告周小平应当对以上还款承担连带清偿责任。被告吴高祝、周小平均未答辩。

【案件焦点】

在保证人未到庭参加诉讼亦未提出免责答辩的情况下法院可否主动审查保证期间是否超过？

【法院裁判要旨】

湖南省衡南县人民法院经审理认为：被告吴高祝基于真实意思表示合法取得原告续洪荣、李小龙在衡阳市鹭阳文具有限公司的股份，并就股权转让款 200000 元出具了欠条给原告续洪荣、李小龙，现约定的股权转让款支付期间届满，被告吴高祝应当支付给原告续洪荣、李小龙股权转让款 200000 元，故原告续洪荣、李小龙要求被告吴高祝支付给二原告股份转让款 200000 元的诉讼请求，应当予以支持。由于双方约定了还款期限和逾期利息，故被告吴高祝应当自债务到期次日起向原告续洪荣、李小龙支付逾期利息，双方约定的月息 24‰ 超过了银行同期贷款利率的四倍，故被告吴高祝应当按照银行同期贷款利率的四倍支付逾期利息，即 33600 元（$200000 \times 5.6\% \div 12 \times 9 \times 4$）。被告周小平在被告吴高祝出具给原告续洪荣、李小龙的欠条上作为担保人签字，根据《最高人民法院关于适用〈中华人民共和国担保法〉若干问题的解释》（以下简称《担保法司法解释》）第二十二条之规定，原告续洪荣、李小龙与被告周小平之间存在保证合同关系。由于原告续洪荣、李小龙与被告周小平之间没有约定保证范围、方式和保证期间，根据《中华人民共和国担保法》第十九条、第二十一条、第二十六条之规定，被告周小平应当为被告吴高祝的债务承担连带保证责任，保证范围为 200000 元及其利息，保证期间为 6 个月。由于原告续洪荣、李小龙未提供证据证实其在保证期间 6 个月内向被告周小平主张了权利，而在保证期间届满之后起诉要求被告周小平承担保证责任，根据《中华人民共和国担保法》第二十六条之规定，被告周小平免除保证责任，故原告续洪荣、李小龙要求被告周小平对被告吴高祝的以上还款承担连带清偿责任的诉讼请求，应当不予支持。

湖南省衡南县人民法院依照《中华人民共和国合同法》第六十条，《中华人民共和国担保法》第十九条、第二十六条，《最高人民法院关于适用〈中华人民共和国担保法〉若干问题的解释》第二十二条之规定，判决：

一、由被告吴高祝支付给原告续洪荣、李小龙股权转让款各 100000 元，共计 200000 元，款限本判决书生效次日起 30 日内付清，逾期未付，按中国人民银行同期同类贷款利率四倍计算逾期利息；

二、由被告吴高祝支付给原告续洪荣、李小龙逾期利息各 16800 元，共计 33600 元（从 2014 年 11 月 9 日起算至 2015 年 8 月 8 日止），款限本判决书生效次日起 30 日内付清；

三、驳回原告续洪荣、李小龙的其他诉讼请求。

宣判后，各方当事人均未提起上诉。

【法官后语】

本案处理重点主要在于在保证人未到庭参加诉讼亦未提出免责答辩的情况下法院可否主动审查保证期间是否超过？《担保法司法解释》第三十一条规定："保证期间不因任何事由发生中断、中止、延长的法律后果。"目前，大多数观点认为，保证期间的性质为除斥期间，不因任何事由发生中断、中止、延长的法律效果，保证期间届满消灭的是实体权利，因此不管保证人是否答辩，是否出庭，法院都应当依职权主动审查保证期间是否已过的事实。也有部分观点认为，债权人在保证期间已过的情况下要求保证人承担保证责任，而保证人既未以保证期已过提出免责抗辩，也不到庭参加诉讼，这种情况就视为保证人放弃了抗辩的权利，法院不应依职权主动审查并援引而免除保证人的保证责任。

具体到本案，在审理过程中，原告方认为保证人被告周小平未到庭参加诉讼，亦没有提出免责抗辩，故可以推定被告周小平放弃了答辩、举证等权利，法院不应当主动审查保证期间是否超过，原告方的诉请法院应当支持，其主要原因即在于对上述规定的不同理解。

本案中被告周小平为连带责任保证人，保证期间为主债务履行期届满之日起六个月内，即至 2015 年 5 月 7 日，那么根据《担保法》第二十六条第二款的规定，债权人续洪荣、李小龙需在 2015 年 5 月 7 日前要求保证人周小平承担保证责任，本案中债权人续洪荣、李小龙于 2015 年 5 月 21 日向法院提起诉讼，要求债务人吴高祝、保证人周小平履行金钱给付义务，但由于保证期间已经经过，债权人亦未提供有效证据证明其在保证期间内向保证人主张了权利，故保证人的保证责任得以免除。

值得注意的是，本案在处理该争议焦点时应注意区分"保证期间"与"保证债务诉讼时效"，保证期间可以由当事人自行约定，当当事人没有约定保证期间时，连带责任保证中，债权人有权自主债务履行期间届满之日起六个月内要求保证人承担保证责任。《担保法司法解释》第三十一条规定："保证期间不因任何事由发生中断、中止、延长的法律后果。"则如果债权人未在约定或者规定的期间内要求保证人承担保证责任，保证人的保证责任免除，债权人丧失其对保证人享有的保证债权实体权利。保证债务诉讼时效则由法律规定，即《担保法司法解释》第三十四条第二款的规定："连带责任保证的债权人在保证期间届满前要求保证人承担保证责任的，从债权人要求保证人承担保证责任之日起，开始计算保证合同的诉讼时效。"作为债权人，应当积极、主动行使自己的合法权利，而不应当"躺在权利上休息"，并且在主张权利过程中应注意保存相关证据。作为保证人，在为他人提供担保时，应当仔细考量现实状况，并且积极了解相关法律规定，维护自己的合法权益。同时，不应当将《担保法》第二十六条的规定当作自己不履行保证责任的"免责金牌"。

编写人：湖南省衡南县人民法院　李维洪

29

股权重复转让应当向谁履行

——马罗喜诉陈昌信股权转让案

【案件基本信息】

1. 裁判书字号

江苏省盐城市中级人民法院（2015）盐商终字第00438号民事判决书

2. 案由：股权转让纠纷

3. 当事人

原告（被上诉人）：马罗喜

被告（上诉人）：陈昌信

【基本案情】

2001年5月6日，东台市雅尔达装饰公司企业改制，新公司东台市雅尔达装饰有限公司股东为马罗喜、陈昌信、马正群三人。三股东向验资账户打入了相应的资金，其后，陈昌信、马正群取走了所投注册资金。

2002年10月，马罗喜、陈昌信、马正群签订《关于股权流转的决议》，将陈昌信、马正群股权转让给马罗喜，马罗喜持股比例100%。但未在登记部门办理股权变更手续。2010年8月29日，陈昌信告知马罗喜、马正群其要将名下的股权以80万元的价格转让给他人，要求二人在30日内书面答复是否行使股东优先购买权。马罗喜答复陈昌信其为名义股东，名下股权已经转让，无再行转让可言。2010年10月22日，陈昌信同第三人王同根签订《股权转让协议》，将其名下拥有的东台市雅尔达装饰有限公司39%的股权以80万元价格转让。双方为此产生纠纷，马罗喜向东台市人民法院起诉，请求判令陈昌信协助马罗喜办理股权变更登记手续，将陈昌信名下股权变更至马罗喜名下。

本案因股东抽逃注册资金，被移送东台市公安局侦查。公安机关审查后，认为应当将涉嫌抽逃出资的线索移交工商部门继续调查。遂本院将涉嫌抽逃出资的线索移交东台市工商局。东台市工商局认为应当由法院认定各股东出资义务状况，再由工商部门处理。

【案件焦点】

两份股权转让协议或决议的效力；被告应当向谁履行股权转让协议？

【法院裁判要旨】

江苏省东台市人民法院经审理认为：1. 新雅尔达公司股东的确定。根据工商登记和公司章程、股东名册的记载，马罗喜、陈昌信、马正群为新雅尔达公司股东。至于马罗喜、陈昌信、马正群是否存在未履行出资义务或者抽逃出资，根据《最高人民法院关于适用〈中华人民共和国公司法〉若干问题的规定（三）》第十八条的规定，对未履行出资义务或者抽逃出资的股东转让股权未作禁止性限制，公司可以要求该股东、受让人承担责任。2. 原告马罗喜提交的《关于股权流转的决议》效力的认定。两份《关于股权流转的决议》内容相同，陈昌信确认其中一方的签字，本院无须再行审查。《关于股权流转的决议》主要内容为公司股东对股权的处理，即将公司全部股权集中为原告马罗喜一人，此内容并非公司股东会讨论决定事项。应认定《关于股权流转的决议》为陈昌信、马正群向马罗喜转让股权的有效协议。3. 第三人王同根与被告陈昌信签订的《股权转让协议》效力的认定。被告陈昌信与第三人王同根签订了《股权转让协议》，被告陈昌信将新雅尔达公司39%的股权转让给第三人王同根，并履行了通知其他股东的手续，被告陈昌信承认款项已交付。转让程序符合公司法、公司章程的规定。该协议内容合法有效。4. 两份有效的股权转让合同，受让方均要求履行合同，如何处理。因本案涉及两份股权转让合同，涉及主体包括股东内部和公司外第三人，由于主体的不同，在法律适用上，应当有所区别。具体而言，内部关系属于个人法上的法律关系，应当优先适用个人法。外部关系属于团体法上的法律关系，应当优先适用团体法。被告陈昌信与原告马罗喜两人均系公司股东，应当适用个人法进行调整，探究双方真实的意思表示。第三人王同根非公司股东，根据商法外观主义原则，应当按照公司公示的内容审理与陈昌信的股权转让纠纷。作为公司外部股权受让人，王同根在受让股权时应当充分审查出让股东公司登记资料、公司章程等资料。但本案的特殊性在于，第三人王同根（所购买营业房屋）与新雅尔达公司紧邻，其在大额资金受让股权时，其合理的做法应当是审查出让股东公司登记资料、公司章程等情况，其更应进一步与公司其他股东充分沟通，了解公司真实的经营、负债状况，确定股权转让对价，从而作出合理判断。第三人王同根仅去工商部门调取了公司资料，在未完全了解公司负债等影响股权对价的情况下，贸然与被告陈昌信签订股权转让合同。应当认定，第三人王同根并未完全尽到谨慎、注意义务。此时，第三人王同根以陈昌信为公司登记股东为由，对原告马罗喜的诉讼主张进行抗辩，不当。基于以上分析，两份股权转让协议应当适用相同的法律，对法律关系进行分析、认定、处理，才是公允的处理方法。依上述分析，被告陈昌信转让股权给原告马罗喜成立在先，马罗喜的诉讼请求应予以支持。

江苏省东台市人民法院依照《中华人民共和国公司法》第七十一条第一款，《中华人民共和国民事诉讼法》第六十四条的规定，判决：

被告陈昌信于本判决生效后 30 日内协助原告马罗喜将东台市雅尔达装饰有限公司 39% 的股权变更至原告马罗喜名下。

一审宣判后，被告陈昌信、第三人王同根不服判决，提出上诉，江苏省盐城市中级人民法院经审理后判决：

驳回上诉，维持原判。

【法官后语】

同一股权转让两次，两份股权转让协议均为有效，应当向谁履行。根据《最高人民法院关于审理买卖合同纠纷案件适用法律问题的解释》第九条规定，对于多重买卖合同，"在买卖合同均有效的情况下，买受人均要求实际履行合同的，应当按照以下情形分别处理：（一）……（三）均未受领交付，也未支付价款，依法成立在先合同的买受人请求出卖人履行交付标的物等合同义务的，人民法院应予支持。"依上述规定，陈昌信转让股权给马罗喜成立在先，应当支持马罗喜的诉讼请求。

案件涉及两份转让合同，在法律适用上根据案件事实，没有机械适用商法公示主义，而是适用相同的法律进行处理。该案件为双方系列案件之一，双方纠纷从 2010 年起诉，未实质性化解，本案判决上诉后，双方息诉服判。

编写人：江苏省东台市人民法院　杨清清

30

侵害股东优先购买权的认定

——无锡新中润国际集团有限公司工会委员会诉闻汉良、 无锡新中润国际集团有限公司股权转让案

【案件基本信息】

1. 裁判书字号

江苏省无锡市中级人民法院（2015）锡商终字第 00315 号民事判决书

2. 案由：股权转让纠纷

3. 当事人

原告（上诉人）：无锡新中润国际集团有限公司工会委员会（以下简称新中润工会委员会）

被告（被上诉人）：闻汉良、无锡新中润国际集团有限公司（以下简称新中润公司）

【基本案情】

新中润职工持股会（由工会代为行使职权）系新中润公司股东，持有该公司 49.35% 的股权。法院审理的（2013）崇商初字第 0478 号案件（以下简称 478 号案件）的民事判决书中查明以下事实：闻汉良系新中润公司登记股东，持股比例为 5%。2011 年 3 月 12 日，闻汉良与傅东明签订股权转让协议，约定闻汉良同意将其持有的新中润公司 5% 的股权全部转让给傅东明。双方同意股权转让价格以新中润公司在本协议签订时的注册资本 13108 万元为依据进行计算，即本次股权转让的价格为：13108 万元 × 闻汉良持股比例 5% =655.4 万元；闻汉良向傅东明转让的股权自本协议签订之日起转移。同月 22 日，闻汉良、傅东明向新中润公司出具股权转让通知，载明：转让方闻汉良与受让方傅东明均为公司股东，经双方协商一致，转让方同意将其持有的 655.4 万元出资，计 5% 的公司股权以人民币 655.4 万元转让

给受让方，该股权转让符合公司法及公司章程相关规定。现依法请公司收到本通知之日起 30 日内将受让方的姓名、身份证号码及受让的股权额等记载于公司股东名册；发给受让方股东出资证明书；相应修改公司章程股东名称、出资数额等条款；向相关工商行政管理部门办理完成股东变更登记。2012 年 5 月 18 日，闻汉良函告新中润公司，载明：本人之前与傅东明之间的股权转让协议因长期未能办理过户手续，已被解除。根据公司工商登记、章程和出资证明书记载，本人现仍为公司合法股东，持有公司 5% 的股权。次日，傅东明向新中润公司出具说明，载明：本人于 2012 年 5 月 16 日收到公司转入本人信用卡的 145454.4 元 2011 年度公司分红。本次公司分配红利总额为 134.68 万元，本人现持有公司 8.5% 的股权，扣除公司代扣代缴的个人所得税，本人应得红利为 91582.4 元。因此公司向本人多分配了 53872 元。据本人了解，系因公司将应分配给股东闻汉良的 53872 元红利错误分配给了本人。本人与闻汉良曾于 2011 年 3 月致函公司，通知闻汉良将其拥有的公司 5% 的股权转让给本人。但由于公司以本人正在涉及相关调查为由，拒绝办理股权转让手续，导致股权转让迟迟未能办妥，为此，闻汉良与本人间的股权转让合同早已解除，现已不再履行。2013 年 4 月 18 日，傅东明返还新中润公司向其支付的闻汉良的 2011 年度红利 53872 元。

诉讼中，新中润工会委员会确认，江阴法院在对闻汉良股权拍卖的过程中，已经通知新中润职工持股会可以行使股东优先购买权，并限期新中润职工持股会提出书面申请、办理登记手续，但新中润职工持股会认为江阴法院通知内容违法，故没有在期限内向江阴法院提出行使股东优先购买权的申请，也没有参加竞买。闻汉良确认其仅于 2012 年 3 月 22 日向新中润公司提交了 2011 年 3 月 12 日其与傅东明签订的股权转让协议，其从未向新中润公司及其他股东披露过其与傅东明、澄星公司之间的股权转让事宜。

【案件焦点】

新中润工会委员会的股东优先购买权是否受到侵害？

【法院裁判要旨】

江苏省无锡市崇安区人民法院经审理认为：股东向股东以外的人转让股权，应当经其他股东过半数同意。经股东同意转让的股权，在同等条件下，其他股东有优先购买权。闻汉良虽然于 2010 年 1 月 28 日、2011 年 3 月 12 日分别与傅东明签订股权转让协议各 1 份，于 2012 年 2 月 1 日与傅东明、澄星公司签订协议书，但 478 号案件的民事判决书中认定闻汉良分别与澄星公司、傅东明之间的股权转让协议已经解除，闻汉良仍为新中润公司股东，故新中润工会委员会主张闻汉良向澄星公司转让股权的事实并未实际发生。闻汉良原持有的新中润公司 5% 的股权，系因其未按约返还结欠澄星公司的股权转让款等款项，而被江阴法院依强制执行程序而转让。对新中润工会委员会以闻汉良侵害了新中润职工持股会的股东优先购买权为由，要求闻汉良承担赔偿责任，新中润公司承担连带责任的诉讼请求，不予支持。

江苏省无锡市崇安区人民法院依照《中华人民共和国公司法》第七十一条、第七十二条之规定，判决：

驳回新中润工会委员会的诉讼请求。

一审判决后，新中润工会委员会不服，提起上诉。

江苏省无锡市中级人民法院依照《中华人民共和国民事诉讼法》第一百七十条第一款之规定，判决：

驳回上诉，维持原判。

【法官后语】

本案的争议焦点在于新中润工会委员会的股东优先购买权是否受到侵害。一般情况下，侵犯股东优先购买权的要件包括如下几个方面：

第一，主体要件，一般为转让股东。第二，主观要件，转让股东具有的过错。第三，客观要件，即采用隐瞒或欺诈的方式剥夺了其他股东对交易内容的知情权。第四，造成损害事实。第五，存在因果关系。

本案中，闻汉良作为新中润公司的股东，虽于 2010 年 1 月 28 日、2011 年 3 月 12 日分别与傅东明签订股权转让协议各 1 份，于 2012 年 2 月 1 日与傅东明、澄星公司签订协议书，且并未将上述转让情况告知新中润工会委员会，但 478 号案件的民事判决书中认定闻汉良分别与澄星公司、傅东明之间的股权转让协议已经解除，闻汉良仍为新中润公司股东。闻汉良原持有的新中润公司 5% 的股权，系因其未按约返还结欠澄星公司的股权转让款等款项，而被江阴法院依强制执行程序而转让。故新中润工会委员会主张闻汉良向澄星公司转让股权的损害事实并未实际发生。

根据公司法及《最高人民法院关于人民法院民事执行中拍卖、变卖财产的规定》的规定，我国立法对司法强制拍卖过程中的股东优先购买权的保护，设计了如下路径：1. 司法强制拍卖前的通知。因在司法强制拍卖前，享有优先购买权的股东已经确定，故人民法院在强制执行股权时应通知公司及全体股东，除此以外还应在拍卖 5 日前通知其他股东于拍卖日到场参与拍卖。2. 拍卖公告中的明示。为了体现对其他竞买人的公平保护，使其能在参加竞买时有一个合理的心理预期，司法机关在拍卖公告中应对拍卖股权上的优先购买权予以明确说明，同时也应当提示其他股东在同等条件下享有优先购买权。3. 竞价过程中的保护。在股权拍卖竞价过程中，如有最高应价时，优先购买权人可以表示以该最高价买受，如无更高应价，则拍归优先购买权人；如有更高应价，而优先购买权人不作表示的，则拍归该应价最高的竞买人。本案中，江阴法院在对闻汉良持有的新中润公司股权进行司法强制拍卖过程中，已经通知了新中润工会委员会。新中润工会委员会未参加拍卖，故视为其放弃行使股东优先购买权。

编写人：江苏省无锡市崇安区人民法院　叶文杰

31

非公有制经济股东的平等保护

——中静实业（集团）有限公司诉上海电力实业有限公司等股权转让案

【案件基本信息】

1. 裁判书字号

上海市第二中级人民法院（2014）沪二中民四（商）终字第 1566 号民事判决书

2. 案由：股权转让纠纷

3. 当事人

原告（被上诉人）：中静实业（集团）有限公司（以下简称中静公司）

被告（上诉人）：上海电力实业有限公司（以下简称电力公司）、中国水利电力物资有限公司（以下简称水利公司）

【基本案情】

新能源公司成立于 1999 年 3 月 16 日。中静公司、电力公司系新能源公司股东，通过受让分别持股 38.2%、61.8%。2012 年 2 月 15 日，新能源公司通过股东会决议，内容为：1. 同意电力公司转让其所持股，转让价以评估价为依据；2. 中静公司不放弃优先购买权；……

2012 年 5 月 25 日，新能源公司将股权公开转让材料报送联交所。6 月 1 日，联交所公告新能源公司 61.8% 股权转让的信息：挂牌期为 2012 年 6 月 1 日至 7 月 2 日；"标的企业股权结构"一栏载明老股东未放弃行使优先购买权；"交易条件"为挂牌价格人民币 48691000 元（以下币种均为人民币），一次性付款，继续履行原标的公司员工的劳动合同，支持标的企业长远发展，促进标的公司业绩增长；意向受让方应在确认资格后 3 个工作日内向联交所支付保证金 1400 万元，否则视为放弃受让资格；若挂牌期满只征集到一个符合条件的意向受让方，则采用协议方式成交，保证金充作股权转让款；若征集到两个或两个以上符合条件的意向受让方，则采取竞价方式确定受让人；意向受让方在联交所出具产权交易凭证后 1 个工作日内须代标的公司偿还其对转让方的 3500 万元债务。标的公司其他股东拟参与受让的，应在产权转让信息公告期间向联交所提出受让申请，并在竞价现场同等条件下优先行使购买权，否则视为放弃受让。电力公司通过手机短信、特快专递、公证等方式通知了中静公司相关的挂牌信息。7 月 2 日，中静公司向联交所发函称，根据框架协议及补充协议，系争转让股权信息披露遗漏、权属存在争议，以及中静公司享有优先购买权，请求联交所暂停挂牌交易，重新披露信息。7 月 3 日，水利公司与电力公司签订产权交易合同，内容为：合同交易的标的为电力公司持有的新能源公司 61.8% 的股权；合同标的产权价值及双方交易价款为 48691000 元；价款（包括保证金）在签订合同后 5 个工作日内一次性支付；新标的公司须继续履行原标的公司员工的劳动合同；在联交所出具交易凭证后 1 个工作日内，水利公司须代新能源公司偿还其对电力公司的 3500 万元的债务，一次性付到电力公司指定账户等。次日，联交所出具产权交易凭证，水利公司亦履行了股权转让款以及债务承担的合同义务。同日，联交所发出不予中止交易决定书给中静公司，称，经审核，股权转让程序符合产权交易相关规定，故决定不同意中静公司的申请。9月11日，新能源公司向水利公司出具出资证明书，并将其列入公司股东名册，但未能办理工商登记变更。

中静公司诉称，电力公司擅自转让股份侵害了其股东优先购买权，水利公司和联交所以中静公司未进场交易为由认定中静公司放弃优先购买权没有法律依据，故请求判令：中静公司对电力公司与水利公司转让的新能源公司61.8%的股权享有优先购买权，并以转让价48691000元行使该优先购买权。

电力公司辩称，中静公司收到挂牌交易通知后未至产交所行权，等于放弃了优先购买权的行使。水利公司辩称，中静公司怠于到产交所行权，已经放弃了优先购买权的行使。水利公司与电力公司的股权交易过程合法公平公正，且水利公司已经支付股权转让款并完成了股权转让的附随条件，其善意第三人的合法权利应当得到法律保护。新能源公司发表意见认为，产交所的交易过程合法，水利公司已经取得新能源公司的股东资格。产交所发表意见认为，交易所完全遵循交易规则，中静公司拒绝进场交易，视为其放弃了优先购买权，否则有违同等条件中程序同等的规定。

审理中，中静公司表示愿意接受电力公司、水利公司签订转让合同的条件。

【案件焦点】

在交易所制定的"未进场则视为放弃优先购买权"的交易规则下，中静公司的股东优先购买权因其未进场交易是否丧失？

【法院裁判要旨】

上海市黄浦区人民法院经审理认为：股东优先购买权是公司法赋予股东的法定权利；不作为的默示效果只有在法律有规定或者当事人双方有约定的情况下，才可视为意思表示；产交所作为依法设立的产权交易平台，法律并未赋予其判断交易标的是否存在权属争议和交易一方是否丧失优先购买权这类法律事项的权力。从商事交易的角度来说，商事交易既要遵循效率导向，也要兼顾交易主体利益的保护。优先购买权股东未进场交易，产交所亦可通知其在一定期限内作出是否接受最后形成的价格的意思表示，不到场并不必然影响交易的效率。中静公司在股权交易前提出了异议，产交所应及时答复。参照《企业国有产权交易操作规则》的相关规定，信息公告期间出现影响交易活动正常进行的情形，或者有关当事人提出中止信息公告书面申请和有关材料后，产权交易机构可以作出中止信息公告的决定。对于提出异议的优先购买权股东而言，其在未被产交所及时答复异议前不知交易是否如期进行，因而不到场，不能视为其放弃受让。

上海市黄浦区人民法院判决：

一、中静公司对电力公司与水利公司转让的新能源公司的股权享有优先购买权；

二、中静公司应当在判决生效之日起二十日内行使优先购买权，否则视为放弃；

三、中静公司优先购买权的行使内容、条件，与电力公司和水利公司签订的产权交易合同相同。

一审判决后，电力公司、水利公司不服，提起上诉。上海市第二中级人民法院判决：

驳回上诉，维持原判。

【法官后语】

本案的典型意义在于在国有产权进场交易的原则下，所涉非公有制性经济主体的合法权益应如何保护。对于公有制经济的电力公司和水利公司之间的股权交易，中静公司作为非公有制经济的优先购买权股东，能否根据产交所制定的"其他股东竞买人没有按规定到场，或没有在规定期限内书面确认的，视为放弃受让"的交易规则认定其未进场则丧失优先购买权。

对此，本案判决认为，在商事审判中，应平等保护各种所有制经济主体的合法权益。第一，从私权保护的角度来看。股东优先购买权是公司法平等赋予公有制和非公有制经济股东的法定权利，除法律明文规定情形或其自行放弃外，他人无权予以剥夺。第二，从交易所本身的功能、权限来看。法律也未赋予交易所通过设置未进场则丧失优先购买权的交易规则，判断中静公司是否丧失优先购买权的权力。第三，从本案中交易所适用规则的情况来看。中静公司已在股权交易前提出了异议，产交所应及时答复。在未被产交所及时答复异议前不知交易是否如期进行，中静公司未到场，不能视为其放弃受让。交易所适用其规则视为中静公司失权，存在不当。

本案在上海审判实践中未有先例，判决结果对商事交易规则产生了较强的示范效应。值得一提的是，在法院判决生效后的 20 日内，中静公司向产交所提出了行权申请，并交付相应价款，与电力公司重新签订了交易合同，完成了股权交易，使本案的审判、执行取得了社会效果和法律效果的良好统一。

编写人：上海市黄浦区人民法院　李剑

32

非标的公司股东对就标的公司股权与外国主体签订的股权转让协议仍应依约履行

——远海集团有限公司（Oceanus Group Inc.）
诉 Angelo Morano 股权转让案

【案件基本信息】

1. 裁判书字号

上海市第二中级人民法院（2015）沪二中民四（商）终字第 449 号民事判决书

2. 案由：股权转让纠纷

3. 当事人

原告（被上诉人）：远海集团有限公司（Oceanus Group Inc.）

被告（上诉人）：安吉乐公司（Angelo Morano）

【基本案情】

安吉乐公司系有限责任公司，公司设立时工商登记的股东为楼某君、楼某源。

2011 年 3 月 15 日，楼某君、楼某源与被告签订《股权转让协议书》约定楼某君与楼某源将其持有的安吉乐公司 90% 及 10% 的股权转让给被告。2011 年 7 月 20 日，上海市卢湾区人民政府出具批复，同意上述股权转让协议，并要求安吉乐公司接文后，向区商务委领取批准证书，并于批准之日起三个月内到工商卢湾分局办理注册登记手续。2011 年 7 月 26 日，上海市卢湾区商务委员会向安吉乐公司出具外商投资企业批准证书。

2012 年 12 月 25 日，原、被告签订《协议》，约定：1. 甲方转让安吉乐公司 100% 的股份给乙方；2. 双方同意 100% 股权转让价格为 200 万元，乙方同意在 2012 年 12 月 31 日前支付全部款项至甲方指定的银行账户；3. 双方必须无延误的办理正式的股权转让工商登记手续，甲方应该尽全部努力帮助乙方在合理期间内完成转股相应的批准登记手续；……协议签订后，原告向被告支付 200 万元。

2013 年 1 月至 4 月期间，原告曾多次向被告发送电子邮件，要求办理股权转让的变更登记手续。2013 年 4 月 22 日，原告委托律师以挂号信方式向被告邮寄律师函，要求其履行合同义务，使原告获得安吉乐公司 100% 的股权，或者立即将股权转让款返还，并赔偿损失，但该信件因逾期退回。

原告认为，被告并非安吉乐公司股东，无法办理股权变更登记手续，经原告多次催告，被告仍未依约办理工商变更登记，被告的违约行为致使双方合同目的无法实现，故请求判令解除双方于 2012 年 12 月 25 日签订的《协议》，判令被告返还原告股权转让款 200 万元，支付相应利息损失，并赔偿损失 100 万元。

被告则认为，其虽不是安吉乐公司工商登记的股东，但系实际投资人，也已与安吉乐公司工商登记股东楼某君、楼某源签订了股权转让协议，受让安吉乐公司 100% 的股权，该股权转让协议已经外资委批准。工商变更登记，需要双方当事人共同配合办理，变更程序不能完成并非被告过错。

【案件焦点】

1. 案涉《协议》的效力；2. 对于受让方为外国法人的股权转让协议，被告作为转让方应履行的义务；3. 若被告未履行其义务，原告作为受让方能否寻求违约救济？

【法院裁判要旨】

上海市黄浦区人民法院经审理认为：由于未在上海市卢湾区人民政府所出具批复指定的期限内办理工商变更登记，《协议》签订时，安吉乐公司股权状况处于悬而未决的状态，故被告作为转让方，应当积极寻求妥善的处理方式，依约促成合同生效，完成将安吉乐公司股权变更于原告名下的义务。《协议》签订后，原告多次催促被告尽快办理相关手续，但被告至今未采取措施。在被告向原告发送的邮件中，被告虽称其在办理相关手续，但并未就办理股权转让的审批手续采取实质措施或提出具有实质意义的可行性方案。在此情况下，被告向原告提出的配合其办理手续的要求无从谈起。被告作为股权出让方，对于因其不知晓审批手续如何办理致使股权未变更成功的相应后果，应由其自行承担。上述事实，符合《中华人民共和国合同法》第九十四条第（三）项规定的情形，故对原告要求解除其与被告签订《协议》的诉请，以及要求被告返还股权转让款、支付相应利息的诉请，于法无悖，可予支持。原告在安吉乐公司的股权转让尚未办理审批手续的情况下，即经营安吉乐公司所设立的餐厅，且经营期间的收入由其实际获取，原告经营期间的支出，不构成损失，应由其自行承担。

一审宣判后，被告提出上诉。

上海市第二中级人民法院经审理，判决：

驳回上诉，维持原判。

【法官后语】

本案的特殊之处在于，虽标的公司系内资公司，但股权转让双方均系外国主体，因此，股权存在两种变更的方式或可能，一是由安吉乐公司目前工商登记的股东直接变更至被告名下，二是先由安吉乐公司工商登记的股东变更至原告名下，而后再由原告变更至被告名下。根据《中华人民共和国合同法》《最高人民法院关于适用〈中华人民共和国合同法〉若干问题的解释（一）》《关于外国投资者并购境内企业的规定》《外商投资企业投资者股权变更的若干规定》与《最高人民法院关于审理外商投资企业纠纷案件若干问题的规定（一）》的相关规定，无论何种股权变更方式，股权变更及相应协议均应先经相关审批机关的审批，双方当事人应依法办理审批手续。尽管《协议》系双方当事人真实意思表示，依法成立，但在未经审批的情况下，尚未生效。

作为股权出让方，原告理应知晓由于未在行政机关批复指定的期限内办理工商变更登记，《协议》签订时，安吉乐公司股权状况处于悬而未决的状态，故其应当积极寻求妥善的处理方式，依约促成合同生效，完成将安吉乐公司股权变更于被告名下的义务。而作为股权受让方，被告在支付了股权转让款后，其所要做的是配合原告完成相关审批、登记手续的办理。但原告自《协议》签订至被告提起诉讼，虽经多次催促，但一直未就办理股权转让的审批手续采取实质措施或提出具有实质意义的可行性方案，对于因其不知晓审批手续如何办理致使股权未变更成功的相应后果，应由其自行承担。

尽管《协议》尚未生效，但对双方当事人均有约束力，若转让方因未取得标的公司股权或其他股权不能转让的情形致使受让方无法成为股东的，受让方可寻求违约救济。参照《最高人民法院关于适用〈中华人民共和国合同法〉若干问题的解释（一）》的第五条的规定，转让方经受让方催告后在合理的期限内仍未履行报批义务，并将标的公司股权变更于受让方名下的，受让方有权请求解除合同，并要求转让方返还转让款。

编写人：上海市黄浦区人民法院　邵宁宁

33

股权转让款给付与否的认定

——许智勇诉牛德明股权转让案

【案件基本信息】

1. 裁判书字号

新疆生产建设兵团第八师中级人民法院（2015）兵八民二终字第 48 号民事判决书

2. 案由：股权转让纠纷

3. 当事人

原告（上诉人）：许智勇

被告（被上诉人）：牛德明

【基本案情】

2007 年 1 月 19 日原告出资 10 万元在石河子市注册成立了"石河子新洲创新科技有限公司"（以下简称新洲公司）。公司主要经营种植业、养殖业、机械施工、土方清运。原告为公司法定代表人及执行董事，被告担任公司的监事。

2011 年 11 月 3 日双方签订股权转让协议，内容为：转让人许智勇，受让人牛德明，许智勇同意将其持有的石河子新洲创新科技有限公司 5 万元股权以货币形式转让给牛德明。同时通过股东会双方形成了两份决议事项，第一份决议内容为：一、变更经营地址：由石河子市西小路 12 小区 74 栋 14 号变更为石河子市北三路 23 小区 32 栋×号。二、变更企业类型：由有限责任公司（自然人独资）变更为有限责任公司（自然人投资或控股）。三、变更股东：许智勇放弃优先受让权。同意许智勇将其持有的石河子新洲创新科技有限公司 5 万元股权以货币形式转让给牛德明。现股东出资为：许智勇以货币出资 5 万元占 50%、牛德明以货币出资 5 万元占 50%。四、选举许智勇为公司法定代表人、执行董事兼总经理；选举牛德明为公司监事。五、修改公司章程，将修改后的章程报工商部门备案。股东：许智勇、牛德明。第二份决议内容为：经全体股东协商一致，形成以下决议：公司土地上（位于玛纳斯县六户地镇）附属的机井、输变电线路及设备、房屋和大马力机车与土地为一个整体，均为公司资产，非个人所有。参会股东许智勇、牛德明。随后在工商部门办理了变更登记，变更后的股东出资信息为：许智勇出资额 5 万元，出资方式为货币，持股比例 50%，出资时间 2007 年 1 月 19 日；牛德明出资额 5 万元，出资方式为货币，持股比例 50%，出资时间 2011 年 11 月 3 日。2013 年 12 月，原告委托新疆华盛资产评估与不动产估价有限公司对新洲公司资产进行评估，确定截至 2014 年 1 月 2 日新洲公司净资产为 2112400 元。

原告于 2014 年 3 月 26 日向法院起诉称：原、被告协商原告同意将其在新洲公司 50% 的股权以货币形式转让给被告，并为其办理了股东变更工商登记手续，但被告至今未向原告支付股权转让对价款。经评估，确定截至 2014 年 1 月 2 日新洲公司净资产为 2112400 元。为此，原告诉至法院，请求依法判令被告给付原告股权转让价款 1056200 元（2112400 元×50%）。

【案件焦点】

受让股权的股东是否有按股权转让协议约定履行给付股权转让款的义务？

【法院裁判要旨】

新疆维吾尔自治区石河子市人民法院经审理认为：本案争议的焦点问题是被告是否出资，如未出资按公司总资产的 50% 享有股权是否具有法律依据。新洲公司在成立之初是一人有限公司，由原告出资 10 万元成立。后双方有协商，原告将其持有的股权转让给被告，也就是转让给公司以外的第三人，双方签订的股权转让协议是合同的一种类型，除法律规定和当事人约定生效条件外，一般情况下自双方协商一致即成立并生效。故双方在 2011 年 11 月 3 日签订的股权转让协议为生效协议。协议内容对转让款约定的很清楚，即"5 万元股权以货币形式转让给牛德明"，原告作为转让人无异议并签字确认。原告诉称被告这 5 万元的转让款未实际交付，根据原、被告双方提供的证据及庭审的陈述证明，双方签订股权转让协议，并同时签订了两份股东会决议，针对公司变更后的相关事宜均作了约定。而随后又进行了变更登记，原告均未提出异议。如在转让协议订立后及履行过程中，原告认为该法律行为存在重大误解或显失公平，可依法行使撤销权，而直至 2014 年原告将本案诉至法院，才提出被告未实际出资，这既不符合常理，也违反法律规定。且在股东会决议及股东出资信息中均反映被告是在 2011 年 11 月 3 日出资了 5 万元，享有公司50% 的股份。原告将其持有的 50% 的股权转让给被告，被告为此支付了 5 万元的股权转让款，该协议已经履行完毕。原告以签订股权转让协议但被告未支付公司现值对价的转让款为由起诉被告，不具备法律及事实依据，不予支持。

新疆维吾尔自治区石河子市人民法院依照《中华人民共和国合同法》（以下简称《合同法》）第八条、第一百零七条之规定，判决：

驳回原告的诉讼请求。

许智勇不服一审法院判决，提起上诉。新疆生产建设兵团第八师中级人民法院经审理认为：本案实质系股权转让合同履行纠纷，双方的主体资格均适格，双方自愿达成股权转让协议，协议对转让份额及价格达成合意，双方应当依合同履行各自义务，享受权利。上诉人享有接受被上诉人支付的股权转让款的权利，履行协助办理变更登记的义务，承认被上诉人的股东地位；被上诉人在履行支付股权转让款的义务后，成为公司股东，享受股东权利，履行股东义务，登记机关对相关变更事项进行变更登记。在上诉人给被上诉人出具相关文件，被上诉人已在登记部门完成变更登记的情况下，上诉人主张被上诉人未履行给付股权转让款，上诉人应当提供证明其诉讼主张成立的证据，否则应当承担对其不利的后果。鉴于股权转让变更登记已经完成，上诉人未能提供证据证实被上诉人未履行给付转让款，故对上诉人的上诉请求不予支持。

新疆生产建设兵团第八师中级人民法院依照《中华人民共和国民事诉讼法》第一百七十条第一款第（一）项之规定，判决：

驳回上诉，维持原判。

【法官后语】

本案焦点问题是受让人是否按照股权转让协议履行给付股权转让款的义务。本案原本是上诉人许智勇一人股东的公司，上诉人许智勇与被上诉人牛德明签订股权转让协议自愿将其50%的股权转让给牛德明，同时签订两份股东会决议，对公司变更后的相关事宜作了约定，并且随后到登记机关进行了变更登记，符合《公司法》第七十三条的规定。关于是否支付转让款，受让股东牛德明陈述其已将5万元股权转让款以现金形式支付给出让股东许智勇，许智勇为其出具相关证明，加盖公司印章，方才向登记机关办理变更登记。如果牛德明未支付股权转让款，许智勇是不会出具证明、加盖印章的。许智勇掌握公司印章，在收取转让款及办理相关登记方面处于优势和主动地位，在牛德明没有付清股权转让款之前，可以不出具证明、不加盖印章，不为牛德明办理登记提供条件，或者虽然为牛德明办理变更登记，但要求牛德明出具欠据。现许智勇在两年后主张其未收到转让款，5万元现金不是很大的数额，在交付方式也无法查明的情况下，股权转让方许智勇主张受让方牛德明未支付转让款的请求无法得到支持。

公司资产不是固定的数量，而是不断变化的。股东特别是一人公司的股东应该清楚自己公司的资产变化。当许智勇自愿将其50%的公司股权转让给牛德明时，其公司资产价值多少其应该清楚，50%的股权又是多少更应该清楚，许智勇自愿将公司 50% 的股权以 5 万元价格转让给牛德明，牛德明亦同意接受，此时不论公司资产实际上有多少，双方协商一个价格并且双方同意即可，达成转让协议之后两年，许智勇再委托评估，向牛德明主张以评估资产的一半作为转让款没有法律依据。

编写人：新疆生产建设兵团第八师中级人民法院　孟令海

34

协议的签订是否具有权利转让的意思表示

——刘某诉殷某等人股权转让案

【案件基本信息】

1. 裁判书字号

云南省丽江市中级人民法院（2015）丽中民二终字第 107 号民事判决书

2. 案由：股权转让纠纷

3. 当事人

原告（反诉被告、被上诉人）：刘甲

被告（反诉原告、上诉人）：殷某

被告：刘乙

【基本案情】

2007 年 6 月 16 日，刘甲与殷某签订了《某实业有限责任公司某煤矿二号井主井股份转让协议》，协议对股份、价款及双方的权利、义务作了详细约定，协议签订时，未经持证许可。刘甲于 2009 年 2 月 2 日以殷某未按协议约定支付余款为由提起诉讼，殷某提出反诉，云南省华坪县人民法院作出（2009）华民初字第 104 号民事判决书，判决：解除协议，煤矿生产经营权归刘某所有，刘甲退还殷某购买股份的价款及对相关事宜作出处理。宣判后，殷某不服上诉，云南省丽江市中级人民法院（2010）丽中民二终字第 3 号民事判决书生效后，刘甲、殷某双方自觉履行了判决确定的权利义务。2010 年 6 月 5 日刘某与第三人签订了《股份合作协议书》，刘甲与第三人又于2010年10月20日签订了《股份转让收购协议书》，将煤矿的全部股份转让给他人。

刘甲、殷某自动按判决书确定各自履行了义务。此后，殷某向检察机关申诉，云南省高级人民法院指令丽江市中级人民法院再审。云南省丽江市中级人民法院2011年8月3日作出（2011）丽中民再字第6号民事判决：撤销该院（2010）丽中民二终字第3号民事判决；撤销华坪县人民法院（2009）华民初字第104号民事判决；刘甲与刘乙签订的《股份转让协议》及《补充协议》合法有效，协议继续履行。

殷某将再审判决确认的395.5万元转入法院执行局账户，并申请执行，法院向被执行人刘甲发出执行通知书。2011年10月28日，第三人倪某等对执行标的物提出异议。法院在执行过程中，发现再审判决确定的标的物已经发生变动。云南省高级人民法院依职权提审，并于2014年9月28日作出（2014）云高民再终字第48号民事裁定书，裁定：一、撤销云南省丽江市中级人民法院（2011）丽中民再字第6号民事判决及（2010）丽中民二终字第3号民事判决；撤销云南省华坪县人民法院（2009）华民初字第104号民事判决；二、本案发回云南省华坪县人民法院重审。

【案件焦点】

原、被告之间签订的《股权转让协议》是否有效，能否继续履行？殷某经营期间的投资及利润如何确认？

【法院裁判要旨】

云南省丽江市华坪县人民法院经审理认为：刘甲与殷某签订的《股份转让协议》名为股份转让，但从其协议内容第一条"协议生效后，该二号井主井范围内的煤炭开采权和生产经营权随之转移给受让方"，以及协议第五条关于债权、债务的约定，实际上属于煤矿开采权、经营权的转让，违反了法律强制性规定，华坪县某实业有限公司某煤矿二号井的采矿许可权人为华坪县某实业有限责任公司某煤矿，某二号井主井的实际投资人和控制人刘某与被告签订股份转让协议时，未经采矿权人华坪县某实业有限责任公司某煤矿同意，因此该协议无效，对此造成的法律后果双方均应承担相互返还财产及赔偿损失的民事责任。

云南省丽江市华坪县人民法院依照《探矿权采矿权转让管理办法》第三条、《中华人民共和国合同法》第四十四条第二款、第五十二条、《最高人民法院关于适用〈中华人民共和国合同法〉若干问题的解释（一）》第九条、《中华人民共和国民法通则》第六十一条及《中华人民共和国民事诉讼法》第六十四条、第一百四十四条规定，判决：

一、刘甲与殷某二人签订的《股份转让协议》无效，由刘甲退还殷某股份转让款现金 270 万元；

二、殷某经营期间获得的利润 193.1 万元归殷某所有，殷某经营期间在刘甲井的新增投资 150.23 万元作为生产成本归刘甲所有；

三、司法鉴定中心的井地上、地下有形资产评估费 2 万元，刘甲、殷某各自承担 1 万元。其他鉴定费各自支付的各自承担；由殷某支付其经营期间刘甲 10% 的股份红利 20 万元；

四、由殷某赔偿刘甲两台刮板机折价合计 15 万元。上述费用折抵扣减后由原告刘某一次性支付被告殷某人民币 235 万元；

五、驳回原告（反诉被告）刘甲的其他诉讼请求；

六、驳回被告（反诉原告）殷某的其他诉讼请求。

殷某不服提出上诉，云南省丽江市中级人民法院经审理认为：刘甲与殷某二人所签《股份转让协议》，系双方当事人真实意思表示，该《协议》只是针对刘甲所持有的部分股份进行转让，不违反行政法规的禁止性规定而应当认定有效。该案原一、二审判决后，该案所涉案矿井已由殷某移交给刘甲，刘甲将矿井转让第三人倪某，倪某接收矿井后又与本案第三人尹某、罗某合作，由倪某三人投资经营，该案倪某三人善意取得矿井股份，故其行为应当认定有效，刘甲与殷某间的《股份转让协议》已无法继续履行，应予解除，解除后，双方依法律规定相互返还财产或进行补偿，原判决实体处理虽正确，但对合同效力认定错误，适用法律不当而依法应予改正。

云南省丽江市中级人民法院依照《中华人民共和国合同法》第九十七条，《中华人民共和国民事诉讼法》第六十四条、第一百四十四条、第一百七十条第一款第（二）项规定判决如下：

一、维持云南省丽江市华坪县人民法院（2015）华民初字第 105 号民事判决第

二、三、四、五、六项；

二、撤销云南省丽江市华坪县人民法院（2015）华民初字第 105 号民事判决第一项并改判为：解除刘甲与殷某《股份转让协议》，由刘甲退还殷某股份转让款现金 270 万元。

【法官后语】

本案处理重点主要在于对涉案矿井转让内容的理解。《探矿权采矿权转让管理办法》第三条涉及的是探矿、采矿权问题，故协议无效。从《合同法》股权转让看，协议有效，应当予以解除。具体到本案中，一、二审法院审理思路出现分歧，其主要原因即在对于上述规定审查方向不一致，一审法院从探矿、采矿权即买卖合同的角度考虑。二审法院认为《协议》系双方当事人真实意思表示，该《协议》只是针对刘某所持有的部分股份进行转让，且认定协议有效，因不能继续履行应予解除，对一审判决予以改判。

值得注意的是，股权是一种综合性的独立性权利，能够依法转让是股权的重要内容之一。该案不同于一般的买卖纠纷，股权转让尽管会导致股权归属的变化，但与一般的商品买卖不同。本案转让的是矿井股权，其股权后面隐含资源。

编写人：云南省丽江市华坪县人民法院　杨立淮

七、损害股东、公司利益责任纠纷

$$35$$

以物抵债是否构成对后股东的侵权

——杨荣兴诉李焕森等损害股东利益责任案

【案件基本信息】

　　1. 裁判书字号

　　广西壮族自治区南宁市中级人民法院（2015）南市民二终字第 531 号民事判决书

　　2. 案由：损害股东利益责任纠纷

　　3. 当事人

　　原告（上诉人）：杨荣兴

　　被告（被上诉人）：李焕森、李军蓉、王堂喜、黄新福、李盛清、李源彬

【基本案情】

　　鸿亿公司成立于 2000 年 1 月 28 日，成立时股东为黄荣生、仇茜宁、邓永和，设立的法定代表人为邓永和。

　　2004 年 9 月 15 日，杨荣兴与邓永和签订《股权转让协议》并将其在鸿亿公司名下的股权变更登记至杨荣兴名下，杨荣兴占鸿亿公司 6.25% 的股权。同年 12 月 13 日，杨荣兴与李焕森签订《房地产项目合作开发协议》，同日，黄荣生与杨荣兴、黄荣生与李焕森分别签订《股权转让协议》并办理相应的变更登记后，公司股东变更为杨荣兴出资 440 万元、股权比例 55%，李焕森出资 360 万元、股权比

例45%。

2005年2月7日，杨荣兴与李军蓉签订股权转让协议，将其持有的鸿亿公司55%的股权以440万元转让给李军蓉，并办理了公司变更登记，公司股东变更为李军蓉出资440万元、股权比例55%，李焕森出资360万元、股权比例45%，登记法定代表人为李焕森。之后，李焕森将其部分股权转让给王堂喜、黄新福、李盛清、李源彬。

因李军蓉未全额支付杨荣兴上述股权转让款，杨荣兴遂诉至法院。经过诉讼后，广西壮族自治区高级人民法院作出判决：撤销南宁市中级人民法院（2007）南市民二初字第182号的民事判决；李军蓉向杨荣兴支付股权转让款3583683.9元；李焕森对李军蓉在本案的债务承担连带保证责任。该诉讼进入执行程序后，2010年3月22日，南宁市工商行政管理局依南宁市中级人民法院协助执行通知书，将李军蓉所持有的鸿亿公司55%的股权变更至杨荣兴名下。

2008年12月19日、2009年11月16日，况志刚与李焕森、鸿亿公司民间借贷纠纷一案和何国升与李焕森、鸿亿公司民间借贷纠纷一案，经永福县人民法院审理期间，况志刚、何国升与李焕森、鸿亿公司之间分别达成以物抵债调解协议，进入执行程序后，双方又重新分别达成以物抵债协议，鸿亿公司以其所有的位于南宁市五象大道邕国用（2000）字第027053号宗地剩余面积7203.75m²的土地使用权抵偿况志刚的债务913.3368万元和鸿亿公司自愿以其所有的位于南宁市五象大道邕国用（2000）字第027052号宗地剩余的3613.35m²的土地使用权抵偿何国升的全部本息402.8541万元。现027053号宗地部分（6893.27m²）和027052号宗地（面积3614.73m²）的土地使用权人已分别登记为况志刚和何国升。

杨荣兴认为被告与何国升及况志刚之间进行的以物抵债的民事活动损害了鸿亿公司利益，进而损害了其作为鸿亿公司股东的利益，导致其持有的股权没有任何价值，应连带赔偿其股东利益损失2141.7858万元。李焕森、李军蓉、王堂喜、黄新福、李盛清、李源彬认为以物抵债没有损害杨荣兴的合法权益，无须对杨荣兴承担民事侵权赔偿责任。

【案件焦点】

李焕森、鸿亿公司以鸿亿公司的财产抵偿债务是否构成对杨荣兴的侵权，损害了其作为鸿亿公司股东的利益？

【法院裁判要旨】

广西壮族自治区南宁市良庆区人民法院经审理认为：杨荣兴与李军蓉于 2005 年 2 月 7 日签订协议将其持有的鸿亿公司 55% 的股份转让给李军蓉，并办理了公司变更登记，鸿亿公司股东变更为李军蓉、李焕森，其间，鸿亿公司章程及股东名册并没有记载杨荣兴的姓名，杨荣兴已经不是鸿亿公司股东。之后，况志刚和何国升与李焕森、鸿亿公司之间产生的民事法律行为及因债权债务产生的民事诉讼，是况志刚与李焕森、鸿亿公司之间依法进行的民事活动，与杨荣兴之间没有法律上的关系，也没有损害鸿亿公司其他股东的利益，应受到法律保护。杨荣兴因李军蓉未全部支付股权转让款，经过诉讼并于 2010 年 3 月 22 日经南宁市工商行政管理局变更登记后，杨荣兴才享有鸿亿公司 55% 的股权及享有鸿亿公司股东的权利。因此，杨荣兴未登记为公司股东之前，不享有公司股东权利，其关于鸿亿公司和公司股东与第三人之间进行的民事活动损害其利益的主张，无事实和法律依据，杨荣兴要求李军蓉等赔偿其股东利益损失 2141.7858 万元的诉请，法院不予支持。

广西壮族自治区南宁市良庆区人民法院依照《中华人民共和国公司法》第二十条第一款、第二款，第一百五十三条；《中华人民共和国民事诉讼法》第六十四条第一款；《最高人民法院关于适用〈中华人民共和国民事诉讼法〉的解释》第九十条之规定，判决：

驳回杨荣兴的诉讼请求。

杨荣兴持原审起诉意见提起上诉。广西壮族自治区南宁市中级人民法院经审理后判决：

维持广西壮族自治区南宁市良庆区人民法院（2013）良民二初字第 1124 号判决。

【法官后语】

本案中，各被告是否应向杨荣兴连带赔偿其作为鸿亿公司股东的利益损失 2141.7858 万元系双方当事人争议的焦点。

损害股东利益责任纠纷是指公司董事、高级管理人员违反法律、行政法规或者公司章程的规定，应当对股东承担损害责任而与股东发生的纠纷，目的是防止发生公司董事、高级管理人员的道德风险，侵害公司股东的利益。董事、高级管理人员侵害股东利益是一种侵权行为，民事责任的承担以董事、高级管理人员违反法律、行政法规或公司章程的规定为前提。

具体到本案中，审理的思路应是围绕杨荣兴享有鸿亿公司股东权利的情况来展开。在杨荣兴通过诉讼再次成为鸿亿公司股东期间，其不享有公司股东权利，在此期间，鸿亿公司和公司股东与第三人之间产生的民事法律行为及因债权债务产生的民事诉讼，与杨荣兴之间没有法律上的关系，也就不存在损害杨荣兴作为鸿亿公司股东利益的说法。因此，法院判决驳回杨荣兴的诉讼请求。

编写人：广西壮族自治区南宁市良庆区人民法院　廖辉燕

36

公司不正当地阻却隐名股东显名造成损失应承担赔偿责任

——江苏春晖国际贸易有限公司诉新沂市凤凰时装厂、江苏新沂农村商业银行股份有限公司财产损害赔偿案

【案件基本信息】

1. 裁判书字号

江苏省高级人民法院（2014）苏商终字第 419 号民事判决书

2. 案由：财产损害赔偿纠纷

3. 当事人

原告（上诉人）：江苏春晖国际贸易有限公司（以下简称春晖贸易公司）

被告（被上诉人）：新沂市凤凰时装厂（以下简称凤凰时装厂）、江苏新沂农村商业银行股份有限公司（以下简称新沂农商行）

【基本案情】

2008 年，原新沂市农村信用合作联社经批准进行股份制改制，拟成立新沂农合行。在新沂农合行筹建期间，向社会募集股金。因春晖贸易公司当时不具备出资

认购资格条件，2008 年 8 月，经原新沂市农村信用合作联社负责人介绍，凤凰时装厂与春晖贸易公司协商一致，由春晖贸易公司出资 200 万元，以每股 1 元的价格，以凤凰时装厂的名义购买新沂农合行 200 万元股份，并约定其中 100 万元股份由春晖贸易公司所有。

春晖贸易公司依约将款项转入指定账户后，凤凰时装厂向春晖贸易公司出具承诺书一份，载明："新沂市凤凰时装厂于 2008 年 8 月在新沂市农村合作银行入股贰佰万元，其中壹佰万元（50% 股份）由江苏春晖国际贸易有限公司出资。因合作银行正在筹建审批期间，故股份暂不能办理变更。本厂承诺：春晖贸易公司有权按比例获得银行分红，享有相应的权利和承担相应的义务。待银行允许股份转让变更时，我厂配合办理变更股份所需的手续。"

2008 年 12 月 28 日，原新沂农合行依法登记成立。凤凰时装厂作为原新沂农合行股东之一，其名下登记持有原新沂农合行 200 万股份。此后，在原新沂农合行经营期间，按照 200 万股份向凤凰时装厂支付相应分红款，凤凰时装厂收取分红款后，亦按照 100 万股份额向春晖贸易公司支付相应分红款。

2011 年 5 月，经协商，由春晖贸易公司向凤凰时装厂负责人支付 15 万元，凤凰时装厂协助春晖贸易公司办理 100 万股份登记变更手续。2011 年 5 月 13 日，春晖贸易公司依约支付 15 万元。当日，在原新沂农合行金昌支行，春晖贸易公司法定代表人吕宣蒙的儿子吕春晖、公司会计祁平、马如彬、时任新沂农合行金昌支行行长王印岭等人在场，凤凰时装厂出具《关于股金转让的申请》，并与吕春晖签订股金转让协议书，约定将上述 100 万股份变更登记至吕春晖个人名下。上述书面材料由祁平交给时任新沂农合行城北支行行长徐李伟。徐李伟按规定加盖新沂农合行城北支行公章后，将上述材料转交给原新沂农合行会计科吴杰办理相关股权登记变更手续，但一直未予办理。

2011 年 8 月 22 日，原新沂农合行以要求凤凰时装厂承担保证责任为由，向新沂市人民法院提起诉讼。后各方当事人达成调解协议，约定由保证人凤凰时装厂以其持有的新沂农合行 200 万股份折价 750 万元，抵偿主债务人江苏马仕西服有限公司（江苏马仕西服有限公司与凤凰时装厂系关联企业）的债务。调解协议经新沂市人民法院依法确认后，2011 年 8 月 31 日，原新沂农合行配合办理了该 200 万股份的变更登记手续。2011 年，原新沂农合行改制组建新沂农商行。

【案件焦点】

1. 春晖贸易公司是否系原新沂农合行的隐名股东，对于该事实原新沂农合行是否明知；2. 春晖贸易公司与凤凰时装厂之间的股权转让行为是否成立并合法有效；3. 新沂农商行与凤凰时装厂协议以股权折价清偿债务的行为是否侵害了春晖贸易公司的合法权益，是否应当承担相应的侵权损害赔偿责任？

【法院裁判要旨】

江苏省徐州市中级人民法院经审理认为：1. 名义股东处分股权造成实际出资人损失，实际出资人请求名义股东承担赔偿责任的，人民法院应予支持。2. 新沂农商行应当就春晖贸易公司的损失承担侵权损害补充赔偿责任。新沂农商行明知春晖贸易公司系其隐名股东。春晖贸易公司与凤凰时装厂达成协议，约定由春晖贸易公司和凤凰时装厂共同出资，以凤凰时装厂的名义购买涉案股份，且在之后办理变更登记过程中，均有原新沂农合行负责人参与。原新沂农合行故意不办理股份变更登记手续，并与凤凰时装厂协议以涉案股份折价抵偿其金融债权的行为具有恶意，故应对春晖贸易公司的相关损失承担补充赔偿责任。

江苏省徐州市中级人民法院依照《中华人民共和国侵权责任法》（以下简称《侵权责任法》）第六条、第十五条、第十九条，《中华人民共和国合同法》第四十五条第二款，《中华人民共和国公司法》第十一条、第三十三条、第一百三十八条、第一百四十条，《最高人民法院关于适用〈中华人民共和国公司法〉若干问题的规定（三）》第二十六条，《中华人民共和国民事诉讼法》第一百四十四条之规定，判决：

凤凰时装厂赔偿春晖贸易公司损失 375 万元及利息，新沂农商行承担补充赔偿责任。

新沂农商行不服一审判决，上诉称：新沂农商行与凤凰时装厂之间不存在恶意串通，也不存在为自身利益不正当地阻止条件成就的行为。江苏省高级人民法院经审理认为：在原新沂市农村信用合作联社改制筹建原新沂农合行期间，春晖贸易公司并无出资资格，而凤凰时装厂对于分配其名下的股份无足够资金购买，经时任原新沂市农村信用合作联社负责人介绍，春晖贸易公司与凤凰时装厂达成共同出资且以凤凰时装厂名义购买原新沂农合行股权的意思合意，并约定待条件具备时双方再办理股权变更登记手续。原新沂农合行在 2011 年 5 月收受该登记变更材料后，却以材料尚需补齐等为由拖延长达三个多月不予办理相关股权变更登记手续。原新沂农合行于 2011 年 8 月 22 日将其对凤凰时装厂的关联企业江苏马仕西服有限公司享有的全部到期以及未到期债权集中诉讼至新沂市人民法院，并要求保证人凤凰时装厂等承担连带保证责任。2011 年 8 月 28 日，原新沂农合行与凤凰时装厂等迅速达成以案涉 200 万股股权折价 750 万元清偿债权的和解协议。和解协议经法院确认后，原新沂农合行于 2011 年 8 月 31 日为凤凰时装厂和新沂市龙马湖农业发展有限公司迅速办理完毕上述 200 万股股权的变更登记手续，且其间无证据可以证明其以任何方式正式通知并征求春晖贸易公司的意见。原新沂农合行对于春晖贸易公司系其隐名股东的事实应为明知，其拖延办理股权变更登记手续，以及与凤凰时装厂协议以案涉股权折价抵偿其金融债权的行为，符合有关法律规定的"为自己的利益不正当地阻止条件成就的"的情形，且显然不具有善意，已构成对春晖贸易公司合法权益的侵害，应当对春晖贸易公司的损失承担相应的补充赔偿责任。

江苏省高级人民法院依照《中华人民共和国民事诉讼法》第一百七十条第一款第（一）项之规定，判决：

驳回上诉，维持原判决。

【法官后语】

隐名股东权益遭到公司侵害该如何救济？由于隐名股东与显名股东之间通常通过协议方式来确定双方的出资、权利义务的享有承担，根据合同相对性特征，该协议仅应当在协议相对人之间具有约束力，除非符合特定情形，一般不应涉及缔约主体之外的利益主体，即一般不具有对抗第三人包括公司的效力。但在隐名股东的身份已被公司所知悉，且隐名股东主张显名化已符合实质条件的情况下，公司却不正当地阻却隐名股东身份的显名化，并协助显名股东处分登记在其名下的股权，给隐名股东造成损失的，符合我国侵权法规定的侵权损害赔偿的构成要件，公司依法应当对隐名股东承担损害赔偿责任。

编写人：江苏省徐州市中级人民法院 曹辛

37

未提取法定公积金即分配利润是否构成损害公司利益

——董万东诉蔡建锋、王剑、刘进刚，第三人北京银网天成科技
有限公司损害公司利益案

【案件基本信息】

1. 裁判书字号

北京市门头沟区人民法院（2014）门民初字第 433 号民事判决书

2. 案由：损害公司利益纠纷

3. 当事人

原告：董万东

被告：蔡建锋、王剑、刘进刚

第三人：北京银网天成科技有限公司（以下简称银网天成公司）

【基本案情】

银网天成公司成立于 2007 年 5 月 25 日，股东为蔡建锋、王剑、刘进刚和董万东，持股比例分别为：30%、24%、23% 和 23%。公司成立后，未聘请其他员工，承接的项目均由股东自己完成，所得收入由股东大致按照股权比例进行分配。

审理中，双方当事人均认可 2008 年 10 月至 2013 年 5 月期间，银网天成公司收入共计 2003412 元，扣除房租和纳税等费用后，剩余 1934368 元。该款由蔡建锋、王剑和刘进刚三人每三个月左右以工资形式进行了分配，未提取法定公积金予以留存。董万东自 2009 年 9 月 30 日之后未参与分配。

本案审理中，董万东主张对银网天成公司 2008 年 10 月至 2013 年 5 月期间的收入，其依照股权比例应分得 400414.18 元，该款在董万东获得前应属于公司财产。关于银网天成公司向各股东分配收益的方式，董万东主张一直是大致按照出资比例进行分配；被告蔡建峰、王剑、刘进刚主张分配比例大致是参照股权比例，也考虑

个人工作分工和公司成立前各股东的工资水平情况。

董万东与银网天成公司因劳动争议一案曾在法院诉讼。2010 年 12 月 27 日，北京市第二中级人民法院作出（2010）二中民终字第 13658 号民事裁定书，在该裁定书的经审理查明部分载明："对于收入分配情况，银网天成公司主张自公司成立后，四位股东口头约定有盈利才有分红，但四位股东实际均未获得分红，而是依照出资比例领取了工资；董万东对此予以认可。"该裁定书认定："银网天成公司的所有工作均由四名股东协商后，根据各自的分工完成，且领取报酬的数额亦按照出资比例获取。……根据银网天成公司的人员构成、工作分配以及获取报酬比例的情况来看，……董万东所获取的报酬并非劳动报酬，而系股东之间的利润分配。"该裁定书现已生效。

蔡建锋任银网天成公司执行董事，王剑任银网天成公司监事。银网天成公司自成立后一直未正式召开过股东会，公司所有事务均由股东口头协商决定。公司财务工作由王剑主要负责。2008 年 10 月至 2013 年 5 月期间银网天成公司向各股东分配利润一事系经蔡建锋、王剑、刘进刚三人口头商定。

2013 年 10 月，董万东分别发函银网天成公司的执行董事蔡建锋和监事王剑，要求其就本案董万东所主张的蔡建锋、王剑、刘进刚三人损害公司利益一事提起诉讼。蔡建锋和王剑收到上述函件后未予以答复，亦未提起诉讼。

【案件焦点】

未提取法定公积金即分配利润是否构成损害公司利益，如构成损害公司利益，是否需要将未提取的相应部分法定公积金退回？

【法院裁判要旨】

北京市门头沟区人民法院经审理认为：公司的公积金是公司为了巩固自身财产基础，提高公司信用和预防意外亏损，依照法律规定和公司章程的规定，在公司资本以外积存的资金。公积金的用途主要在于弥补亏损、扩大生产经营或转为增加公司资本。即使公司不存在亏损的情形，但未提取法定公积金，亦将损害公司的信用和抵御风险的能力，从长期来看，构成对公司利益的损害。被告蔡建锋、王剑、刘进刚在分配股东利益前，未提取法定公积金留存公司，违反了法律的强制性规定，亦损害了银网天成公司的利益。原告董万东关于要求三被告将退还违法分配的利润，作为公司法定公积金予以留存的诉讼请求，有事实和法律依据，应予以支持。

对于银网天成公司税后利润的数额，双方当事人对公司收入在扣除房租和纳税等费用后剩余 1934368 元的事实无异议。对此法院认为，该金额可以作为公司税后利润，以此计算法定公积金数额。被告蔡建锋、王剑、刘进刚虽辩称该款中应扣除各股东的劳务成本，但根据查明的事实，银网天成公司股东从公司获取的收益已经生效法律文书确认为股东基于出资取得的股东权益，且双方当事人亦认可在分配股东利益时大致依照各股东的出资比例。三被告应退还银网天成公司 193436.8 元，作为法定公积金予以留存。

对于原告认为其依照股权比例应分得 400414.18 元，认为三被告多分了本应由董万东分得的利润的主张，法院认为实质上属于原告对银网天成公司股东权益分配的异议。不属于本案损害公司利益责任纠纷案由下的处理范畴，故对其该项诉讼请求不予支持。

北京市门头沟区人民法院依照《中华人民共和国公司法》（以下简称《公司法》）第一百六十七条之规定，判决：

一、被告蔡剑锋、王剑、刘进刚于本判决生效之日起十日内返还北京银网天成科技有限公司十九万三千四百三十六元八角，作为法定公积金予以留存；

二、驳回原告董万东的其他诉讼请求。

【法官后语】

公司法并未直接对未提取法定公积金是否构成对公司利益的损害予以明确规定。对该行为的认定需要结合公司制度中公积金的性质和用途来进行分析。

公积金又称储备金，是公司为了巩固自身的财产基础、提高公司的信用和预防意外亏损，依照法律和公司章程的规定，在公司资本以外积存的资金，属于公司的附加资本。公积金的用途主要有三：一是弥补公司亏损；二是扩大公司生产经营；三是转为增加公司资本。《公司法》第一百六十七条第一款规定，公司分配当年税后利润时，应当提取利润的百分之十列入公司法定公积金。公司法定公积金累计额为公司注册资本的百分之五十以上的，可以不再提取。从上可以看出，公司制度中对公积金的规定，就是为了在财务制度上保障公司、公司股东以及公司债权人的利益。

《公司法》第二百零四条规定的作用显然系为保证公司信用、保障公司以外相对债权人的利益，对不依法提取法定公积金的行为由行政管理部门予以处罚权。但对于公司本身而言，未提取法定公积金，亦构成对公司利益的损害。因为如果不提取法定公积金，即使公司当前不存在需要弥补亏损的情形，但必然也会损害公司的财产基础和抗风险能力，同时无法使其进行扩大生产经营和增资。故股东会在未提取法定公积金前对公司利润进行分配应属于股东或公司高级管理人员利用职务便利侵占公司财产的行为，应当认定为对公司利益的损害。

编写人：北京市门头沟区人民法院　左慧玲　何宜航

38

公司法上股东、高级管理人员的竞业禁止之认定及处理

——泉州鲤城飞捷无线电有限公司诉苏明杰等损害公司利益责任案

【案件基本信息】

1. 裁判书字号

福建省泉州市中级人民法院（2015）泉民终字第 1817 号民事判决书

2. 案由：损害公司利益责任纠纷

3. 当事人

原告（上诉人）：泉州鲤城飞捷无线电有限公司（以下简称飞捷公司）

被告（被上诉人）：苏明杰、白话文、曾明沙

【基本案情】

原告成立于 1988 年 8 月 25 日，经营范围为生产卫星电视广播地面接收设备、直播卫星专用卫星电视广播地面接收设备、无线电对讲机、报警器（以上经营范围涉及许可经营项目的，应在取得有关部门的许可后方可经营），股东：郭福基（占96%），郭丽华（占 1%），吴瑞玲（占 1%），被告曾明沙（占 2%），公司组织结构为：经理：郭福基，监事：吴瑞玲，执行董事：郭福基。

被告苏明杰、白话文、曾明沙原均系原告的员工，双方未签订书面劳动合同。后原告分别向被告白话文发放工资至 2010 年 1 月、向被告苏明杰、曾明沙发放工资至 2010 年 7 月，而被告白话文于 2010 年 2 月、被告苏明杰、曾明沙于 2010 年 8 月分别离开原告处，自原告停发工资及三被告分别离开后，原、被告双方实际终止了劳动关系，但双方未签订终止劳动关系的书面合同。

2010 年 8 月，三被告私自各出资 5 万元成立了鼎力电子加工厂，在未取得工商登记、未经行政许可的情况下，承租泉州市丰泽区北峰工业区丰惠 D 路 8 号×楼进行代理加工微型地面接收器业务。自 2011 年 4 月至 2011 年 9 月 2 日，三被告累计生产、销售卫星地面接收器 7900 台，其中组装加工 5400 台，获取加工费 3.78 万元；自行生产并销售 2500 台，销售额达 20 万元，获利 2 万余元。2011 年 9 月 2 日，泉州市文化广电新闻出版局会同泉州市公安局等部门对该厂予以查封。2012 年 3 月，三被告分别到公安机关投案。2014 年 2 月 12 日，泉州市丰泽区人民法院经审理后认为，三被告违反国家规定，合伙非法生产、销售卫星地面接收设施，扰乱市场秩序，情节严重，均已构成非法经营罪，并作出判决，对三被告均判处有期徒刑二年，缓刑二年，并处罚金二万元，将三被告各退出的违法所得二万元，上缴国库，扣押在案的 50 台卫星地面接收器予以销毁。

【案件焦点】

苏明杰、白话文、曾明沙在飞捷公司的任职情况及是否终止劳动合同关系，若终止，终止时间是何时？其是否存在违反竞业禁止义务给飞捷公司造成损失，若存在，损失是多少？

【法院裁判要旨】

福建省泉州市鲤城区人民法院经审理认为：根据《中华人民共和国公司法》（以下简称《公司法》）第二十一条、第一百四十八条、第一百四十九条的规定，公司的控股股东、高级管理人员不得利用其关联关系损害公司利益，如违反规定，自营与所任职公司同类的业务，所得的收入应当归公司所有，给公司造成损失的，应当承担赔偿责任。而《中华人民共和国劳动合同法》（以下简称《劳动合同法》）第二十三条、第二十四条规定，对负有保密义务的劳动者，用人单位可以在劳动合同或者保密协议中与劳动者约定竞业限制条款，劳动者违反竞业限制约定的，应当按照约定向用人单位支付违约金。竞业限制的人员限于用人单位的高级管理人员、高级技术人员和其他负有保密义务的人员。由于原告未能提供充足的证据证明三被告系原告的控股股东或高级管理人员，也未能提供证据证明原、被告之间就竞业限制进行约定，亦未能提供充足的证据证明三被告给其造成损失 523814.48 元，故原告要求三被告将因违反竞业禁止义务所得收入 57800 元偿付给原告及赔偿其损失 523814.48 元的请求，缺乏事实和法律依据，不予支持。

福建省泉州市鲤城区人民法院依照《中华人民共和国公司法》第二十一条、第一百四十八条、第一百四十九条、第二百一十六条，《中华人民共和国劳动合同法》第二十三条、第二十四条，《中华人民共和国民事诉讼法》第六十四条第一款，《最高人民法院关于民事诉讼证据的若干规定》第二条之规定，判决：

驳回原告飞捷公司的诉讼请求。

飞捷公司持原审起诉意见提起上诉。福建省泉州市中级人民法院经审理认为：上诉人飞捷公司称三被上诉人系飞捷公司的高级管理人员，但是从上诉人一、二审提供的证据均无法证明三被上诉人在上述证据上的签名身份属于高级管理人员的特殊身份，上诉人亦无法提供相关聘用书、任命书或劳动合同来证实三被上诉人系上诉人的高级管理人员，故上诉人应对此承担举证不能的法律后果。上诉人飞捷公司上诉称其为三被上诉人缴纳医疗保险至 2011 年 3 月，故双方终止劳动关系的时间并非 2010 年 7 月。但上诉人未能提供相关上班签到记录或是工资发放情况证明 2010 年 7 月后三被上诉人还在飞捷公司上班的情况，且三被上诉人提供相关工资发放情况及养老保险交费明细证明白化文自 2010 年 1 月、苏明杰及曾明沙自 2010 年 7 月就未在飞捷公司就职。故上诉人上诉称原审法院认定双方终止劳动时间有误，不予支持。上诉人无法举证证明其与三被上诉人签订劳动合同约定竞业禁止条款及竞业限制期限，也未能提供充分有效的证据证明三被上诉人给其造成的损失金额为 523814.48 元，故上诉人要求三被上诉人赔偿其因违反竞业禁止义务造成的损失 523814.48 元及非法所得 5.78 万元，缺乏事实与法律依据，不予支持。上诉人的上诉请求，因证据不足，予以驳回。原审判决认定事实清楚，适用法律准确，予以维持。

福建省泉州市中级人民法院依照《中华人民共和国民事诉讼法》第一百七十条第一款第（一）项之规定，判决：

驳回上诉，维持原判。

【法官后语】

本案主要难点在《公司法》规定的竞业禁止与《劳动合同法》规定的离职后竞业限制有主体上的交叉，容易在理论上、审判实践中产生困惑。《公司法》第二十一条、第一百四十八条、第一百四十九条规定的是法定竞业禁止，其适用主体为公司的控股股东、董事、经理等高级管理人员。而《劳动合同法》第二十三条、第二十四条规定的竞业限制，适用主体为高级管理人员、高级技术人员和其他负有保密义务的人员，属于约定竞业禁止。

具体到本案中，一、二审思路是一致的，当公司高级管理人员与公司之间就高级管理人员离职后的竞业问题发生纠纷时，依据《公司法》的规定，高级管理人员的保密义务与竞业禁止义务分别作为并列的两项具体义务而被统一规定在高级管理人员忠实义务之下，说明高级管理人员的竞业禁止义务与保密义务至少在法律规定上是相互分离的，其竞业禁止义务中并不包括保密义务的内容。故在程序适用上，因飞捷公司主要以三被上诉人系公司高级管理人员而违反竞业禁止义务造成公司损失为由主张权利，双方之间是平等的民事法律关系，故本案未适用劳动争议处理程序，而是适用一般民事诉讼程序，这也避免了当事人诉累。而本案中，飞捷公司未能提供公司章程、合同或其他相关证据证明三被上诉人系公司高级管理人员，故其主张三被上诉人属公司法上的高级管理人员的身份而从事公司法上的竞业禁止行为，缺乏法律依据，其依据此理由请求三被告上诉人承担赔偿责任，亦缺乏依据，不应予以支持。同时，由于飞捷公司未与三被上诉人签订竞业限制协议，若以三被上诉人作为飞捷公司掌握公司商业秘密的员工而言，飞捷公司亦缺乏要求三被上诉人遵守竞业限制义务的合同依据，故上诉人的诉讼请求亦缺乏事实依据，不应予以支持。

需要说明的是，高管曾明沙在仍为飞捷公司小股东之一的情况下，从事与本公司同类经营项目不妥当，但飞捷公司未能提供证据证明股东间有此禁止约定，而公司法明确规定只对控股股东（持股 50% 以上）有法定的竞业禁止规定，法无禁止即自由，故曾明沙的行为并不违反法律规定或合同约定。因此，一、二审未支持飞捷公司的诉讼主张。

编写人：福建省泉州市鲤城区人民法院　张文俊

39

股东代表诉讼的起诉条件

——韦柱正、黄丽珊诉欧丽华、王振基损害公司利益责任案

【案件基本信息】

1. 裁判书字号

广东省广州市中级人民法院（2016）粤 01 民终 2265 号民事判决书

2. 案由：损害公司利益责任纠纷

3. 当事人

原告（上诉人）：韦柱正、黄丽珊

被告（被上诉人）：欧丽华、王振基

【基本案情】

两原告诉称：两原告为第三人广州市德门贸易发展有限公司（以下简称德门公司）的股东，被告王振基利用其大股东及法定代表人的强势地位，在 2008 年与其女儿王婷君假冒原告韦柱正、黄丽珊的签名，瓜分了原告在德门公司的股份，原告通过行政诉讼直到 2012 年 2 月才恢复其股东身份。从 2005 年公司重组至今，王振基通过各种手段操控公司运营。近十年来，公司未曾召开过股东大会，未分配过利润。因此，为维护公司的、原告的合法权益，两原告诉请法院判令：1. 被告王振基连带与被告欧丽华将 3238997.04 元第三人德门公司的财产返还给第三人德门公司；2. 判令两被告承担本案的诉讼费用。

两被告辩称：不同意两原告的诉讼请求。被告欧丽华没有占用两原告诉称的开支，而是将该款项用于公司经营，被告欧丽华只是代收代转。两原告自身承认了部分开支是合理的，但两原告并未参与经营，故原告提交的证据缺乏真实性和合法性。

第三人德门公司的陈述意见与两被告答辩意见一致。

法院经审理查明：两原告曾于 2013 年起诉被告欧丽华，广州市越秀区人民法院（以下简称越秀法院）作出（2013）穗越法民二初字第 3479 号民事判决，判决驳回了两原告的全部诉讼请求。该案查明了以下事实："德门公司成立于 2002 年 10 月 16 日，2005 年 12 月变更注册资本为 500 万，股东为王振基、韦柱正、黄丽珊，2008 年 3 月 26 日德门公司向越秀工商局提出变更股东的申请，申请将原股东王振基、韦柱正、黄丽珊变更为王振基和王婷君，越秀工商局于 2008 年 4 月 21 日作出核准变更登记通知，后依据（2010）越法行初字第 214 号及（2010）穗中法行终字第 572 号案行政判决（该案 2010 年 11 月 23 日发生法律效力），越秀工商局撤销了 2008 年 4 月 21 日作出的核准变更登记，将德门公司的股东登记恢复为王振基（出资额 250 万元）、韦柱正（出资额 150 万元）、黄丽珊（出资额 100 万元）。原告为证实被告欧丽华系德门公司的财务负责人，提交了收款人为欧丽华的收支情况表，记账人为欧丽华的收据等，以及由韦柱明出具的，载明将德门公司从 2005 年至 2007 年分拣项目和机尾项目纯利润交给德门公司财会人员欧丽华的确认函。被告及第三人认为，上述收支情况表及收据中欧丽华的签名属实，但涉及款项并非纯利润，欧丽华也并非是财务负责人，欧丽华收取款项是因为原告等人要求由被告欧丽华经手为德门公司支出款项，包括要上交广纸公司的承包费；对于上述确认函的关联性不予确认等。"

两原告及被告欧丽华不服上述判决，向广州市中级人民法院（以下简称广州中院）提出上诉，广州中院于 2014 年 5 月 12 日作出（2014）穗中法民二终字第 736 号民事判决，该院认为："上诉人韦柱正、黄丽珊作为德门公司的股东，起诉请求判令上诉人欧丽华将侵占德门公司的财产 1046159.20 元归还给德门公司，从其诉讼请求以及所依据的事实理由，本案均应属于损害公司利益责任纠纷……本案中上诉人韦柱正、黄丽珊作为公司股东，并无证据证实其已履行《中华人民共和国公司法》第一百五十一条第一款、第二款规定的股东代表诉讼前置程序，故其不享有相应的诉权……"广州中院最终判决该案驳回上诉，维持原判。

【案件焦点】

两原告以股东身份提起损害公司利益责任纠纷之诉是否符合法定条件，被告侵占公司财产金额的认定？

【法院裁判要旨】

广东省广州市越秀区人民法院经审理认为：依据《中华人民共和国公司法》第二十条、第一百四十八条、第一百四十九条、第一百五十一条的相关规定，本案两原告通知第三人德门公司要求起诉两被告返还侵占德门公司的财产，但第三人德门公司已明确表示不提出诉讼，故两原告在履行法定的股东代表诉讼前置程序后，有权为公司利益以自己的名义直接向法院提起诉讼。两原告根据两被告提供的德门公司支出凭证，同意在两被告占用德门公司的 3238997.04 元收入中核报 1239522 元为支出款。对于两被告提交的第三人德门公司向广纸公司缴纳的 120000 元的保证金以及德门公司租用办公地点的租房押金 37200 元，两原告虽主张保证金及押金可以退回但不同意核报，但两原告未举证证实上述保证金或押金款项已实际退还给两被告，故上述金额应作为德门公司的支出在赔偿款中予以扣除。对于加盖"广州市海珠区德心食品加工厂财务专用章"的月饼款收据，由于该收据为第三方广州市海珠区德心食品加工厂出具，且两原告未能对两被告向该食品加工厂支付 68600 元月饼款的事实提出反驳证据，故该部分金额同样应当予以扣除。至于只有领款人王振基签字的支付证明单及费用报销单，以及两被告主张已向黄丽珊支付的特殊费用、公关等费用，因两被告未能就上述费用的实际支出以及向黄丽珊进行付款的事实进行举证，故对两被告主张该部分付款凭据上所载明的德门公司支出金额，证据不足，法院不予采纳。因此在扣除德门公司的支出款 1239522 元 + 120000 元 + 37200 元 + 68600 元 = 1465322 元后，两被告截留第三人德门公司 3238997.04 元 – 1465322 元 = 1773675.04 元至今未归还德门公司，已损害德门公司的利益。现两原告要求两被告对造成德门公司损害的行为予以赔偿，有事实及法律依据，法院予以支持。

广东省广州市中级人民法院审理认为：韦柱正、黄丽珊作为德门公司股东，在满足《中华人民共和国公司法》关于股东代位权诉讼的相关条件时，有权以个人名义提起损害公司利益之诉。具体到本案，欧丽华个人账户存留德门公司利润款项 3238997.04 元未予返还，已对德门公司财产权益造成损害；德门公司明确表示不以公司主体身份提起诉讼，且德门公司未设有监事会或执行监事职务。因此，韦柱正、黄丽珊有权以股东身份提起本案诉讼。对于欧丽华、王振基应返还的具体利润金额，在原审法院扣减 1465322 元的基础上，欧丽华、王振基于二审补充提交了 23

张发票原件，拟证明德门公司其他成本支出。经核实，该发票金额相加共计约1896996元，已足以抵消欧丽华、王振基应返还涉案利润款项。在韦柱正、黄丽珊未有证据证明德门公司其他收入的情况下，欧丽华、王振基主张涉案利润收入用于德门公司成本支出，法院予以采信。原审判决认定事实清楚，适用法律正确，程序合法，但因欧丽华、王振基二审提交的新证据，对案件事实认定产生重要影响，导致相应款项金额扣减引起判项变更。

广东省广州市中级人民法院依照《中华人民共和国民事诉讼法》第一百七十条第一款第（二）项、第一百七十五条之规定，判决：

一、撤销广东省广州市越秀区人民法院（2015）穗越法民二初字第647号民事判决；

二、驳回被上诉人韦柱正、黄丽珊的全部诉讼请求。

【法官后语】

《公司法》第一百五十一条规定明确了股东代表诉讼的各项基本条件，旨在为股东尤其是中小股东提供维护公司利益和自身利益的救济途径。本案特殊的是，因德门公司未设有监事会或执行监事职务，故两原告无法向监事发函，而是直接向德门公司的法定代表人、大股东及实际控制人王振基发函，要求第三人德门公司起诉欧丽华。一、二审法院均认为，两原告向被告王振基发函的行为及第三人德门公司明确拒绝提起诉讼，应当视为两原告已经履行了《公司法》第一百五十一条所规定的前置程序，两原告有权为了公司的利益以自己的名义直接向人民法院提起诉讼。

本案对股东代表诉讼起到一个示范和标准的作用，即股东履行法定的股东代表诉讼前置程序后，股东有权为公司利益以自己的名义直接向法院提起诉讼。此外，该案在相关凭证的效力、是否应当在返还的金额上扣除等问题上也作出了准确认定，实现了良好的法律效果和社会效果。

编写人：广东省广州市越秀区人民法院　王程玮

$$40$$

第三人针对仲裁裁决存在法定情形时的救济途径

——张丽娟诉董永康、戴迪平损害公司利益责任案

【案件基本信息】

1. 裁判书字号

江苏省高级人民法院（2015）苏商终字第 00511 号民事判决书

2. 案由：损害公司利益责任纠纷

3. 当事人

原告（被上诉人）：张丽娟

被告（上诉人）：董永康、戴迪平

【基本案情】

张丽娟和董永康同为第三人江苏蔷薇酒业有限公司（以下简称蔷薇公司）股东。2011 年 4 月 15 日蔷薇公司股东会决议任命董永康担任公司法定代表人，王永担任公司监事。2011 年 4 月 15 日的公司章程载明法定代表人和监事的任期均是三年。蔷薇公司目前现有股东三名，分别为张丽娟、董永康、张莉敏。

2012 年 11 月 18 日，蔷薇公司出具《结算单》，载明：因公司欠沭阳县银行贷款，先后多次向戴迪平同志借款用于分期偿还贷款，截至目前，经结算，尚欠戴迪平本金 246 万元，利息最终结算时确定。具体明细如下：1. 2011 年 5 月 24 日，借款 50 万元用于还贷（沭阳农村合作银行），月利息 2 万元。该款已于 2011 年 9 月 30 日以 2000 箱"太谷"酒折款 36 万偿还，其中，30 万元偿还本金，6 万元偿还利息。实际尚欠本金 20 万元，自 2011 年 10 月 1 日起月息 2 分。2. 2011 年 12 月 9 日，戴迪平以曹萍的名义代为偿还贷款 60 万元，月息 2 分（沭阳中行，下同）。3. 2012 年 3 月 20 日，借款 90 万元还贷，月息 2 分。4. 2012 年 5 月 23 日，借款 66 万元还贷，月息 2 分。以上本金合计 246 万元。以前借据收回，未收回的亦一并作废。

（借款人同时承诺：如因借款发生纠纷，同意提交宿迁仲裁委员会予以仲裁。）借款人：蔷薇公司法定代表人：董永康二〇一二年十一月十八日。

2012 年 12 月 6 日，戴迪平根据该份《结算单》向宿迁仲裁委员会申请仲裁。宿迁仲裁委员会依法受理该申请，于 2012 年 12 月 13 日进行审理。仲裁庭审理时，董永康作为蔷薇公司法定代表人出庭并答辩称借款属实。宿迁仲裁委员会于 2013 年 11 月 19 日作出（2013）宿仲裁字第 101 号仲裁裁决书，查明《结算单》载明蔷薇公司欠戴迪平四笔借款，并查明《结算单》载明尚欠本金为 236 万元，裁决蔷薇公司于裁决生效后十日内给付戴迪平借款本金 236 万元及利息（按月利率 2 分计算，其中 20 万元本金自 2011 年 10 月 1 日起算，60 万元本金自 2011 年 12 月 9 日起算，90 万元本金自 2012 年 3 月 20 日起算，66 万元本金自 2012 年 5 月 23 日起算，均计算至案件裁决之日止）。

因蔷薇公司未履行（2013）宿仲裁字第 101 号仲裁裁决书确定的义务，戴迪平向法院申请强制执行，江苏省宿迁市中级人民法院作出（2014）宿中民仲审字第 0016 号执行裁定书，裁定准予强制执行。

张丽娟现认为董永康和戴迪平恶意串通，虚构《结算单》中债务，侵害了蔷薇公司及张丽娟的合法权益，给蔷薇公司造成实际财产损失，遂提起本案诉讼。

【案件焦点】

1. 张丽娟是否有权依照《公司法》第一百五十一条股东代表诉讼的规定提起本案诉讼？2. 董永康、戴迪平是否存在虚构债务损害蔷薇公司利益的情形并承担相应的赔偿责任？

【法院裁判要旨】

江苏省宿迁市中级人民法院经审理认为：张丽娟有权依照《公司法》第一百五十一条股东代表诉讼的规定提起本案诉讼。（2013）宿仲裁字第 101 号仲裁裁决书已经生效，戴迪平依据该裁决书向法院申请强制执行，法院作出准予强制执行的裁定，并对蔷薇公司资产进行委托评估，属于"情况紧急、不立即提起诉讼将会使公司利益受到难以弥补的损害"的情形，张丽娟作为蔷薇公司的股东，认为戴迪平与公司董事董永康恶意串通损害蔷薇公司的利益，违反了《公司法》第一百四十九条规定，其有权为了公司的利益以自己的名义直接向人民法院提起诉讼。根据《公司法》第一百五十一条第三款的规定，他人侵犯公司合法权益，给公司造成损失的，第一款规定的股东可以依照前两款的规定向人民法院提起诉讼。

案涉《结算单》上载明的蔷薇公司欠戴迪平的四笔债务均不真实，蔷薇公司实际不欠戴迪平借款，而董永康以蔷薇公司法定代表人的身份向戴迪平出具该《结算单》，虚列债务，构成对蔷薇公司利益的损害。但由于戴迪平依据（2013）宿仲裁字第 101 号仲裁裁决书提起的强制执行案件处于资产评估状态，尚未执行完毕，对蔷薇公司的损害后果尚未实际发生，因此董永康、戴迪平无须承担赔偿责任。

江苏省宿迁市中级人民法院依照《中华人民共和国公司法》第一百四十九条、第一百五十一条，《中华人民共和国民事诉讼法》第一百四十二条，判决：

驳回原告张丽娟的诉讼请求。

董永康、戴迪平上诉认为其二人并未虚构债务损害蔷薇公司利益，且本案重新审理了已经生效的仲裁裁决。

江苏省高级人民法院经审理认为：虽然宿迁仲裁委员会已针对戴迪平与蔷薇公司之间的借款纠纷进行了仲裁，但本案系张丽娟作为蔷薇公司股东代表蔷薇公司提起的公司利益被公司高级管理人员、他人所侵害的损害赔偿之诉，符合公司法相关条款的规定，于法有据。根据《中华人民共和国仲裁法》第五十八条的规定，在仲裁裁决存在法定情形时，当事人可以申请人民法院撤销裁决。《中华人民共和国民事诉讼法》第二百三十七条也赋予了在当事人一方申请人民法院执行仲裁裁决时，被申请人有证据证明仲裁裁决存在法定情形时，有权申请不予执行。法律将仲裁裁决存在法定情形时的救济权利赋予了当事人，而如果当事人之间系恶意串通损害国家、集体或他人利益时，应如何救济则存在法律空白。即便董永康、戴迪平认为本案实体审理实为对仲裁裁决确认的事实进行重新审查的理由成立，也不失为是对利益受损的法律主体进行权利救济的法律漏洞的填补。故本案核心问题当是判断作为公司法定代表人的董永康与"他人"戴迪平是否存在损害蔷薇公司利益的行为。

江苏省高级人民法院依照《中华人民共和国民事诉讼法》第一百七十条第一款第（一）项，判决：

驳回上诉，维持原判决。

【法官后语】

《仲裁法》第五十八条和《民事诉讼法》第二百三十七条规定的提起撤销仲裁裁决之诉的主体和申请不予执行的主体必须是仲裁裁决的当事人。《民事诉讼法》规定了第三人撤销之诉，但针对的客体是法院裁判，而非仲裁裁决。若第三人有证据证明仲裁裁决具有法定情形，仲裁当事人之间恶意串通损害国家、集体或他人利益，应如何救济则存在法律空白。

根据审理查明的事实，戴迪平于2012年12月6日申请仲裁，董永康在仲裁庭审中对戴迪平主张的借款表示"无异议"，说明双方对借款并无争议，在无争议的情况下提交仲裁，不排除双方利用生效仲裁裁决损害公司利益的可能。而董永康作为蔷薇公司的法定代表人、股东，本应尽保护公司利益之责，但其在仲裁中并未对戴迪平主张的明显缺乏充分证据的债权行使抗辩权，而是全面认可与戴迪平之间的《结算单》，致宿迁仲裁委员会作出仲裁裁决确认了公司的债务，有失其责。本案张丽娟作为蔷薇公司的股东，有证据证明董永康、戴迪平虚构债权债务，伪造《结算单》，损害蔷薇公司利益，故即便董永康、戴迪平认为本案实体审理实为对仲裁裁决确认的事实进行重新审查，也不失为是对利益受损的法律主体进行权利救济的法律漏洞的填补，故本案核心问题是判断作为公司法定代表人的董永康与"他人"戴迪平是否存在损害蔷薇公司利益的行为。而本案的审理不失为是对利益受损的法律主体进行权利救济的法律漏洞的填补。

编写人：江苏省宿迁市中级人民法院　张熠

$\boxed{41}$

对《公司法》第二十一条禁止关联行为的认定

——斯道欧海（上海）贸易有限公司诉王翔等损害公司利益责任案

【案件基本信息】

1. 裁判书字号

上海市第二中级人民法院（2015）沪二中民四（商）终字第707号民事判决书

2. 案由：损害公司利益责任纠纷

3. 当事人

原告（被上诉人）：斯道欧海（上海）贸易有限公司（以下简称斯道欧海公司）

被告（上诉人）：王翔、上海翙沣贸易有限公司（以下简称翙沣公司）、上海如翙贸易有限公司（以下简称如翙公司）

【基本案情】

斯道欧海公司系德国欧海于 2011 年 3 月 28 日全资设立的外商独资企业，其日常的主要业务为在国内销售从其母公司德国欧海进口的产品。被告王翔在担任原告总经理期间，作为斯道欧海公司的原高级管理人员，严重违反了对斯道欧海公司的忠实义务，利用其与翙沣公司和如翙公司的关联关系，给斯道欧海公司造成损失，应当予以赔偿。翙沣公司和如翙公司明知王翔的行为会给斯道欧海公司造成损失，仍然协助王翔实施损害斯道欧海公司利益的行为，已经构成共同侵权，因此应当对王翔的赔偿责任在其获利范围内承担连带责任。三被告不同意斯道欧海公司的全部诉讼请求。被告认为原告的请求权基础不能成立。从法律体系的整体结构来看，《中华人民共和国公司法》（以下简称《公司法》）第二十一条并不规制利用关联关系的事实行为，因为事实行为导致的法律责任在《公司法》第一百四十七条至第一百四十九条及《中华人民共和国刑法》第二百七十一条等条款中已经加以明确，《公司法》第二十一条系从保护公司及公司小股东的利益出发，对形式上合法的民事行为规定了损害赔偿责任。即使根据被告王翔的指示将货款付至被告翙沣公司或如翙公司导致了斯道欧海公司损失，那么该行为的法律责任也不是因为关联关系引起的，因为就算不存在关联关系，斯道欧海公司也可以依据《公司法》第一百四十九条的规定要求高管承担责任。更何况斯道欧海公司与被告翙沣公司或如翙公司不存在任何关联交易。且被告没有损害斯道欧海公司的利益，斯道欧海公司所称的损失没有依据。被告翙沣公司和如翙公司虽然没有与斯道欧海公司签订过书面的经销商合同，但是斯道欧海公司作为注册资金仅 14 万美元的公司，扣除公司开业的成本，其根本没有能力在国内开展销售其母公司产品的能力，只能依靠被告翙沣公司或如翙公司开拓产品市场、磋商促成交易，为此，被告翙沣公司和如翙公司就是斯道欧海公司的经销商。且被告王翔没有利用关联关系。在斯道欧海公司设立之前，被告翊沣公司和如翊公司就已先后成为德国欧海在中国大陆的经销商，致力于市场开拓。两公司与斯道欧海公司进行业务往来，并非因被告王翔任职斯道欧海公司总经理而引起的。在被告王翔任职总经理后，斯道欧海公司也知道其与被告翊沣公司、如翊公司的关系，但从未反对该两公司成为斯道欧海公司的经销商，也未对上述结算方式提出过异议，况且，被告王翔也只是负责一些事务性的工作而已，没有决策权力，因此，斯道欧海公司与被告翊沣公司或如翊公司之间的经销商合同关系并不是关联交易。

【案件焦点】

被告翊沣公司和如翊公司共计获利5718908.78元，是否给斯道欧海公司造成损失？如上述第一项争议得出肯定的结论，那么该损失是否系被告王翔利用关联关系造成的？

【法院裁判要旨】

上海市虹口区人民法院经审理认为：被告王翔利用其与被告翊沣公司、如翊公司的关联关系，将斯道欧海公司应当收取的买卖合同对价让被告翊沣公司或如翊公司收取，事后仅将其中的部分返还给斯道欧海公司，造成斯道欧海公司未能全额收到买卖合同对价的损失，对此被告王翔应予以赔偿，被告翊沣公司、如翊公司在明知其不能根据所谓的经销商合同关系获利的情况下，仍然实施对斯道欧海公司的侵权行为，对造成斯道欧海公司的上述损失也存在过错，构成与被告王翔对斯道欧海公司的共同侵权，故应分别对被告王翔因上述赔偿责任而产生的义务在其获利的范围内承担连带责任。

上海市虹口区人民法院依照《中华人民共和国公司法》第二十一条、第二百一十六条第（一）项、第二百一十六条第（四）项，《中华人民共和国侵权责任法》第八条，《中华人民共和国民事诉讼法》第六十四条第一款，《最高人民法院关于民事诉讼证据的若干规定》第二条、第五条第一款、第七十六条之规定，判决：

一、被告王翔赔偿斯道欧海公司斯道欧海（上海）贸易有限公司损失5718908.78元，于本判决生效之日起10日内履行完毕；

二、被告上海翊沣贸易有限公司对被告王翔的上述第一项义务在 1676380.85 元范围内向斯道欧海公司斯道欧海（上海）贸易有限公司承担连带责任，于本判决生效之日起 10 日内履行完毕；

三、被告上海如翊贸易有限公司对被告王翔的上述第一项义务在 4042527.93 元范围内向斯道欧海公司斯道欧海（上海）贸易有限公司承担连带责任，于本判决生效之日起 10 日内履行完毕；

四、对斯道欧海公司斯道欧海（上海）贸易有限公司要求被告王翔、上海翊沣贸易有限公司、上海如翊贸易有限公司共同赔偿斯道欧海公司支出的合理费用 50 万元的诉讼请求，不予支持。

一审判决后，王翔、翊沣公司、如翊公司提起上诉称。

上海市第二中级人民法院经审理后判决：

驳回上诉，维持原判。

【法官后语】

本案审理的关键在于如何认定三被告行为的性质，即王翔的行为是否违反《公司法》第二十一条的规定，构成关联交易从而损害公司利益。

公司的关联交易一般是指具有投资关系或合同关系的不同主体之间所进行的交易，又称为关联方交易。关联交易本身是一个相对中性的概念，它既可能产生损害公司利益的结果，也可能给交易各方都带来利益，甚至降低交易成本和风险。因此，《公司法》第二十一条规定的目的不在于禁止关联交易，而在与防止因关联交易导致公司利益受损，侧重的是保障交易的公正性。所以，本案能够适用《公司法》第二十一条，但必须满足关联人员利用关联关系损害公司利益这三个要件。

（一）关联人员的认定

《公司法》第二十一条关联交易损害赔偿规制的主体较为广泛，可以涵盖法律所界定的与公司有关联关系的一切主体。根据《公司法》第二十一条第一款的规定，与公司有关联关系的五种人不得利用其与公司的关联关系损害公司利益，包括：（1）公司控股股东，是指其出资额占有限责任公司资本总额 50% 以上或者其持有的股份占股份有限公司股本总额 50% 以上的股东；出资额或者持有股份的比例虽然不足 50%，但依其出资额或者持有的股份所享有的表决权已足以对股东会、股东大会的决议产生重大影响的股东。（2）实际控制人，是指虽然不是公司的股东，但通过投资关系、协议或者其他安排，能够实际支配公司行为的人。（3）董事，是指公司股东会或者股东大会选举出来的董事会成员。（4）监事，是指公司股东会或者股东大会选举出来的监事会成员。（5）高级管理人员，是指公司的经理、副经理、财务负责人，上市公司董事会秘书和公司章程规定的其他人员。本案中，王翔自斯道欧海公司设立之日起即担任斯道欧海公司的总经理，属公司的高级管理人员。

（二）关联关系的认定

关联关系，是指公司控股股东、实际控制人、董事、监事、高级管理人员与其直接或者间接控制的企业之间的关系，以及可能导致公司利益转移的其他关系。但是，国家控股的企业之间不仅因为同受国家控股而具有关联关系。根据《国家税务总局关于印发〈特别纳税调整实施办法（试行）〉的通知》（国税发〔2009〕2号）第九条规定：所得税法实施条例第一百零九条及征管法实施细则第五十一条所称关联关系，主要是指企业与其他企业、组织或个人具有下列之一关系：1. 一方直接或间接持有另一方的股份总和达到25%以上，或者双方直接或间接同为第三方所持有的股份达到25%以上。若一方通过中间方对另一方间接持有股份，只要一方对中间方持股比例达到25%以上，则一方对另一方的持股比例按照中间方对另一方的持股比例计算。2. 一方与另一方（独立金融机构除外）之间借贷资金占一方实收资本50%以上，或者一方借贷资金总额的10%以上是由另一方（独立金融机构除外）担保。3. 一方半数以上的高级管理人员（包括董事会成员和经理）或至少一名可以控制董事会的董事会高级成员是由另一方委派，或者双方半数以上的高级管理人员（包括董事会成员和经理）或至少一名可以控制董事会的董事会高级成员同为第三方委派。4. 一方半数以上的高级管理人员（包括董事会成员和经理）同时担任另一方的高级管理人员（包括董事会成员和经理），或者一方至少一名可以控制董事会的董事会高级成员同时担任另一方的董事会高级成员。5. 一方的生产经营活动必须由另一方提供的工业产权、专有技术等特许权才能正常进行。6. 一方的购买或销售活动主要由另一方控制。7. 一方接受或提供劳务主要由另一方控制。8. 一方对另一方的生产经营、交易具有实质控制，或者双方在利益上具有相关联的其他关系，包括虽未达到本条第（一）项持股比例，但一方与另一方的主要持股方享受基本相同的经济利益，以及家族、亲属关系等。本案中，被告王翔自 2011 年 3 月 28 日至 2013 年 11 月期间担任原告的总经理，系该公司的高级管理人员。在此之外，被告王翔持有翊沣公司 50% 的股权并担任该公司监事，而翊沣公司的法定代表人、执行董事，如翊公司的股东、法定代表人、执行董事周勤瑞系被告王翔之母，如翊公司的监事王荣源系被告王翔之父，被告王翔本人在翊沣公司行使股东的权利，亦作为家庭成员参与如翊公司的经营。故被告王翔担任原告高级管理人员的身份及其与被告翊沣公司、如翊公司存在的上述关系，足以认定被告王翔与被告翊沣公司、如翊公司存在可能导致利益转移的关联关系。

（三）关联人员利用关联关系损害公司利益

依据《公司法》第二十一条提起的关联交易损害赔偿诉讼，是涉及损害公司利益的责任纠纷，应具备侵权责任的一般构成要件。行为人必须侵害了公司的利益，使公司蒙受了损失。王翔在担任斯道欧海公司总经理期间，同时是翊沣公司占有 50% 股权的股东，并担任监事。而翊沣公司的法定代表人、执行董事周勤瑞系王翔之母。周勤瑞同时也是如翊公司的控股股东和法定代表人。此外，王翔的代理人在二审中亦陈述，"王翔开设了两家公司即翊沣公司、如翊公司实际操作业务……"。故法院基于此认定王翔利用了其与翊沣公司和如翊公司之间的关联关系，在涉案合同中安排翊沣公司、如翊公司直接收取买卖合同的对价，事后又不全额予以返还，给斯道欧海公司造成了损失，满足了第二十一条的三个构成要件，故应当赔偿原告由此产生的损失。

编写人：上海市虹口区人民法院　张士锋　高扬

八、股东损害公司债权人利益责任纠纷

42

股东损害债权人利益之责任认定与分担

——中建对外贸易公司诉曹小平、林春损害公司债权人利益责任案

【案件基本信息】

　　1. 裁判书字号

　　北京市西城区人民法院（2015）西民（商）初字第00237号民事判决书

　　2. 案由：损害公司债权人利益责任纠纷

　　3. 当事人

　　原告（上诉人）：中建对外贸易公司（以下简称中建公司）

　　被告（被上诉人）：曹小平、林春

【基本案情】

　　中建公司与北京粤林香酒楼有限公司（以下简称粤林香酒楼）之间签订有《企业租赁合同》。双方在合同履行过程中发生争议，中建公司于2007年年底向北京市西城区人民法院（以下简称西城法院）提起诉讼，于2008年5月20日作出（2007）西民初字第8723号民事判决书，判决粤林香酒楼向中建公司支付租金等费用934577.46元。判决生效后，经强制执行，剩余债权845977.46元及迟延利息686495.12元（截止至2014年11月25日），粤林香酒楼未能向中建公司清偿，粤林香酒楼亦无其他财产可供执行。

　　2007年11月始，粤林香酒楼在工商行政管理机关办理注销登记。工商行政管

理机关于 2008 年 10 月 17 日核准粤林香酒楼注销登记。在注销登记相关文件中载明，根据清算组的《清算报告》，粤林香酒楼的债权 0 元，债务 0 元，所有者权益 20098.33 元，按股东出资比例分配，林春占 50% 为 10049.17 元，曹小平占 50% 为 10049.17 元；如今后发生债权债务纠纷则由股东按照出资比例承担。

中建公司称曹小平、林春在明知粤林香酒楼负有债务的情形下，恶意注销公司逃避债务，据此，曹小平、林春应就前述判决所确定的粤林香酒楼应向中建公司支付而未付的费用向中建公司偿付。曹小平称其对于粤林香酒楼的设立、运营及清算事宜均不知情；有关工商管理机构中所涉曹小平签字均非其本人签署，其签名系被林春冒用，据此，其不应承担有关民事责任。林春称其冒用曹小平身份证注册设立了粤林香酒楼，曹小平对此并不知情。粤林香酒楼系独立法人，其应以其所有的全部财产承担民事责任。现粤林香酒楼已经合法注销且通知过中建公司有关人员，清算程序合法，且不存在以虚假手续骗取注销登记的情形。据此，其不应就粤林香酒楼的债务向中建公司予以偿付。

案件审理过程中，经司法鉴定机构鉴定，得出结论：粤林香酒楼工商登记备案文件材料上"曹小平"的签名非其本人所签。

【案件焦点】

股东损害债权人利益之责任认定与分担。

【法院裁判要旨】

北京市西城区人民法院经审理认为：有限责任公司的股东、股份有限公司的董事和控股股东，以及公司的实际控制人在公司解散后，未经依法清算，以虚假的清算报告骗取公司登记机关办理法人注销登记，债权人主张其对公司债务承担相应赔偿责任的，人民法院应依法予以支持。据此，在无证据证明粤林香酒楼的股东在清算过程中依法通知债权人且涉案《清算报告》系由清算组自行出具而未经审计机构审计的情形下，应当认定其存在损害公司债权人利益的行为，损害了中建公司的利益。

冒用他人名义出资并将该他人作为股东在公司登记机关登记的，冒名登记行为人应当承担相应责任。据此，在曹小平非公司实际控制人，且无证据佐其参与了粤林香酒楼的实际经营、参与了粤林香酒楼注销后的盈余分配，其亦未实施损害公司债权人利益的行为的情形下，曹小平系被冒名登记之股东，冒名行为人林春应当就此承担相应的民事责任。

北京市西城区人民法院依照《中华人民共和国民法通则》第一百三十五条、第一百三十七条，《中华人民共和国公司法》第二十条，《最高人民法院关于适用〈中华人民共和国公司法〉若干问题的规定（二）》第十九条，《最高人民法院关于适用〈中华人民共和国公司法〉若干问题的规定（三）》第二十九条，《中华人民共和国民事诉讼法》第六十四条第一款之规定，判决：

被告林春于本判决生效之日起十日内偿付原告中建对外贸易公司832861.46元及迟延履行期间的双倍利息（自2008年7月5日起至本判决生效之日止，按照《中华人民共和国民事诉讼法》第二百五十三条之规定计算）。

【法官后语】

恶意注销公司是指有限责任公司股东未经依法清算，以虚假的清算报告骗取公司登记机关办理法人注销登记。本案中，中建公司就有关企业租赁合同纠纷案件提起诉讼的时间为2007年年底，法院作出该案判决的时间为2008年5月20日，该判决生效后，经强制执行，尚有部分债权未能实现。而2007年11月始，粤林香酒楼在工商行政管理机关办理注销登记。工商行政管理机关于2008年10月17日核准粤林香酒楼注销登记。粤林香酒楼在办理注销登记过程中，对其所负的前述债务是知情的。在此情形下，粤林香酒楼所出具的《清算报告》等文件中均未记载其对中建公司所负债务，亦未就公司清算事宜通知债权人中建公司。因此，粤林香酒楼股东的行为已经构成恶意注销公司，损害了债权人的利益，其股东应就此承担民事责任。

本案中，林春认可其冒用曹小平身份注册成立粤林香酒楼，曹小平对此并不知情，其亦不参与公司的实际经营和分红。结合司法鉴定结论，应当认定曹小平系被冒名股东，其不应就粤林香酒楼的债务承担民事责任。

编写人：北京市西城区人民法院　张长缨

43

怠于清算导致公司资产流失应否承担赔偿责任

——杨森诉陆贻潮等股东损害公司债权人利益责任案

【案件基本信息】

1. 裁判书字号

广西壮族自治区南宁市江南区人民法院（2015）江民二初字第 334 号民事判决书

2. 案由：股东损害公司债权人利益责任

3. 当事人

原告：杨光民

被告：陆贻潮、陆民祥、邓宗丽

【基本案情】

被告陆贻潮、陆民祥、邓宗丽为南宁市贻潮木业有限公司（以下简称贻潮公司）的股东。2008 年，贻潮公司将其租来的场地陆续转租给包括本案原告在内的共计 34 人用于经营、加工、销售木材及木制品。

原告租用场地后，构建了木材加工的地上建筑物。2010 年 8 月 23 日，南宁经济技术开发区管理委员会发出公告，通知贻潮公司及上述租用场地的租户于 2010 年 8 月 31 日前自行拆除木材加工及经营市场上的违法建（构）筑物并搬离现场。原告在租用贻潮公司的场地上建的地上建筑物由于手续不齐全，属于违法建筑，于 2010 年 9 月 3 日被南宁经济技术开发区拆除。由于属于违法建筑物，南宁经济技术开发区征地拆迁办公室没有给原告所建地上建筑物拆迁补偿款。原告遂将贻潮公司等诉至本院，案号为（2011）江民一初字第 1661 号，该案经一、二审，2013 年 6 月 17 日南宁市中级人民法院作出（2013）南市民一终字第 468 号终审民事判决，判决贻潮公司赔偿原告地上建筑物损失 1499592.83 元。

上述判决作出后，由于贻潮公司未在指定期限内履行债务，原告于 2013 年 10 月向法院申请强制执行。2013 年 10 月 21 日，法院向贻潮公司发出《报告财产令》，要求贻潮公司在指定期限内向法院如实报告其财产状况。之后，法院向贻潮公司及本案三被告发出《责令交出账目通知书》，要求贻潮公司及其股东在限期内将贻潮公司所有账目及明细单等财务材料、公司法人银行存款账号等交由本院封存。法院还依法委托广西中威华通会计师事务所有限责任公司对贻潮公司提交的财务账目等财务资料进行审计。后因提供的材料缺少支撑财务账目的原始凭据，并非贻潮公司完整的财务资料，导致审计不能。

2014 年 1 月 29 日，贻潮公司因不按规定年检，被工商行政管理部门吊销营业执照。三被告至今未对贻潮公司进行公司清算。因贻潮公司已人去楼空，公司资产也不知去向，原告至今未获得赔偿款。无奈之下，原告将三被告诉至法院，请求法院判决三被告连带赔偿原告经终审判决确认的债权 1499592.83 元及延期给付期间的利息。

【案件焦点】

本案三被告是否怠于履行清算责任导致原告债权受损？原告要求三被告连带赔偿贻潮公司 1449592.83 元及相应利息有何依据？

【法院裁判要旨】

广西壮族自治区南宁市江南区人民法院经审理认为：妥善保管公司的主要财产、账册、重要文件等资料并及时履行清算义务是有限责任公司股东的法定义务。根据《中华人民共和国公司法》第一百八十条、第一百八十三条及《最高人民法院关于适用〈中华人民共和国公司法〉若干问题的规定（二）》第十八条的规定，有限责任公司的股东在公司依法被吊销营业执照后应当在十五日内成立清算组，开始清算，股东未在法定期限内成立清算组开始清算，导致公司财产贬值、流失、毁损或者灭失，债权人有权主张其在造成损失范围内对公司债务承担赔偿责任的，人民法院应依法予以支持。贻潮公司于 2014 年 1 月 29 日被吊销营业执照，三被告作为公司股东应当在上述解散事宜出现之日起十五日内成立清算组，开始清算。但至今三被告未对贻潮公司进行清算，也未对公司的清算事宜采取积极行动，法院认定三被告怠于履行公司清算义务。三被告怠于履行公司清算义务的行为，导致贻潮公司资产流失，贻潮公司无可供执行的财产，原告的债权得不到清偿。三被告对此应承担相应的法律责任，即三被告应对原告对贻潮公司享有的债权承担赔偿责任。被告陆贻潮辩称，贻潮公司在被吊销营业执照前就已经亏损，因此才无法向原告履行债务。法院认为，由于贻潮公司的相关财务账册等重要资料均掌握在贻潮公司的股东即三被告手中，三被告应举证证明公司在被吊销营业执照前就已经存在亏损的事实，但被告陆贻潮提交的《实物出入账》的记载均无原始凭证佐证，且其仅有支出部分的记载，对收入部分基本无记载，而根据本案《场地租赁合同》及《应退租金、水电押金表》等证据，可以证实贻潮公司自 2008 年 10 月起每月均有租金收入，故仅凭《实物出入账》，无法证实贻潮公司存在亏损的事实。因此法院对被告陆贻潮的抗辩主张不予支持。三被告作为贻潮公司股东怠于履行清算义务，导致贻潮公司资产流失，并导致经生效判决所确认的原告对贻潮公司享有的债权未能得到清偿，三被告应对原告的损失进行赔偿。原告要求三被告赔偿 1499592.83 元及延迟给付期间的利息，于法有据，法院予以支持。

广西壮族自治区南宁市江南区人民法院依照《中华人民共和国公司法》第一百八十条、第一百八十三，《最高人民法院关于适用〈中华人民共和国公司法〉若干问题的规定（二）》第十八条之规定，判决：

被告陆贻潮、被告陆民祥、被告邓宗丽赔偿原告杨光民 1499592.83 元及利息（利息计算：2013 年 6 月 28 日起至本案生效判决规定的履行期限的最后一日止，按中国人民银行规定的同期贷款利率的两倍计算）。

三被告均未提起上诉。

【法官后语】

公司被吊销营业执照后，公司所欠的债务并非就一笔勾销，根据我国公司法的规定，此时股东应启动公司清算程序，通过清算，使公司实现应收债权偿还应付债务，向股东分配剩余财产，以实现股东、债权人和其他参与主体之间的利益平衡。但在实践中许多公司的股东往往不愿意履行相对复杂的清算程序，一走了之、人去楼空，使公司处于半死不活的休眠状态，甚至有股东抱着破罐破摔的心理，有意毁灭相关账册，致使债权人的利益受损。《最高人民法院关于适用〈中华人民共和国公司法〉若干问题的规定（二）》（以下简称《公司法司法解释（二）》）第十八条第一款就是针对上述情况而作出的规定，根据该条规定，公司股东不履行清算义务或怠于履行清算义务的，都将可能会被判担责。《公司法司法解释（二）》第十八条实际上也是对我国《公司法》第二十条所确立的揭开公司面纱或公司人格否认原则的具体适用。

就本案而言，本案三被告的行为实际上既符合《公司法司法解释（二）》第十八条第一款规定的担责情形，也符合第二款规定的情形，但综合考虑后，法院仅适用了第一款的规定。被告陆贻潮称公司资产并非因不清算才流失，而是公司资产早已入不敷出，连年亏损，同时还提出公司并非清算不能，几个股东实际上已经清算过，原告未经法定清算程序也没有法院认定直接就认为公司无法清算不符合事实。

我们认为：首先，关于公司早已入不敷出的事实，被告应举证证明，但其提交的证据即实物出入账均只记载支出，并不客观真实，从本案原告及被告提交的证据中均可看出，贻潮公司经营的场地对外出租给34户木材经营者，每月均有租金收入，租户也未拖欠租金，由此可推断贻潮公司实际上是有收入的，因此我们对被告提交的实物出入账不予采信；其次，虽然贻潮公司未经法院清算程序认定该公司清算不能，但在前案执行过程中贻潮公司已因其经营收支的票据、账务账簿等材料不全而导致公司无法审计，本案庭审中被告也一再强调贻潮公司的经营支出等财务原始凭证在政府拆违时遗失，这也说明即便进入法院清算程序，因贻潮公司的主要材料遗失，清算的最终结果也会是"无法清算"；最后，原告申请对贻潮公司强制执行后，贻潮公司并不予配合，且公司处于休眠状态，该公司被注销后，公司股东也不积极履行清算义务，导致原告未能从贻潮公司处拿到一分赔偿款。基于以上几点考虑，我们认定贻潮公司的三名股东已对原告的权益造成侵害，应对原告的损失承担赔偿责任。

编写人：广西壮族自治区南宁市江南区人民法院　方扬慧

44

公司减资程序存在瑕疵是否能认定为股东抽逃出资

——上海锦之惠环境工程有限公司诉李建平、张石磊股东损害公司债权人利益责任案

【案件基本信息】

1. 裁判书字号

北京市第二中级人民法院（2015）二中民（商）终字第 11003 号民事判决书

2. 案由：股东损害公司债权人利益责任纠纷

3. 当事人

原告（上诉人）：上海锦之惠环境工程有限公司（原名称上海锦惠复洁环境工程有限公司，以下简称锦惠公司）

被告（被上诉人）：李建平、张石磊

【基本案情】

2004 年 8 月 20 日，锦惠公司与大禹时代环保科技发展（北京）有限公司（以下简称大禹公司）签订《独家代理协议书》，由锦惠公司全权代理销售大禹公司的技术和设备。合同签订后，大禹公司未完全履行付款义务。2010 年 12 月 14 日，中国国际经济贸易仲裁委员会华南分会作出（2010）中国贸仲深裁字第 D130 号裁决书，裁决：被申请人大禹公司应在本裁决书作出之日起 20 日内向申请人锦惠公司支付代理佣金人民币 75.07 万元及相关律师费、仲裁费等费用共计 813665 元。2011 年 5 月 5 日，北京市第二中级人民法院立案受理锦惠公司申请执行大禹公司仲裁一案。2011 年 8 月 1 日，北京市第二中级人民法院作出（2011）二中执字第 779 - 1 号执行裁定书，以被执行人大禹公司目前暂无财产可供执行为由，裁定：终结中国国际经济贸易仲裁委员会（2010）中国贸仲深裁字第 D130 号仲裁裁决书的本次执行程序。

大禹公司于 2004 年 4 月 9 日成立，注册资本、实收资本为 1000 万元，股东为中国诚通资源再生开发利用公司（出资 510 万元）、KIE 投资有限公司（出资 490 万元，后更名为吉宝西格斯投资有限公司）。北京雄略物业管理有限公司（以下简称雄略公司）于 2010 年 4 月 28 日成立，注册资本、实收资本为 50 万元，股东为李建平（出资 30 万元）、张石磊（出资 20 万元），于 2014 年 1 月 4 日注销。吉宝西格斯投资有限公司于 2010 年 12 月将大禹公司 49% 的股权以每股 1 元的价格转让给雄略公司，中国诚通资源再生开发利用公司于 2011 年 3 月将大禹公司 51% 的股权转让给雄略公司（挂牌价格 100 万元，转让标的评估值 - 401.7 万元，成交价格 100 万元）。2012 年 4 月，大禹公司的注册资本由 1000 万元减少至 100 万元，并于 2012 年 2 月 25 日在世界报上刊登了减资公告，但没有将减资情况直接通知其债权人锦惠公司，锦惠公司也未在减资公告之日起 45 日内要求大禹公司清偿债务或者提供相应的担保。2012 年 9 月，雄略公司将大禹公司 100% 的股权以 100 万元的价格转让给刘瑞。

锦惠公司认为，雄略公司未直接通知债权人便擅自对大禹公司办理减资手续，意图逃避前述债务，李建平、张石磊作为雄略公司股东，已经侵害了原告作为债权人的合法权利，应当对大禹公司的应付债务承担赔偿责任。故起诉要求二被告向锦惠公司支付 813665 元及履行延迟的债务利息，并承担本案诉讼费用。

【案件焦点】

大禹公司的减资行为是否能认定为股东抽逃出资行为？

【法院裁判要旨】

北京市丰台区人民法院经审理认为：大禹公司的原股东分别以每股 1 元、100 万元的价格将大禹公司 49%、51% 的股权转让给雄略公司；且大禹公司 51% 的股权挂牌交易时转让标的评估值为 - 401.7 万元，处于亏损状态；故大禹公司注册资本由 1000 万元减少至 100 万元，属形式减资；目前没有证据显示，作为大禹公司的股东，雄略公司通过大禹公司减资获得了一定资产。大禹公司在减资中没有直接通知其债权人锦惠公司，锦惠公司也未在大禹公司减资公告之日起 45 日内要求大禹公司清偿债务或者提供相应的担保。大禹公司无财产清偿锦惠公司（2010）中国贸仲深裁字第 D130 号仲裁裁决书确认的债务，并非大禹公司减资所致。雄略公司在担任大禹公司股东期间，没有滥用公司法人独立地位和股东有限责任，逃避债务，严重损害公司债权人利益。

北京市丰台区人民法院依照《中华人民共和国公司法》第二十条，《中华人民共和国民事诉讼法》第一百四十四条的规定，判决：

驳回原告锦惠公司的诉讼请求。

锦惠公司持原审起诉意见提起上诉。北京市第二中级人民法院经审理认为：锦惠公司认为大禹公司的减资行为实际上是大禹公司股东雄略公司抽逃出资，李建平、张石磊是大禹公司的实际控制人，所以李建平、张石磊应当对大禹公司不能清偿锦惠公司的债务承担连带赔偿责任。法院认为，根据查明的事实，雄略公司于2010 年 12 月以每股 1 元的价格受让大禹公司 49% 的股权，并于 2011 年 1 月以 100万元价格受让大禹公司 51% 的股权，并且北京产权交易所挂牌出售大禹公司 51%的股权时，转让标的评估值 –401.7 万元。2011 年 8 月 1 日，因大禹公司暂无财产可供执行，北京市第二中级人民法院（2011）二中执字第 779 号强制执行案件终结（2010）中国贸仲深裁字第 D130 号仲裁裁决书的本次执行程序。现有证据并未表明大禹公司在 2012 年减资时，大禹公司股东雄略公司实际抽回大禹公司的财产，进而导致大禹公司的偿债能力降低。《公司法》及相关司法解释也未明确规定公司减资程序存在瑕疵时，应当认定股东抽逃出资。故锦惠公司关于李建平、张石磊应当对大禹公司债务承担连带赔偿责任的上诉主张，缺乏法律依据和事实依据，不予支持。

北京市第二中级人民法院依照《中华人民共和国民事诉讼法》第一百七十条第一款第（一）项之规定，判决：

驳回上诉，维持原判。

【法官后语】

公司减少注册资本，根据减资原因的不同可以划分为实质上的减资和形式上的减资。实质上的减资，事实上就是公司将一部分资产返还给股东，从而导致公司的责任资产减少。形式上的减资往往发生在亏损企业中，公司并不向股东实际返还资产，只是名义上减少了公司注册资本的数额，其目的在于使公司注册资本与净资产水准相接近。本案中，大禹公司在股权挂牌交易时转让标的评估处于亏损状态，减资后股东并未实际抽回大禹公司的财产，也并未导致大禹公司偿债能力降低，故该减资行为应认定为形式上的减资行为。

公司减少注册资本金与公司股东抽逃出资在法律性质上有着实质性区别。抽逃出资是指在公司验资注册后，股东将所缴出资暗中撤回，却仍保留股东身份和原有出资数额的一种欺诈性违法行为，而减少注册资本是履行了法定程序后的合法行为。《公司法》第三十七条规定了股东会的十一项职权，其中就包括"对公司增加或者减少注册资本作出决议"。同时，《公司法》第一百七十七条对公司减少注册资本的程序也进行了规定。由此可以看出，公司股东会有权减少公司的注册资本，但应严格按照法律程序进行，并履行必要的变更手续。本案中，大禹公司按照法律程序办理了减资手续，只是在告知债权人环节存在瑕疵，但是显然不能据此将该减资行为认定为抽逃出资行为。

结合本案具体案情来说，大禹公司虽然没有将减资情况直接通知其债权人锦惠公司，应当受到行政处罚，但程序上的瑕疵不足以否认其减资行为的合法性。因锦惠公司并无证据证明股东实际抽回了大禹公司的财产，亦无证据证明大禹公司因减资行为导致偿债能力降低，故该减资行为应认定为形式上的减资行为，而并非为锦惠公司所主张的股东抽逃出资行为。

编写人：北京市丰台区人民法院　王永斌　曹蕾

九、公司破产、解散和清算

45

破产中在建工程的工程款是否享有优先受偿权

——通州建总集团有限公司诉安徽天宇化工有限公司别除权案

【案件基本信息】

1. 裁判书字号

安徽省高级人民法院（2014）皖民一终字第 00054 号民事判决民事判决书

2. 案由：别除权纠纷

3. 当事人

原告（被上诉人）：通州建总集团有限公司（以下简称通州公司）

被告（上诉人）：安徽天宇化工有限公司（以下简称天宇公司）

【基本案情】

2006 年 3 月，天宇公司与通州公司签订了一份建设工程施工合同，天宇公司将其厂区一期工程发包给通州公司承建，约定竣工日期为 2007 年 3 月 1 日。2007 年天宇公司厂区的厂房等主体工程完工。后天宇公司未按合同约定支付工程款，致使工程停工，该工程至今未竣工。2011 年 7 月 30 日双方在仲裁期间达成和解协议，约定：如处置天宇公司土地及建筑物偿债时，通州公司的工程款可优先受偿。后天宇公司因不能清偿到期债务，江苏宏远建设集团有限公司向滁州中院申请天宇公司破产还债，滁州中院于 2011 年 8 月 26 日作出民事裁定书，裁定受理破产申请，2011 年 10 月 10 日通州公司向天宇公司破产管理人申报债权 15500224.19 元，并主张对该工程享有优先权。2013 年 7 月 19 日滁州中院作出民事裁定，确认通州公司债权数额为 8829702 元。同日滁州中院作出民事裁定，宣告天宇公司破产。通州公司于 2013 年 8 月 27 日向法院提起诉讼，请求确认其债权享有优先受偿权。

【案件焦点】

破产中在建工程的工程款是否享有优先受偿权？

【法院裁判要旨】

安徽省滁州市中级人民法院经审理认为：建筑工程承包人的优先受偿权是由法律直接规定的一种法定优先权。本案建设工程施工合同虽约定了竣工时间，但涉案工程因天宇公司未能按合同约定支付工程款，致使工程停工，至今未竣工，故应当认定为在建工程，不受优先权行使期限限制，并且在滁州中院受理对天宇公司破产申请前，在仲裁期间，双方达成和解协议中已明确如处置天宇公司土地及建筑物偿债时，通州公司的工程款有优先受偿权，通州公司在向破产管理人申报债权时也已明确主张对涉案工程享有优先权。因此，通州公司要求确认其工程款在破产财产中对其所施工的工程享有优先受偿权符合法律规定，予以支持。

安徽省滁州市中级人民法院依据我国《合同法》第二百八十六条的规定，判决：

确认通州公司对申报的 8829702 元债权就其施工的被告天宇公司生产厂区土建、安装工程享有优先受偿权。

天宇公司提起上诉。安徽省高级人民法院经审理认为：双方当事人签订的建设工程施工合同虽约定了工程竣工时间，但涉案工程因天宇公司未能按合同约定支付工程款导致停工。且在工程停工后至法院受理破产申请前，双方签订的建设施工合同并没有解除或终止履行；在法院受理破产申请后，破产管理人也没有继续履行合同。根据我国《企业破产法》第十八条之规定，涉案建设工程施工合同在法院受理破产申请后已实际解除，本案建设工程无法正常竣工。按照《最高人民法院全国民事审判工作会议纪要》精神，因发包人的原因，合同解除或终止履行时已经超出合同约定的竣工日期的，承包人行使优先受偿权的期限自合同解除之日起计算。2011年 8 月 26 日，法院裁定受理对天宇公司的破产申请，2011 年 10 月 10 日通州公司即向破产管理人申报债权并主张工程款优先受偿权。此后的工程造价鉴定和通州公司提起的别除权确认之诉,系破产管理人对债权数额的审查和别除权人对债权性质异议的救济程序,属于破产程序中对债权的核查与确认。可见,通州公司主张优先受偿权的时间是 2011 年 10 月 10 日。

安徽省高级人民法院依照《中华人民共和国民事诉讼法》第一百七十条第一款第(一)项之规定,判决:

驳回上诉,维持原判。

【法官后语】

审判实践中,未完工程的承包人主张工程价款优先受偿权的,起算点如何确定,法律及相关司法解释,并未明确规定。根据 2011 年《最高人民法院全国民事审判工作会议纪要精神》,对因发包人的原因,合同解除或终止履行时已经超出合同约定的竣工日期的,承包人行使优先受偿权的期限自合同解除之日起计算对此作出规定。

近年来因经济形势影响及房地产政策的调整,在建工程,因发包人的原因导致承包人被迫停工的案件越来越多,对于未完工的工程、在建工程以及中途停建的"烂尾"工程,如何保护承包人的合法利益,尤其是保护建筑业市场的农民工权益和利益,是司法实务中迫切需要解决的问题。

本案"在建工程"在破产中确定"别除权"尚属首次,具有一定的代表性和典型性,对处理企业破产案件中工程款优先受偿问题,具有借鉴和指导意义。

编写人:安徽省滁州市中级人民法院　杨达

46

公司司法解散条件的综合判断

——赵峰诉北京卡迪斯医疗科技有限公司、朱明武公司解散案

【案件基本信息】

1. 裁判书字号

北京市西城区人民法院(2015)西民(商)初字 655 号民事判决书

2. 案由：公司解散纠纷

3. 当事人

原告：赵峰

被告：北京卡迪斯医疗科技有限公司（以下简称卡迪斯公司）

【基本案情】

2005 年 4 月 20 日，赵峰与东方中原公司签订《合作经营企业合同》，合同约定：共同建立股份合作制经营企业。合营公司注册总资金为 500 万元。其中东方中原公司按股份 75% 的比例实投资金 375 万元，确认赵峰以专利《立体心电图仪》及相关技术，按股份 25% 的比例投入技术股，计 125 万元。公司的经营期限为十年，从 2005 年 4 月 20 日起至 2015 年 4 月 19 日止，到期后合同解除。

上述合同签订后，新公司申请确定名称为卡迪斯公司后，东方中原公司称其因故无法显名持有新公司股权，特指定第三人朱明武代持新公司股权。赵峰当时对此未提出异议。在办理卡迪斯公司的工商注册登记中，东方中原公司以朱明武的名义，签署了卡迪斯公司的公司章程，并将其股权登记在朱明武名下，法定代表人为朱明武。当赵峰研发的立体心电图仪专利技术制造成商品后，朱明武对赵峰开始寻衅滋事，并且借口公司解散，停发了赵峰的工资，并且将赵峰赶出卡迪斯公司。被告卡迪斯公司自 2007 年后，一直没有召开过董事会，亦没有分配过股东红利。2014 年 1 月 7 日，赵峰收到朱明武签发的《关于召开临时股东会的通知》。在该次临时股东会上，卡迪斯公司提交的《企业对账函》中显示，卡迪斯公司欠东方中原公司债务 650 万元，卡迪斯公司欲将公司持有的专利技术转让给东方中原公司偿债，但遭到赵峰反对。卡迪斯公司自成立以来唯一的一次股东会也不能形成决议。根据卡迪斯公司工商年检报告书，卡迪斯公司自 2005 年设立以来，年年亏损、资不抵债。赵峰认为，卡迪斯公司经营管理发生严重困难，股东之间的矛盾冲突已经达到不可调和的程度，公司已经出现僵局。被告卡迪斯公司继续存续会使赵峰的利益受到重大损害，且卡迪斯公司在 2015 年 4 月 19 日经营期满应当解散。

卡迪斯公司和第三人朱明武均不同意解散公司，认为赵峰所述的情况并不属实。首先，卡迪斯公司并未成立董事会，不需要召开董事会。朱明武作为公司的执行董事，一直履行执行董事的职责，并无任何障碍；其次，卡迪斯公司可以依据公司章程的约定正常召开股东会，并形成有效的股东会决议，公司并未出现僵局；再次，2015 年 6 月 16 日，卡迪斯公司召开了延长公司经营期限的股东会，在依照程序通知赵峰后，赵峰拒绝参加，公司已经依法做出股东会决议，卡迪斯公司的经营期限延长至 2020 年；最后，卡迪斯公司对外确实负债，但负债情况并未影响卡迪斯公司的正常生产经营，公司的对外负债也没有侵害股东赵峰的任何利益。

【案件焦点】

卡迪斯公司是否已经具备公司法所规定的解散要件？

【法院裁判要旨】

北京市西城区人民法院经审理认为：根据卡迪斯公司的公司章程，公司并未设立董事会，仅设立了执行董事代为行使相关职责。卡迪斯公司根据公司章程约定，召开过临时股东会，对于公司的财务状况、经营期限等问题也形成了相应决议，且上述股东会召开前已向赵峰进行了通知，赵峰对此或否决上述股东会会议提议或拒绝参加股东会，卡迪斯公司就此已经履行了对赵峰的通知义务，且在朱明武持股比例为 75% 的情况下，根据公司章程的约定，其单独即可对公司的重大经营管理事项作出决议。故在上述股东会决议效力未被确认无效的情况下，赵峰与卡迪斯公司、朱明武之间的矛盾并不会影响公司形成有效决议，亦不影响公司的经营管理活动的进行。虽然赵峰与东方中原公司在卡迪斯公司设立前签订过《合作经营企业合同》，并且在合同中约定了新公司的经营期限，但在卡迪斯公司依法设立后，公司章程中对于经营期限的约定内容系对之前《合作经营企业合同》关于经营期限内容的变更，应以公司章程中对于经营期限约定为准。根据公司章程的约定以及公司营业执照上的记载，卡迪斯公司的经营期限至 2015 年 9 月 29 日届满，与此同时，卡迪斯公司于 2015 年 6 月 16 日作出修改公司章程，延长公司经营期限至 2020 年 9 月 29 日。在上述股东会决议未被认定无效的情况下，卡迪斯公司的经营期限已经得到了有效延长，赵峰所主张的经营期限届满的法定解散事由并未发生。另外，从卡迪斯公司仍对外签订合同采购所需物料，对外参展并且为员工缴纳社保的现状来看，卡迪斯公司仍处于正常经营活动状态，并未产生公司经营管理发生严重困难的状况。第四，赵峰在案件的审理过程中，通过函件的方式希望通过卡迪斯公司回购其股权以解决其与卡迪斯公司、其他股东之间的矛盾。据此，解散公司亦非赵峰与卡迪斯公司解决矛盾的唯一途径。卡迪斯公司并不符合公司解散的条件，故对赵峰要求解散卡迪斯公司的主张不予支持。

北京市西城区人民法院依照《中华人民共和国公司法》第一百八十二条，《最高人民法院关于适用〈中华人民共和国公司法〉若干问题的规定（二）》第一条第一款第（二）项、第（四）项，《最高人民法院关于民事诉讼证据的若干规定》第二条之规定，判决：

驳回原告赵峰的诉讼请求。

原告赵峰提起上诉，但在二审审理时又撤回了上诉。

【法官后语】

本案审理的重点在于赵峰所提出的解散公司的事由是否成立。公司法及公司法司法解释对于司法解散的事由均包含有"公司经营发生严重困难"的内容，对于上述内容如何结合当事人所提交的证据及相应陈述进行综合判断，对于案件最终的裁判结果有重要意义。本案中，赵峰提出公司多年亏损，且未召开过有效的股东会及董事会，继而认为公司的经营管理发生了严重困难。但结合卡迪斯公司的实际经营状况（对外仍签订多份购销合同）以及公司股东结构、股东的持股比例（赵峰持股 25%，朱明武持股 75%），可以判断卡迪斯公司仍处于正常经营，且公司可以作出相应的股东会决议，继而并不存经营管理困难的局面，故对于赵峰要求解散公司的诉讼请求法院不予支持。

编写人：北京市西城区人民法院　文潇

47

股东权益受损能否主张公司解散

——林海新诉广州集草缘化妆品有限公司解散案

【案件基本信息】

1. 裁判书字号

广东省广州市中级人民法院（2014）穗中法民二终字第 2045 号民事判决书

2. 案由：公司解散纠纷

3. 当事人

原告（被上诉人）：林海新

被告（上诉人）：广州集草缘化妆品有限公司（以下简称集草缘公司）

【基本案情】

集草缘公司成立于 2010 年 6 月 10 日，林海新出资比例为 40%，第三人周金平出资比例为 60%，周金平担任公司法定代表人、执行董事长和总经理职务，林海新担任公司副总经理和监事职务。

2013 年 8 月 29 日，周金平向集草缘公司各部门、合作伙伴发出通知，内容为：因林海新于 2013 年 8 月 6 日自动离职后未回公司工作，免除原告业务经理职务。9 月 16 日，林海新起诉至法院要求解散公司。

林海新认为集草缘公司亏损、周金平剥夺林海新经营决策权等股东权以及周金平违法经营、进行关联交易，损害了集草缘公司利益和股东利益。周金平提供有林海新签章的员工绩效考核表、采购订货单等证据证明林海新对公司经营有决策权，同时被告及周金平认为公司亏损、关联交易损害林海新权益等事项均不构成解散公司的法定理由。

【案件焦点】

集草缘公司是否已达成法定的解散条件？

【法院裁判要旨】

广东省广州市白云区人民法院经审理认为：根据《公司法》第一百八十二条的规定，公司经营管理发生严重困难，继续存续会使股东利益受到重大损失，通过其他途径不能解决的，持有公司全部股东表决权 10% 以上的股东，可以请求人民法院解散公司。对于公司经营管理发生严重困难的认定，公司法司法解释列举了四种情形：公司持续两年以上无法召开股东会；股东表决时无法达到法定或公司章程规定的比例，持续两年以上不能作出有效的股东会决议；董事长期冲突且无法通过股东会解决；经营管理发生其他严重困难。股东会作为公司的权力机构，有权对公司的重要事项作出决议，股东会会议由股东按照出资比例行使表决权。公司章程约定公司增加或减少注册资本的，必须召开股东会并由代表三分之二以上表决权的股东通过，作为原告或第三人都不可能满足这一要求。至于公司的其他事项，因被告仅有两个股东，现双方产生利益冲突和对抗，又无法协商解决，因此根本不可能形成有效的股东会决议。有限责任公司是人合兼资合公司，股东间的信任是公司存续的必要条件，被告的这种股权结构，只要股东之间产生纠纷，就会形成公司僵局，公司的运转只能是某一股东意志的体现，被告自成立以来未正式召开过股东会，也未形成有效的股东会决议，这种状态的延续势必影响公司及股东的利益。

广东省广州市白云区人民法院依照《中华人民共和国公司法》第一百八十二条，《最高人民法院关于适用〈中华人民共和国公司法〉若干问题的规定（二）》第一条第一款第（一）项、第（二）项的规定，判决：

被告广州集草缘化妆品有限公司于本判决生效之日起予以解散。

集草缘公司、周金平不服判决提出上诉，广东省广州市中级人民法院经审理认为：公司解散的法定条件主要包含两方面，一是公司股东会和董事会等机构运行出现长期持续性的严重困难，致使公司经营管理事务停滞；二是公司的经营管理发生其他严重困难，继续存续将使股东权益受到重大损失。本案中，根据当事人提交的两份面膜定价申请中，均有两位股东的签字，充分表明集草缘公司两股东完全可通过特定方式实现股东意志的交流，并达成对公司事务的管理。另外，根据集草缘公司提交的 2013 年采购订货单、支付证明单以及员工联名信件等证据材料，均充分反映集草缘公司的经营事务并未因股东之间的矛盾而陷于停滞，集草缘公司经营已具备一定的市场规模，解散公司，不仅不利于公司自身经营的持续性发展，也必然影响公司员工以及交易相对方的利益。林海新以自身股东权益受损以及公司经营亏损为由主张解散公司，依照公司法司法解释的规定，这些均不构成法定的解散公司事由。集草缘公司并未达成法定的解散条件，原审判决处理不当，法院据实予以纠正。

广东省广州市中级人民法院依照《中华人民共和国公司法》第一百八十二条，《最高人民法院关于适用〈中华人民共和国公司〉若干问题的规定（二）》第一条，《中华人民共和国民事诉讼法》第一百七十条第一款第（二）项之规定，判决：

一、撤销广东省广州市白云区人民法院（2013）穗云法民二初字第 1333 号民事判决；

二、驳回林海新的诉讼请求。

【法官后语】

公司解散的法定条件主要包含两方面的事由：其一，公司股东会和董事会等机构运行出现长期持续性的严重困难，致使公司经营管理事务停滞。即作为公司运行机制的股东会、董事会等权力机构和管理机构完全失灵，对公司的任何事项均无法作出任何有效决议，公司一切事务处于瘫痪的公司僵局状态；其二，公司的经营管理发生其他严重困难，如公司业务处于显著的停顿状态，继续存续将使股东利益受到重大的损失。

具体到本案中，一、二审法院在审理思路上出现分歧，其主要原因在于对公司经营管理发生严重困难有不同理解，一审法院认为集草缘公司仅有两个股东，现股东之间发生利益冲突和对抗，又无法协商解决，因此根本不可能形成有效的股东会决议，这种状态的延续势必影响公司及股东的利益。但二审法院认为，根据当事人提交的两份面膜定价申请中，均有两位股东的签字，充分表明集草缘公司两股东完全可通过特定方式实现股东意志的交流，并达成对公司事务的管理。另外，根据集草缘公司提交的 2013 年采购订货单、支付证明单以及员工联名信件等证据材料，均充分反映集草缘公司的经营事务并未因股东之间的矛盾而陷于停滞，反之，集草缘公司经营已具备一定的市场规模，解散公司，不利于公司自身经营的持续性发展。故认定集草缘公司不具备法定解散条件，遂对一审判决予以改判。

认定公司是否具备法定解散事由，不能仅仅依据公司未召开股东会而断定公司发生经营管理困难，而应当根据公司实际运作情况，判断公司是否实质上没有过股东会决议，是否实质上发生经营管理困难，以此才能作出最终判决。

编写人：广东省广州市白云区人民法院　张里活

48

公司解散之诉如何认定

——邓坤耀诉中山市显利机械制造有限公司公司解散案

【案件基本信息】

1. 裁判书字号

广东省中山市中级人民法院（2015）中中法民二终字第694号民事判决书

2. 案由：公司解散纠纷

3. 当事人

原告（上诉人）：邓坤耀

被告（被上诉人）：中山市显利机械制造有限公司（以下简称显利公司）

【基本案情】

2013年6月16日，邓坤耀与第三人梁东明签订《股东合作经营协议书》，决定共同投资经营显利公司。同年12月30日，双方订立章程，载明公司注册资本50万元，梁东明以货币出资25.5万元，占注册资本51%，于同年12月28日前缴足；邓坤耀以货币出资24.5万元，占注册资本49%，于同年12月28日前缴足；邓坤耀担任公司执行董事（法定代表人）兼任经理，梁东明担任公司监事。同日，显利公司经工商注册登记成立。2014年5月6日，双方修改章程，公司注册资本变更为100万元，梁东明以货币出资，总认缴出资51万元，占公司注册资本51%，应于2033年4月30日前缴足；邓坤耀以货币出资，总认缴出资49万元，占公司注册资本49%，应于2033年4月30日前缴足；邓坤耀担任公司执行董事（法定代表人）兼任经理，梁东明担任公司监事。同日，显利公司经工商登记核准变更。因股东之间在经营上出现一些困难，管理上有一些不规范的状况。2014年6月12日，公司停止经营。其后，邓坤耀、梁东明均有部分债务人收取应收账款的情况。至今，双方对公司未进行过清算，对公司存在的困难和问题未采取董事会、股东会等正常形式，以通过公司内部救济手段予以研究和解决。为此，邓坤耀诉至原审法院，请求判令解散显利公司。

二审另查明：邓坤耀、梁东明于 2014 年 5 月 6 日签订显利公司章程。章程第十八条规定"公司股东会由全体股东组成，股东会是公司的最高权力机构"；第二十二条规定"股东会会议分为定期会议和临时会议。定期会议每半年召开一次。代表十分之一以上表决权的股东、执行董事或监事提议召开临时会议的，应当召开临时会议"；第二十四条规定"公司不设董事会，设执行董事一人，由股东会选举产生，每届任期三年。任期届满，连选可以连任，选举邓坤耀担任执行董事"；第二十六条规定"公司设经理一人，由股东会选举产生，每届任期三年。任期届满，连选可以连任，选邓坤耀担任经理"；第二十七条规定"公司不设监事会，设监事 1 人，由股东会选举产生，每届任期三年。任期届满，连选可连任，选举梁东明担任监事。执行董事、高级管理人员及财务负责人不得兼任监事"。

二审再查：显利公司的日常运作，是由邓坤耀负责生产车间的管理，梁东明负责销售及财务。一审中，邓坤耀提交录音资料，称其及家人均受到梁洁萍的恐吓，梁洁萍是显利公司的财务，也是梁东明的妹妹，后双方谈判不成，邓坤耀也不敢再到公司。二审中，原审第三人梁东明向本院提交其向中山市公安局横栏分局六沙派出所举报邓坤耀诈骗的受案回执及证明。邓坤耀不确认该证据的真实性、合法性及关联性。

【案件焦点】

显利公司是否符合公司解散的法定条件？

【法院裁判要旨】

广东省中山市第二人民法院经审理认为：显利公司目前确存在经营困难、管理不规范且已停业等问题，但邓坤耀作为执行董事，针对公司因存在困难和问题形成的僵局状态，未能有效行使公司法赋予的股东权利，穷尽公司内部自力救济，在此情况下，选择诉讼方式请求强制解散公司，不符合法律规定。故邓坤耀请求解散显利公司的主张缺乏事实和法律依据，法院不予支持。

广东省中山市第二人民法院依照《中华人民共和国公司法》第一百八十二条之规定，判决：

驳回邓坤耀的诉讼请求。

邓坤耀不服一审判决，提起上诉。

广东省中山市中级人民法院经审理认为：《中华人民共和国公司法》第一百八十二条规定，持有公司全部股东表决权百分之十以上的股东具有提起解散公司诉讼的主体资格。本案中，邓坤耀占有显利公司49%股权，其单独股东表决权已经超过了全部股东表决权的百分之十，其有权提起本案诉讼。显利公司是邓坤耀和梁东明共同出资设立的，二人既是公司股东，又是公司经营管理者。邓坤耀宣称其受到来自梁东明方人员的人身威胁，导致其不敢再回公司。梁东明则向公安机关举报邓坤耀涉嫌犯罪。双方的矛盾冲突已到了不可调和的状态。两股东间的利益冲突和矛盾，导致显利公司的一切决策和管理机制陷入瘫痪，最终导致显利公司停产，且呈持续状态。两股东的对抗已致显利公司的人合性基础被打破，二人继续共同经营显利公司已不可能。因此，显利公司的经营管理已发生严重困难，邓坤耀投资显利公司的目的无法实现，继续存续会使邓坤耀的利益受到重大损失，邓坤耀请求解散显利公司，于法有据，法院予以支持。上诉人邓坤耀的上诉请求，理由成立，法院予以支持。原审判决认定事实清楚，适用法律错误，法院予以纠正。广东省中山市中级人民法院依照《中华人民共和国公司法》第一百八十二条、《中华人民共和国民事诉讼法》第一百七十条第一款第（二）项的规定，判决：

一、撤销广东省中山市第二人民法院（2014）中二法古民二初字第313号民事判决；

二、解散被上诉人中山市显利机械制造有限公司。

【法官后语】

《公司法》第一百八十二条将"公司经营管理发生严重困难"作为股东提起解散公司之诉的条件之一。判断公司的经营管理是否出现严重困难，应当从公司的股东会、董事会或执行董事及监事会或监事的运行现状进行综合分析的规则，公司是否处于盈利状况并非决断公司经营管理发生严重困难的必要条件。公司经营管理发生严重困难的侧重点在于公司管理方面存在严重的内部障碍，如股东会机制失灵，无法就公司的经营管理进行决策等，不应片面理解为公司资金缺乏、严重亏损等经营性困难。

编写人：广东省中山市中级人民法院　阮碧婵

$$\boxed{49}$$

公司是否符合法定解散条件的认定

——上海高企电器有限公司诉扬州中电制氢设备有限公司公司解散案

【案件基本信息】

1. 裁判书字号

江苏省扬州市中级人民法院（2015）扬商终字第 00365 号民事判决书

2. 案由：公司解散纠纷

3. 当事人

原告（上诉人）：上海高企电器有限公司（以下简称高企公司）

被告（被上诉人）：扬州中电制氢设备有限公司（以下简称中电公司）

【基本案情】

被告中电公司成立于 2008 年 9 月 25 日，注册资本为人民币 3000 万元，股东为第三人吕国爱、宋维生及原告高企公司，分别持有的股份为 40%、31% 和 29%。现原告向法院诉称，被告公司一直是第三人在经营管理，由于管理不善致使公司经营发生严重困难，原告自投资以来一直没有分过红。2013 年起被告已停止生产，并将厂房出租给他人使用。2015 年 7 月 20 日，原告接到通知，被告已经在出售厂房。由于被告股东之间矛盾重重，诉讼案件不断，通过其他途径已不能解决，为维护原告的合法权益，根据《公司法》的规定，原告诉至法院，要求解散被告中电公司，责令被告停止出售厂房，并由被告承担本案的诉讼费用。

【案件焦点】

被告中电公司是否已经符合法定解散条件？

【法院裁判要旨】

江苏省仪征市人民法院经审理认为：公司经营管理发生严重困难，继续存续会使股东利益受到重大损失，通过其他途径不能解决的，持有公司全部股东表决权百分之十以上的股东，可以请求人民法院解散公司。本案中，原告作为持有被告公司29%股份的股东，可以请求解散被告公司，但其提供的证据仅能证明被告公司股东之间曾因其他问题产生过诉讼以及被告公司在经营过程中出售部分厂房的事实，而根据被告提供的证据，被告公司在近两年来一直有对外业务往来，也召开过股东会并形成决议，并非如原告所说的停止生产经营，其出售、出租部分厂房也不能证明公司经营管理发生严重困难，故原告要求解散被告公司及责令被告停止出售厂房的诉讼请求，无事实和法律依据，依法不予支持。

江苏省仪征市人民法院依照《中华人民共和国公司法》第一百八十二条，《最高人民法院关于适用〈中华人民共和国公司法〉若干问题的规定（二）》第一条，《中华人民共和国民事诉讼法》第六十四条第一款、第一百三十四条第一款、第一百四十二条之规定，判决：

驳回原告上海高企电器有限公司的诉讼请求。

原告高企公司持原审起诉意见提起上诉。江苏省扬州市中级人民法院经审理认为：中电公司并不符合法定的公司解散条件。虽然高企公司作为持有中电公司29%股份的股东，有权提出解散公司的请求，但是高企公司没有能够提供充分的证据证明中电公司经营管理发生严重困难，继续存续会使股东利益受到重大损失。其一，是否分红及是否召开股东会本身并不属于判断公司是否应解散的法定条件。其二，中电公司股东之间产生过诉讼，但是中电公司章程规定股东会决议应由代表三分之二以上表决权的股东表决通过，现中电公司共有三个股东，高企公司仅持股29%，其余两股东吕国爱、宋维生则分别持股40%、31%，仍能够形成有效的股东会决议。现高企公司并无证据证明吕国爱、宋维生之间存在矛盾以致无法对中电公司经营管理形成决议，故高企公司是否参加并不能决定中电公司能否形成股东会决议，且实际上2013年11月20日中电公司已经召开过股东会并形成了决议，因此，高企公司并不能因股东矛盾主张中电公司经营管理发生严重困难。其三，虽然中电公司2013年11月20日的股东会决议内容包括出售厂房，但一方面出售厂房并不意味着必然损害高企公司的利益，另一方面该决议中同时也包括选举新的董事会成员及出售厂房为了偿还债务以确保公司继续生产经营的表述。现中电公司提供了2015年的增值税发票并主张厂房并未全部售出，故在高企公司未能提供相反证据的情况下，不能否定中电公司仍在正常生产经营。

江苏省扬州市中级人民法院依照《中华人民共和国民事诉讼法》第一百七十条第一款第（一）项之规定，判决：

驳回上诉，维持原判。

【法官后语】

我国《公司法》规定，公司经营管理发生严重困难，继续存续会使股东利益受到重大损失，通过其他途径不能解决的，持有公司全部股东表决权百分之十以上的股东，可以请求人民法院解散公司。《最高人民法院关于适用〈中华人民共和国公司法〉若干问题的规定（二）》则对公司经营管理发生严重困难的几种情形作了列举。本案中，从双方提供的证据来看，中电公司在近两年来一直有对外业务往来，也召开过股东会并形成有效的决议，能够查明的事实是中电公司股东之间曾因纠纷产生过诉讼，在经营过程中股东会作出决议出售部分厂房。但股东之间产生纠纷以及出售部分厂房并不代表公司经营管理发生严重困难并难以继续存续，从股东会决议的内容来看，公司出售部分厂房是为偿还债务确保公司继续生产经营，也说明了中电公司仍有继续存续并开展正常经营活动的可能，并不符合公司及其解释有关公司经营管理发生严重困难的情形，因此法院对原告要求解散中电公司的诉讼请求未予以支持。

编写人：江苏省仪征市人民法院　余雷

50

股东怠于履行清算义务的责任

——上海文盛投资管理有限公司诉中科实业集团（控股）有限公司清算责任案

【案件基本信息】

1. 裁判书字号

北京市第一中级人民法院（2015）一中民（商）终字第 2997 号民事判决书

2. 案由：清算责任纠纷

3. 当事人

原告（被上诉人）：上海文盛投资管理有限公司（以下简称文盛公司）

被告（上诉人）：中科实业集团（控股）有限公司（以下简称中科实业公司）

原审被告：北京东方红叶广告有限公司（以下简称东方红叶公司）

【基本案情】

根据中科红叶公司章程，公司股东为东方红叶公司、中科实业公司（持股 14%）、中科企公司及王某。

建行北京分行与东方红叶公司于 1999 年 7 月 30 日签订借款合同，约定东方红叶公司向建行北京分行借款 1000 万元。中科红叶公司为其股东的上述借款提供了连带保证担保。合同到期后，东方红叶公司违约，故建行北京分行诉至法院，北京一中院判令东方红叶公司偿还借款本金 1000 万元及相应利息，中科红叶公司承担连带清偿责任。后原告文盛公司受让上述债权。

2003 年 10 月 13 日，北京市工商局对中科红叶公司以中科红叶公司未在规定的期限内申报年检为由，决定吊销该公司营业执照。

2011 年 9 月 20 日，北京二中院就申请人文盛公司与被申请人中科红叶公司强制清算一案，以中科红叶公司没有任何财产、账册及重要文件，无法进行清算为由，裁定终结清算程序，并明确文盛公司可以另行依据《最高人民法院关于适用〈中华人民共和国公司法〉若干问题的规定（二）》（以下简称《公司法司法解释（二）》）第十八条的规定，要求中科红叶公司的清算义务人对中科红叶公司债务承担偿还责任。

诉讼中，被告中科实业公司陈述称，其于 2008 年 12 月向密云法院申请对中科红叶公司进行强制清算，但密云法院以申请强制清算没有法律依据为由并未受理，亦未接收相关申请材料。

原告文盛公司起诉要求被告中科实业公司对中科红叶公司的债务承担连带赔偿责任。中科实业公司辩称：第一，中科红叶公司被吊销营业执照时，当时的法律对股东承担责任问题及公司清算问题没有明确规定，根据法不溯及既往原则，《公司法司法解释（二）》不能作为本案审理依据；第二，本案也不符合《公司法司法解释（二）》第十八条第二款的条件。故不同意文盛公司的诉讼请求。

【案件焦点】

中科实业公司作为小股东是否应对公司的债务承担连带清偿责任？

【法院裁判要旨】

北京市海淀区人民法院经审理认为：原建行北京分行对于东方红叶公司所享有的到期债权，已由文盛公司依法取得。鉴于法院生效判决判令中科红叶公司就东方红叶公司对建行北京分行所负债务承担连带清偿责任，文盛公司有权向中科红叶公司提出相应债务清偿主张。现文盛公司以中科红叶公司吊销后长期不进行清算，导致其无法获得清偿为由，要求中科红叶公司的股东中科实业公司及东方红叶公司承担相应法律责任，并无不当。但鉴于东方红叶公司系本案所涉债权的主债务人，且该债务已经法院生效判决进行了确认，故文盛公司再行要求东方红叶公司基于保证人股东的身份承担连带保证责任，无实际意义，故对文盛公司关于要求东方红叶公司承担责任的诉请，法院不予支持。

北京市海淀区人民法院依照《中华人民共和国公司法》（以下简称《公司法》）第一百八十四条，《最高人民法院关于适用〈中华人民共和国公司法〉若干问题的规定（一）》第二条，《最高人民法院关于适用〈中华人民共和国公司法〉若干问题的规定（二）》（以下简称《公司法司法规定（二）》）第十八条第二款之规定，判决：

中科实业公司向文盛公司清偿借款本息合计 10251200 元，并支付迟延履行期间的债务利息，支付案件受理费债务 64996.27 元；驳回文盛公司的其他诉讼请求。

中科实业公司持原审起诉意见提起上诉。

北京市第一中级人民法院经审理认为：关于本案的法律适用问题。中科实业公司认为根据"法不溯及既往"的原则，本案不应适用《公司法司法解释（二）》。中科红叶公司于 2003 年被吊销营业执照，当时《公司法》（1999 年）虽未明确将吊销营业执照作为公司解散的法定事由，但《公司法》于 2005 年修订之后，已经就此作出了明确的规定，并规定了成立清算组进行清算的期限，此时中科红叶公司应当依法清算。但此后中科红叶公司仍处于未清算状态，且该状态一直持续至今。本案适用《公司法司法解释（二）》并无不当。

关于中科实业公司是否应就中科红叶公司的债务承担连带清偿责任的问题。根据《公司法司法解释（二）》第十八条第二款的规定，有限责任公司的股东因怠于履行义务，导致公司主要财产、账册、重要文件等灭失，无法进行清算，债权人主张其对公司债务承担连带清偿责任的，人民法院应依法予以支持。本案中，中科实业公司作为中科红叶公司的股东，系中科红叶公司的清算义务人，其持股比例虽然仅为 14%，并非中科红叶公司的控股股东，但我国现行法律法规以及相关司法解释中并无有限公司小股东无须承担清算义务的除外条款。相反，有限公司的全体股东在法律上应一体成为公司的清算义务人，因此无论中科实业公司所占的股权份额为多少，是否实际参与了公司的经营管理，在中科红叶公司被吊销营业执照后，其都有义务在法定期限内依法对公司进行清算。中科实业公司称其在 2008 年 12 月曾向密云法院申请对中科红叶公司进行强制清算，但其并未能够提供诸如法院接收材料的回执或者不予受理的相关材料，中科实业公司就其主张的该项事实未能提供充分的证据加以证明。中科实业公司作为清算义务人，未在法定期限内对中科红叶公司进行清算，属于怠于履行法定的清算义务。在举证责任方面，作为正常注册成立的公司，均应具备清算条件，而如前所述，中科实业公司确系存在怠于履行清算义务的情形，并且根据北京二中院的生效裁定，已经确认中科红叶公司无法进行清算，因此可以认定中科实业公司怠于履行清算义务的行为与中科红叶公司主要财产、账册、重要文件等灭失，无法进行清算之间存在因果关系，文盛公司就此无须进一步举证。中科实业公司如若认为其怠于履行清算义务与中科红叶公司无法清算之间不存在因果关系，应就此提供证据予以证明，反之则应承担连带清偿责任。

北京市第一中级人民法院依照《中华人民共和国民事诉讼法》第一百七十条第一款第（一）项之规定，判决：

驳回上诉，维持原判。

【法官后语】

本案的核心在于判断中科实业公司是否符合《公司法司法解释（二）》第十八条第二款规定的承担连带清偿责任的条件。从该款规定来看，承担连带清偿责任需同时符合被告为清算义务人、怠于履行清算义务、存在无法清算的事实、存在因果关系等构成要件。

第一，中科实业公司是否为清算义务人。虽然中科实业公司仅为小股东，但是《公司法司法解释（二）》第十八条第二款规定并未按照持股比例区分股东清算义务，故中科实业公司在中科红叶公司被吊销营业执照后，有义务对于该公司进行清算。

第二，中科实业公司是否存在怠于履行义务的情形。清算义务人对公司债务承担连带清偿责任，需要清算义务人存在怠于履行义务的情形，即需要清算义务人存在过错。但在司法实践中，在过错的认定上则采取举证责任倒置的方式，即只要债权人证明存在未在法定期限内开始清算的情形后，则由清算义务人举证证明自己对于未能及时清算的事实不存在过错，否则便可以认定清算义务人怠于履行清算义务。中科红叶公司于 2003 年登记注销，虽然当时的《公司法》并无清算时限的规定，但《公司法》于 2005 年修订后，已经明确地规定了有限公司股东应当在公司被吊销后营业执照十五日内成立清算组开始清算。中科实业公司作为清算义务人并未在法定期限内进行清算，根据举证责任倒置的原则，应由中科实业公司举证证明其未在法定期限内展开清算活动不存在过错。

第三，北京二中院已于 2011 年 9 月就申请人文盛公司与被申请人中科红叶公司强制清算一案作出裁定，认定中科红叶公司没有任何财产、账册及重要文件，无法进行清算。

第四，关于举证责任分配的问题。文盛公司作为公司外部的债权人，其无法了解中科红叶公司内部经营、责任分配情况，亦无法了解中科实业公司作为清算义务人是否积极履行了清算义务，以及进行了哪些积极行为，在此种情况下，应当适用举证责任倒置和因果关系推定的原则。即由作为清算义务人的中科实业公司进行举证，或者需要证明其对未在法定期限内展开清算活动无过错，或者需要证明怠于履行清算义务与公司公司财产灭失、公司无法清算之间不存在因果关系，否则即应承担相应的不利后果。

综合上述分析，中科实业公司符合承担清算责任的法定构成要件，应当依法承担相应责任。在制定《公司法司法解释（二）》时，社会上存在大量的应当清算而不清算的僵尸企业，甚至存在大量的故意借此逃废债务的情况，而且还有愈演愈烈的泛滥之势，所以为了解决该清算不清算的突出问题，更好地突出法的警示、引导作用，出台了上述规定，加大了清算义务人的责任。不可否认的是，《公司法司法解释（二）》第十八条是对股东有限责任的突破，若严格适用该规定，将加重股东责任和投资风险，有抑制投资的负面作用，所以该项制度在出台伊始便饱受争议。但从当前党中央、国务院大力清理僵尸企业的宏观背景来看，上述规定又有利于倒逼僵尸企业尽快退出市场，从而与国家政策相吻合。

编写人：北京市第一中级人民法院　邹明宇

51

涉案债权的转让是否合法有效

——惠州市易郡豪业实业有限公司诉锦多（惠州）国际企业有限公司破产债权确认案

【案件基本信息】

1. 裁判书字号

广东省惠州市惠阳区人民法院（2015）惠阳法民二初字第526号民事判决书

2. 案由：破产债权确认纠纷

3. 当事人

原告：惠州市易郡豪业实业有限公司（以下简称易郡豪业）

被告：锦多（惠州）国际企业有限公司（以下简称锦多公司）

【基本案情】

第三人泰国开泰银行（大众）有限公司深圳分行（以下简称开泰银行）是外国银行在我国境内依法设立的分行，不属于国有银行。2013 年 9 月 24 日，开泰银行与被告锦多公司签订《综合授信合同》（编号：GFSZ20130070），约定被告锦多公司可向第三人开泰银行申请使用的综合授信额度为 6000 万元人民币；授信额度的有效使用期限为 12 个月，自 2013 年 9 月 24 日至 2014 年 9 月 24 日；保证人李群华、李旭山和锦多玩具有限公司。同日，第三人开泰银行和被告锦多公司签订《流动资金贷款合同》，约定开泰银行同意按本合同向被告锦多公司提供不超过 6000 万元的贷款额度，为可循环额度，每笔贷款期限为 12 个月；贷款年利率为 7.8%；逾期本金按照逾期贷款罚息利率（该合同约定的贷款利率上浮 50%）计收逾期贷款罚息；贷款最终到期日为 2014 年 12 月 31 日；债务人进入任何解散、清算、歇业、行政接管、重组、解散或破产程序等，包括借款人的控股公司发生上述任何事件，均构成违约事件；贷款人可以在任何时候向其他第三人转让其在融资文件下的全部或任何权利及义务，并且尽管通知借款人，事先无须取得借款人的同意。同日被告锦多公司与第三人开泰银行签订《最高额质押合同》和《最高额抵押合同》。《最高额质押合同》约定被告锦多公司用 1000 万元的存单作为贷款的质押；《最高额抵押合同》约定被告锦多公司以其所有的位于惠州市惠阳区永湖镇惠淡公路边的粤房地证字第 C7058566 号（E 栋）、粤房地证字第 C7058567 号（西栋塑胶楼）、粤房地证字第 C7058568 号（东栋棉花楼）、粤房地证字第 C7058569 号（高职楼）、惠阳府国用字（94）第 13211200063 号土地使用权、惠阳国用（96）字第 0018132（地号 004）、13211200017 号土地使用权（地号 12 - 6 - 117）六处房地产为上述《综合授信合同》向开泰银行提供最高额抵押担保，抵押担保的债权范围为借款人在所有主合同项下对贷款人负有的全部债务，包括最高额债权本金及其他应付款，包括但不限于利息、罚息、复利、违约金、损害赔偿金、实现债权和担保权利的费用和所有其他应付合理费用；经第三人和被告共同商定，抵押物现时总价值为人民币 96288537 元。合同签订后，被告与第三人就上述抵押房地产分别在惠州市惠阳区国土局和惠州市惠阳区房产局办理了抵押登记，领取了他项权证，他项权证号分别为：惠阳他项（2013）467A 号、惠阳他项（2013）467B 号、粤房地他项权证惠州字第 1110031808 号、粤房地他项权证惠州字第 1110031809 号、粤房地他项权证惠州字第 1110031810 号、粤房地他项权证惠州字第 1110031811 号。第三人开泰银行分别于 2013 年 9 月 29 日、2013 年 10 月 9 日两次向被告锦多公司发放贷款 4500 万元和 1500 万元。2014 年 3 月 7 日，第三人开泰银行收到香港锦多玩具有限公司《委任清盘人或临时清盘人通知书》，知悉香港锦多玩具有限公司正在进行清盘，而被告锦多公司作为香港锦多玩具有限公司的全资子公司也将被清算；同日，第三人开泰银行处置被告质押的存单，收回利息 182000 元，收回本金 9875052.47 元。截至 2014 年 3 月 7 日，被告尚欠第三人开泰银行贷款本金 50124947.53 元，不欠利息、罚息。第三人开泰银行以被告锦多公司及担保人李旭山等为被告向深圳市中级人民法院提起诉讼，深圳市中级人民法院于 2014 年 3 月 28 日立案，案号为（2014）深中法涉外初字第 42 号。2015 年 2 月 3 日，原告易郡豪业委托深圳市罗曼迪卡家具有限公司将转让保证金 600 万元支付给第三人开泰银行。2015 年 2 月 6 日，原告易郡豪业与开泰银行签订《债权转让协议》，约定第三人开泰银行将本案债权本金 50124947.53 元，利息、复利、罚息为 5132451.65 元等（主债权金额为交易基准日 2014 年 12 月 31 日，含附随贷款债权的权利、权益和利益）全部转让给原告；贷款债权的转让价款为 3000 万元人民币。原告易郡豪业于 2015 年 2 月 11 日委托深圳市罗曼迪卡家具有限公司将转让款 2400 万元支付给开泰银行。开泰银行于 2015 年 4 月 14 日的《南方日报》上刊登《债权转让暨债务催收通知》，通知被告锦多公司，开泰银行已将对被告锦多公司享有的债权及担保权利转让给原告易郡豪业，通知锦多公司及其担保人向易郡豪业履行还款义务。

另查明，法院于 2014 年 12 月 4 日依法裁定受理债权人惠州市惠阳区永湖镇人民政府申请债务人即被告锦多公司破产清算一案，并在 2015 年 1 月 24 日的《南方日报》上刊登立案及破产债权申报公告。原告易郡豪业在本院刊登受理被告锦多公司破产公告后向被告锦多公司的破产管理人申报债权并请求就抵押物优先受偿，但在被告锦多公司第二次债权人会议上未通过。2015 年 7 月 26 日，被告锦多公司破产管理人向原告易郡豪业发出《告知书》，告知原告易郡豪业其申报的债权在第二次债权人会议上未经法定数额表决通过，无法确认其债权，依法告知原告易郡豪业在收到《告知书》之日起 15 日内向法院提起确认债权诉讼，原告遂于 2015 年 7 月 31 日向法院提起破产债权确认之诉，法院于 2015 年 8 月 6 日立案受理。

【案件焦点】

涉案债权转让是否合法有效？涉案债权数额的认定与优先受偿权问题。

【法院裁判要旨】

广东省惠州市惠阳区人民法院依照《中华人民共和国合同法》第四十四条、第七十九条，《中华人民共和国企业破产法》第四十六条第二款、第一百零九条、第一百一十条，《中华人民共和国担保法》第三十三条，《中华人民共和国物权法》第一百七十九条、第一百九十二条、第二百零六条，《最高人民法院关于适用〈中华人民共和国担保法〉若干问题的解释》（以下简称《担保法解释》）第八十三条和《中华人民共和国民事诉讼法》第六十四条、第一百四十二条的规定，并经审判委员会讨论决定，判决：

一、确认原告惠州市易郡豪业实业有限公司对被告锦多（惠州）国际企业有限公司享有的债权为 50124947.53 元及利息（利息计算：以 50124947.53 元为本金，按合同约定的年利率 7.8%，从 2013 年 3 月 8 日计算至 2014 年 12 月 3 日）；

二、确认原告惠州市易郡豪业实业有限公司对被告锦多（惠州）国际企业有限公司享有的债权（50124947.53 元及利息）为有财产抵押担保的债权，对他项权登记证号分别为：惠阳他项（2013）467A 号、惠阳他项（2013）467B 号、粤房地他项权证惠州字第 1110031808 号、粤房地他项权证惠州字第 1110031809 号、粤房地他项权证惠州字第 1110031810 号、粤房地他项权证惠州字第 1110031811 号项下的房地产享有优先受偿权；

三、驳回原告惠州市易郡豪业实业有限公司的其他诉讼请求。

【法官后语】

本案系破产债权确认纠纷。本案争议的主要焦点是债权转让的效力、债权数额、优先受偿问题。

关于债权转让效力。法院认为，债权转让协议合法有效。理由如下：第三人开泰银行与被告锦多公司于 2013 年 9 月 24 日签订的《综合授信合同》《流动资金贷款合同》《最高额质押合同》《最高额抵押合同》属于最高额抵押担保借款合同。最高额抵押的概念，《担保法》第五十九条有明确规定："本法所称最高额抵押，是指抵押人与抵押权人协议，在最高债权额限度内，以抵押物对一定期间内连续发生的债权作担保"；《物权法》第二百零三条也有规定，最高额抵押权是指："为担保债务的履行，债务人或者第三人对一定期间内将要连续发生的债权提供担保财产的，债务人不履行到期债务或者发生当事人约定的实现抵押权的情形，抵押权人有权在最高债权额限度内就该担保财产优先受偿"。最高额抵押是为担保未来一定期间内连续发生的不确定债权而设立，其主要特征是债权的不特定性和连续性。在一般抵押中，债权可以转让，抵押权随主债权的转让而转让，债权人只需通知债务人和抵押人即可。《担保法》第六十一条规定："最高额抵押的主合同债权不得转让"，因为在最高额抵押中，由于未来发生的债权是不确定的，处于变化中，在决算期到来之前，最高额抵押担保的主合同债权不得转让。而担保法之所以禁止最高额抵押担保的主债权转让，原因在于其主债权的不确定性，法律禁止转让的是决算期到来之前的债权。决算期到来之后，由于债权已经确定，而且也不会再有新的债权产生，此时最高额抵押已经与一般抵押不存在区别，应当允许被担保的债权转让，抵押权也随之转让。《担保法解释》第八十三条规定本案第三人开泰银行与被告锦多公司签订的《综合授信合同》约定被告的综合授信有效使用期限为 12 个月即至 2014 年 9 月 24 日止，至此，本案主债权已经确定，即为 50124947.53 元的借款本金及利息、罚息。2015 年 2 月 6 日，第三人开泰银行与原告易郡豪业签订《债权转让协议》时，第三人开泰银行与被告锦多公司约定的债权已经到期并已确定；而第三人开泰银行通过报纸公告告知被告锦多公司，其已将债权和抵押权等全部转让给了原告易郡豪业，依法履行了通知义务，从而应认定债权转让合法有效。

关于债权范围。原告易郡豪业请求确认的债权本金为 50124947.53 元，事实依据充足，法院应予支持；原告易郡豪业请求确认的利息、复利、罚息计算至 2014 年 12 月 4 日止为 4649808.1 元。根据《企业破产法》第四十六条第二款"附利息的债权自破产申请受理时起停止计息"的规定，计息的截止日期为 2014 年 12 月 3 日，第三人开泰银行已将被告锦多公司所欠的至 2014 年 3 月 7 日止的利息全部清收，故原告享有的债权利息，应以债权本金 50124947.53 元为本金，从 2014 年 3 月 8 日计算至被告锦多公司破产案件受理日前一日即 2014 年 12 月 3 日；利率按合同约定的年利率 7.8%

计算。因第三人与被告借款约定的到期还款日为 2014 年 12 月 31 日，而根据《企业破产法》的规定，计息的截止日期为 2014 年 12 月 3 日，计息截止日期到达前已依法不再计息，故原告请求计算罚息和复利没有事实依据，法院不予支持。

关于优先受偿。第三人开泰银行对被告锦多公司享有的抵押权随债权一并转让给原告易郡豪业，合法有效。原告易郡豪业依法对第三人开泰银行就被告锦多公司提供的且已进行抵押登记的六处房地产享有优先受偿权。原告易郡豪业对被告锦多公司享有债权本金 50124947.53 元及至利息（利息计算：以 50124947.53 元为本金，按合同约定的年利率 7.8%，从 2013 年 3 月 8 日计算至 2014 年 12 月 3 日）享有优先受偿权。

编写人：广东省惠州市惠阳区人民法院　黄靖雅

52

经营管理"重大困难"的认定

——钱琴娣诉常熟市二十一世纪经贸有限公司公司解散案

【案件基本信息】

1. 裁判书字号

江苏省苏州市中级人民法院（2015）苏中商终字第 00866 号民事判决书

2. 案由：公司解散纠纷

3. 当事人

原告（上诉人）：钱琴娣

被告（被上诉人）：常熟市二十一世纪经贸有限公司（以下简称二十一世纪公司）

【基本案情】

2001 年 6 月 1 日，二十一世纪公司成立，注册资本 200 万元。2004 年 12 月，第三人朱春梅受让二十一世纪公司 60% 的股权，朱菊春受让二十一世纪公司 40% 的股权。2005 年 7 月 29 日，钱琴娣从朱菊春处受让该公司 40% 的股权。钱琴娣成为二十一世纪公司股东后，二十一世纪公司存在将收取的租金存入户名为朱菊春农行账户的情况。2013 年 1 月 24 日，钱琴娣向朱春梅与朱菊春设立的常熟市莫干路蓝天服饰公司的地址邮寄《关于解散公司的律师函》，告知二十一世纪公司、股东朱春梅，因朱春梅作为公司执行董事，独断专行，剥夺其股东的知情权、监事权；涉嫌侵占或挪用公司资金；不按规定缴纳税金，被税务机关处罚，致使股东利益受到严重损失等，要求对方在收到本函之日起 10 日内召开临时股东会研究并决定解散公司。该邮件因"拒收"被退回。2013 年 8 月 8 日，二十一世纪公司作出《聘请李卫平先生任公司总经理的决定》等人事聘请决定，上述决定均由二十一世纪公司盖章并由执行董事朱春梅签名。2013 年 9 月 13 日，朱春梅向钱琴娣邮寄《朱春梅连任执行董事书》《关于钱琴娣同志任本公司监事的决定》和《通知》各一份。其中《通知》载明："兹定于 2013 年 9 月 18 日上午 10 点，在本公司 2 楼办公室召开全体会议。请准时出席。"2013 年 9 月 18 日上午，钱琴娣前往二十一世纪公司参加会议，但朱春梅未到场。为此，钱琴娣将其制作的《关于解散公司的意见》留在二十一世纪公司，认为朱春梅作为公司执行董事独断专行剥夺其股东的知情权、监事权；将公司租金存入他人账户，涉嫌多次挪用公司的资金、私自抵押公司资产用于贷款 2000 万元并归个人使用；不按规定缴纳税金、致使公司被税务机关处罚、股东利益受到严重损失；公司经营管理发生严重困难，无法形成有效股东会决议，股东会机制已经失灵；朱春梅未经通知召开股东会议，也未经股东会议表决，自己一人决定连任执行董事、决定监事，这是严重违反《公司法》、公司《章程》的行为。并表明同意解散公司，按规定清算。2013 年 9 月，二十一世纪公司及朱春梅出具《声明》并邮寄送达钱琴娣，声明朱春梅作为拥有公司 60% 股权的股东作出的决定有效。

2013 年 10 月，钱琴娣先后在二十一世纪公司张贴《告示》两份，载明朱春梅挪用资金被公安局立案侦查，公司应当解除朱春梅的执行董事及总经理的职务，以及朱春梅独断专行、股东会机制失灵等情形。2013 年 10 月 18 日，二十一世纪公司向租户发出《公告》，认为朱春梅不存在挪用资金等情形，并要求租户将租金打入公司账户等事宜。2013 年 11 月，钱琴娣在二十一世纪公司张贴《声明》，认为朱春梅未尽到管理义务且确实存在挪用资金的情形。2013 年 1 月 22 日，钱琴娣委托律师向常熟市公安局邮寄《报案报告》等材料，举报朱春梅利用职务便利，涉嫌侵占或挪用公司资金问题。2013 年 5 月 23 日，常熟市公安局决定对朱春梅挪用资金案立案侦查。2014 年 2 月 15 日，常熟市公安局作出《拘留证》，决定对朱春梅执行拘留，送常熟市看守所羁押。2014 年 3 月 21 日，常熟市人民检察院作出《不批准逮捕决定书》，认为犯罪嫌疑人朱春梅涉嫌挪用资金罪的事实不清、证据不足，决定不批准逮捕犯罪嫌疑人朱春梅。同日，常熟市公安局决定对朱春梅取保候审。本案审理过程中，二十一世纪公司提交 2014 年 1 月 8 日的《股东会决议》，载明："因公司尚未分红，股东朱春梅、钱琴娣商量决定要向二十一世纪公司财务科借款，朱春梅借 78 万元，钱琴娣借 52 万元"。2014 年 8 月 25 日，钱琴娣向二十一世纪公司及朱春梅邮寄《通知》，认为因为股东之间的长期矛盾导致公司经营管理出现严重困难，提出相应的股权收购方案，以相应对价将股权转至另一方股东，解决争议。二十一世纪公司及朱春梅收到上述《通知》后，《答复》认为公司经营正常、不存在严重困难。2014 年 9 月 2 日，钱琴娣向本院提起诉讼，要求解散二十一世纪公司。2014 年 10 月 24 日，二十一世纪公司向钱琴娣邮寄召开股东会的通知，2014 年 11 月 15 日，钱琴娣向二十一世纪公司邮寄书面材料，认为因起诉解散公司的案件已进入法定审理程序，二股东完全可以通过法院审理、判决来决定股东大会将要讨论的议题，表明不予参加本次股东大会。

【案件焦点】

在公司股东人数较少的前提下，公司虽未召开正式的股东会议，经非正式的决议程序能否形成有效决议的判断？

【法院裁判要旨】

江苏省常熟市人民法院经审理认为：钱琴娣系二十一世纪公司持股 40% 的股东，其有权依法提起解散公司诉讼。钱琴娣主张二十一世纪公司从 2011 年 4 月 15 日至今已持续三年以上未召开股东会，公司经营管理发生严重困难，公司僵局通过其他救济途径不能解决，两股东之间长期冲突，公司经营管理发生其他严重困难，公司继续存续会使其股东利益受到重大损失。但从本案查明的事实看，钱琴娣的主张并不成立，二十一世纪公司不符合法定的解散条件。

江苏省常熟市人民法院依照《中华人民共和国公司法》第三十七条、第一百八十二条，《最高人民法院关于适用〈中华人民共和国公司法〉若干问题的规定（二）》第一条，《中华人民共和国民事诉讼法》第六十四条之规定，判决如下：

驳回原告钱琴娣的诉讼请求。

钱琴娣持原审起诉意见提起上诉。江苏省苏州市中级人民法院经审理认为：钱琴娣并未能证明二十一世纪公司存在《最高人民法院关于适用〈中华人民共和国公司法〉若干问题的规定（二）》第一条第一款第（一）项规定的"公司持续两年以上无法召开股东会或者股东大会，公司经营管理发生严重困难的"情形，本案中2014年1月26日钱琴娣、朱春梅就二人向二十一世纪公司借款事宜签订的《协议》虽然未以股东会决议的方式而形成，但该《协议》可以体现二十一世纪公司的股东在两年内曾就公司重大事项达成过一致意见并形成书面协议，二十一世纪公司尚未发生公司僵局。而钱琴娣二审提交的相关案件的法律文书仅能证明其与二十一世纪公司之间就追索资金以及基于劳动合同关系追索工资而产生的纠纷，且有案件系以调解方式结案，并不能证明二十一世纪公司的股东之间存在不可调和的矛盾，导致公司无法经营。

另外，从二十一世纪公司的工商备案材料来看，其未出现吊销营业执照或停业整顿的情形，二十一世纪公司处于正常经营状态，其决策和管理机制并未处于瘫痪状态，并无证据显示二十一世纪公司的存续会使股东钱琴娣的利益受到重大损失。且"通过其他途径不能解决"是股东请求解散公司的必要前置性条件，只有在穷尽其他可能的救济手段仍不能化解公司僵局时，法律上才赋予股东通过司法程序强制解散公司的权利。本案中，钱琴娣的股东利益仍可以通过其他途径予以救济，其并未能举证证明已经穷尽了其他救济手段。故钱琴娣主张解散二十一世纪公司并不满足法律规定的条件，原审法院据此驳回其诉讼请求，于法有据。钱琴娣的上诉理由不能成立，原审法院认定事实清楚，适用法律正确，实体处理亦无不当。

江苏省苏州市中级人民法院依照《中华人民共和国民事诉讼法》第一百七十条第一款第（一）项之规定，判决：

驳回上诉，维持原判。

【法官后语】

公司解散的条件是较为严谨的，公司维持原则是我国立法和司法实践中秉持的基本原则，除非发生重大的且不可通过其他途径解决之困难，才可通过公权力予以必要的干预，否则公司就应该继续维持。本案中，2014年1月26日钱琴娣、朱春梅就二人向二十一世纪公司借款事宜签订的《协议》虽然未以股东会决议的方式而形成，但该《协议》可以体现二十一世纪公司的股东在两年内曾就公司重大事项达成过一致意见并形成书面协议，二十一世纪公司尚未发生公司僵局，且钱琴娣的股东利益仍可以通过其他途径予以救济，其并未能举证证明已经穷尽了其他救济手段，因此一审、二审法院对其解散公司的请求未予支持。

从一审法院查明的情况来看，从 2005 年 7 月 1 日钱琴娣成为二十一世纪公司股东至 2011 年期间，二十一世纪公司股东会一般采取两名股东协商一致并签订书面协议或者约定的方式行使职权，甚至在决定公司利润分配方案时仅由两名股东口头达成一致意见，股东会行使职权的方式相对灵活简便。从两位股东实际上亦向公司提取了借款来看，2014 年 1 月 26 日的《协议》事实上属于二位股东对借款事宜达成的一次有效决议，尽管没有二位股东签字，但钱琴娣也确认了签名的为代理人，则应为股东的真实意思表示。退一步而言，即使认为这份《协议》不属于股东决议，也可证明股东之间并非完全不存在沟通机制，不能认定为双方矛盾导致公司僵局。现实中，在中小企业尤其是小型企业的经营管理中，在股东人数较少尤其是股东为二人时，以非正式的股东之间的决议代替股东会正式决议的情形较为常见，直接否定非正式决议在经营管理中发生的客观作用而直接以此认定经营管理发生严重困难显然是不妥的。

编写人：江苏省常熟市人民法院　周薇　曾昊清

53

中外合资经营公司解散的条件

——马塞尔·若尼·欧斯特维诉宁波北仑宇
创机械工业有限公司公司解散案

【案件基本信息】

1. 裁判书字号

浙江省宁波市中级人民法院（2015）甬仑商外终字第 45 号民事判决书

2. 案由：公司解散纠纷

3. 当事人

原告（上诉人）：马塞尔·若尼·欧斯特维（Marcel René Oosterveen）

被告（被上诉人）：宁波北仑宇创机械工业有限公司（以下简称宇创公司）

【基本案情】

2010 年 2 月 9 日，马塞尔书面授权龙霞代理其办理宇创公司设立的各项审批。同年 2 月 23 日，第三人龙霞代理马塞尔与自己签订中外合资经营宇创公司合同 1 份，约定各出资 25 万元人民币。同年 5 月 31 日，宇创公司登记成立，注册资本 50 万元人民币。马塞尔任副董事长，龙霞任董事长，案外人周某健任董事，案外人秦涛任监事。公司章程规定董事会是最高权力机构，例会每年召开二次；经三分之一以上的董事提议，可以召开董事会临时会议；董事会原则上在公司所在地举行，均须作详细的书面记录，并由全体出席的董事签字，记录文字使用中文和英文，记录由公司存档。

2014 年 6 月 28 日，马塞尔委托他人办理受让龙霞持有的全部股权事宜，并委托上海诚汇会计师事务对宇创公司 2012 年至 2014 年 6 月 30 日的财务状况、经营成果和现金流量以及相关内部控制进行尽职调查，后该会计师事务所出具尽职调查报告 1 份，列举了宇创公司存在的相关问题，资产总计人民币 1411 万元。最终，股权转让无果。8 月 3 日，龙霞亦委托他人参与宇创公司 50% 股权的收购与反收购事务。8 月 6 日，马塞尔通过电子邮件向龙霞表明，希望将宇创公司解散清算。

8 月 11 日 2 时，宇创公司董事周某健发电子邮件给马塞尔和龙霞，建议在当天召开董事会议；3 时，马塞尔回复同意，并约定"中国时间上午十点在线召开"。9 时，马塞尔发送主题为"关于董事会议"的邮件给龙霞和周某健，内容涉及与合作企业的相关事务、公司财务等事务的分工等。12 日 4 时，周某健发送主题为"8 月 11 号上午 10：00 到下午 1：00 股东会议最终协议"的邮件给马塞尔和龙霞，请求确认会议商定的 3 件经营事务的记录；6 时，周某健又发送催告确认邮件给两人。11 时，马塞尔邮件回复周某健（并抄送龙霞），对待确认邮件进行逐条回复，并称"关于股东会议期间我们讨论的所有的事都没有改变，所有的事都已经确认"。12 时，马塞尔再次回复周某健邮件（并抄送龙霞）称："这是份正式的邮件。"

马塞尔曾委派代表到宇创公司工作，2014 年 6 月，该代表与龙霞及公司员工发生肢体冲突。2014 年 12 月 15 日，因经营上存在分歧，马塞尔带多人到宇创公司，要求查询公司电脑资料并停止生产，遭拒后与龙霞、周某健等多人发生争吵，相互拉扯、推搡、殴打，致多人轻微伤。该案经公安机关调查，决定不予行政处罚。

至 2014 年 12 月，宇创公司仍在正常生产经营。

马塞尔认为宇创公司自成立后从未召开过股东会或董事会并形成有效决议，其间已超过两年，其经营决策权被架空，公司经营管理发生严重困难，其与龙霞之间的矛盾已不可调和，请求解散公司。宇创公司与龙霞则认为不存在法律意义上的公司僵局，也不符合法律规定的解散条件。

【案件焦点】

被告宇创公司是否符合法定的解散条件？

【法院裁判要旨】

浙江省宁波市北仑区人民法院经审理认为：公司解散之诉，意在运用公权力为无法通过其他途径破解公司僵局的股东提供司法救济，而本案中股东之间虽有矛盾，但公司的经营决策并未陷入僵局，不符合法定的解散条件。

浙江省宁波市北仑区人民法院依照《中华人民共和国公司法》第一百八十条第（五）项、第一百八十二条，《最高人民法院关于适用〈中华人民共和国公司法〉若干问题的规定（二）》第一条，《中华人民共和国民事诉讼法》第六十四条的规定，判决：

驳回原告马塞尔·若尼·欧斯特维（Marcel René Oosterveen）的诉讼请求。

马塞尔上诉认为董事会召开形式不符合公司章程关于召开董事会及会议笔录的要求，董事会决议内容并未真正实施、部分内容违法。浙江省宁波市中级人民法院经审理认为：与本案相关的问题并非董事会决议内容实施与否及决议是否有效问题，而是确定董事会能否正常召开的问题。宇创公司三位董事于 2014 年 8 月 11 日通过网络在线形式召开了董事会，并形成一致决议，会议记录亦通过电子邮件经马塞尔确认，不违背公司章程关于召开董事会的程序要求，表明董事会机制并未失灵。马塞尔亦未提供充足证据证明中方董事存在侵吞公司财产的行为，故继续经营应不会使马塞尔的合法权益受到重大损失。宇创公司中方董事与外方董事及其所派代表之间虽产生了矛盾，但尚不足以表明董事之间存在长期冲突且无法通过董事会解决、公司经营管理发生严重困难。

浙江省宁波市中级人民法院依照《中华人民共和国民事诉讼法》第一百七十条第一款第（一）项之规定，判决：

驳回上诉，维持原判。

【法官后语】

本案处理的关键在于对中外合资经营公司解散之法定条件的理解。要理解公司解散条件的主旨，离不开公司维持原则，基于此，我国立法及司法以"穷尽公司内部救济"作为判决解散的前提，在《公司法》第一百八十二条、《最高人民法院关于适用〈中华人民共和国公司法〉若干问题的规定（二）》第一条中对公司解散规定了严格具体的条件。中外合资经营公司的司法解散与其他有限公司并无不同，同样适用上述条文。

值得注意的是，在立法及司法活动应当尽力维持企业发展而不是促成企业的解体。公司维持原则是学术界和司法实践中对公司解散问题一致秉持的基本原则。虽然解散公司是解决公司僵局最彻底的方式，如果仅仅因为内部决策和管理机制的暂时失灵就判决解散公司，成本会过高，不仅损害公司本身的价值、影响公司内部股东员工的切身利益，也将给债权人权益甚至社会稳定带来一系列负面影响。本案中，对是否符合法定解散条件的判定，应持非常谨慎的态度。

编写人：浙江省宁波市北仑区人民法院　陈广秀

54

商品房买卖合同中"回赎条款"的效力认定

——袁卫民诉南通万广置业发展有限公司破产债权确认案

【案件基本信息】

1. 裁判书字号

江苏省南通市中级人民法院（2015）通中商终字第00293号民事判决书

2. 案由：破产债权确认纠纷

3. 当事人

原告（被上诉人）：袁卫民

被告（上诉人）：南通万广置业发展有限公司（以下简称万广公司）

【基本案情】

2013 年 5 月 15 日，万广公司作为甲方与袁卫民作为乙方签订《协议书》，约定：甲方将银鹤花苑 3 号楼 403 室、9 号楼 1103 室（附车库 32.56 平方），总价 170 万元出售给乙方；房屋交付时间初定于 2014 年 3 月前，如延期，最迟不超过六个月；乙方预付房款 100 万元，于本协议签订时支付，如乙方违约该款不予退还，如甲方不按约交付，则应退还乙方预付房款并按银行同期贷款利率赔偿损失；余款 70 万元于 2014 年 1 月 10 日前付清。协议书签订当日，万广公司向袁卫民出具 100 万元的现金收入凭证，载明"预收 3#403、9#1103 房款"，次日，袁卫民将 100 万元房款汇入潘春华账户。2014 年 1 月 6 日，袁卫民向潘春华支付了剩余的 70 万元房款，万广公司开具了相应金额的现金收入凭证。

2013 年 8 月 7 日，万广公司作为甲方与袁卫民作为乙方签订《商品房销售协议书》，约定：甲方将银鹤花苑 5 号楼 12 号、19 号车库及兴区东路门面房 14 号、15 号，总价 85 万元出售给乙方；该房价包括了契税以外的所有费用；交款时间和方式为乙方先支付 15 万元作为定金，其余房款三日内付清（打入甲方指定账户）；甲方保证在 2013 年 10 月 30 日之前交房，每推迟一天支付违约金 850 元；甲方在 2013 年 10 月 30 日之前可以赎回该房屋，赎回时支付的赎金等于 850000 + 1000 * 天数（本协议生效之日至赎回之日）。崔根涛在该协议下方载明，此款 53 万元向姚辉支付、23 万元向应孝昌支付、6 万元向黄建东支付、3 万元抵销万广公司与袁卫民之前的欠款。协议签订当日，万广公司即向袁卫民出具金额为 85 万元的现金收入凭证。袁卫民于 2013 年 8 月 10 日完成了付款义务。

2014 年 7 月 14 日，法院作出（2014）启商破字第 00006 - 1 号民事裁定，裁定受理万广公司重整申请，重整期间由万广公司管理人负责管理财产和营业事务。袁卫民向管理人要求确认其是案涉房屋、车库的购买者。管理人认为袁卫民与万广公司是借款关系，双方签订的房屋、车库买卖合同系无效合同。袁卫民对此持有异议，故诉至本院，要求确认案涉买卖合同有效。

【案件焦点】

袁卫民与万广公司于 2013 年 5 月 15 日、于 2013 年 8 月 7 日签订的《商品房销售协议书》的效力如何认定？

【法院裁判要旨】

江苏省启东市人民法院经审理认为：袁卫民与万广公司于 2013 年 5 月 15 日、2013 年 8 月 7 日签订的商品房销售协议书，符合《中华人民共和国合同法》第一百三十条规定的买卖合同形式要件。依法成立的合同，自成立时生效。万广公司主张案涉合同无效，应证明存在符合《中华人民共和国合同法》第五十二条规定的导致合同无效的情形。万广公司没有提供证据证明存在上述法律规定的导致合同无效的情形。2013 年 8 月 7 日签订的商品房销售房协议书约定的万广公司在 2013 年 10 月 30 日之前可以赎回该房屋，实际是为该协议书的商品房买卖关系附设了解除条件，该约定并不违反法律、行政法规的强制性规定，是履行商品房买卖还是赎回房屋均符合当事人的意思表示，且万广公司具有选择合同履行方式的主动性，故该条款既不能证明双方的借贷关系亦不会导致合同无效。万广公司认为与袁卫民签订的商品房买卖合同无效没有事实和法律依据，至于合同是否继续履行或解除及违约责任的承担问题，双方应根据《中华人民共和国企业破产法》等法律予以处理。

江苏省启东市人民法院依照《中华人民共和国合同法》第四十四条、第五十二条、第一百三十条，《中华人民共和国企业破产法》第五十八条第三款之规定，判决：

确认原告袁卫民与被告南通万广置业发展有限公司于 2013 年 5 月 15 日签订的《商品房销售协议书》及于 2013 年 8 月 7 日签订的《商品房销售协议书》有效。

万广公司持一审理由上诉，江苏省南通市中级人民法院经审理认为：万广公司与袁卫民之间存在借贷关系并不当然产生双方所签订商品房买卖协议书无效的法律后果，双方之间可以存在多种合同关系，相互并不排斥。2012 年 11 月双方签订的借款协议书可以证明 2012 年 11 月双方之间存在借款关系，并曾约定以 13 套商品房抵押，但该借款债权债务关系不是本案双方争议的法律关系，该借款协议约定的

13 套抵押商品房也与本案双方争议的两份商品房买卖合同标的无关。本案中双方争议的两份商品房买卖合同签订于 2013 年 5 月 15 日和 2013 年 8 月 7 日，其中有关商品房买卖的房号、价款、交付时间等要素约定明确，万广公司并未提供证据证明这两份商品房买卖合同是为履行双方之间的某一笔借贷合同而签订，其所称的双方之间存在以案涉两份商品房买卖合同约定的房屋为抵押的民间借贷法律关系并没有充分证据证明，仅有其口头陈述及单方记账。万广公司也不能明确说明双方之间所存在的民间借贷合同对款项数额、利率、还款时间等要素的约定；而万广公司人员与袁卫民等人之间存在款项往来的事实本身并不能证明双方之间只有借贷关系、不能以款项往来否定万广公司与袁卫民之间存在商品房买卖的法律关系。

万广公司称与袁卫民之间的商品房买卖合同不是其真实意思表示、万广公司与袁卫民进行民间借贷才是其真实意思，但其不能证明其所称的民间借贷真实合意的存在及其内容，而商品房买卖协议有双方明确的书面合同约定。万广公司以不能证明的民间借贷的"真实意思"否认商品房买卖书面合同的明确约定不能成立，案涉两份商品房买卖协议书应当视为双方真实意思的表示。

案涉两份商品房买卖协议书内容明确，也没有《合同法》规定的无效情形，应当确认有效。2013 年 8 月 7 日合同中有"回赎"的约定是商品房买卖合同赋予万广公司一定期限内的回赎权，增加万广公司的权利不代表双方之间即是借贷关系，且万广公司在合同约定的时间内没有行使回赎权，也说明双方应当继续按照商品房销售协议履行。袁卫民强调案涉房屋早已交付，万广公司则在上诉中称原审认定房款已交错误，这些均是商品房买卖合同履行的问题，在万广公司进入破产程序后案涉合同应如何履行，应当根据相关法律法规确定。

江苏省南通市中级人民法院依照《中华人民共和国民事诉讼》第一百七十条第一款第（一）项之规定，判决：

驳回上诉，维持原判决。

【法官后语】

合同无效，是指违反了合同的生效要件，具体是指合同虽然已经成立，但在内容上违反了法律、行政法规的强制性规定。处理合同无效应当坚持鼓励交易、合同自由原则，严格限制无效合同的范围，合同自由是民法和整个合同法的基础，而无效只是在特殊情况下，对超出法律规定的界限的合同行为的一种纠正。无效合同的判断标准必须是违反了法律、行政法规中的强制性规定中的效力性规范。本案中，万广公司与袁卫民签订的两份商品房买卖协议书内容明确，万广公司对协议书中的回赎条款明知，且房屋买卖合同中包含的回赎条款不违反我国法律、行政法规的强制性规定，亦不能据此证明双方存在借贷关系。

编写人：江苏省启东市人民法院　张媛媛

55

有限公司自行清算中股东外清算组成员应否承担赔偿责任

——姜庆元诉成瑛、刘杏凤、程敏清算组成员责任案

【案件基本信息】

1. 裁判书字号

江苏省无锡市中级人民法院（2014）锡商终字第 821 号民事判决书

2. 案由：清算组成员责任纠纷

3. 当事人

原告（上诉人）：姜庆元

被告（被上诉人）：成瑛、刘杏凤、程敏

【基本案情】

2012 年 1 月，姜庆元与无锡新过记餐饮管理有限公司（以下简称新过记公司）口头约定，由姜庆元向新过记公司供应肉制品，货款按月结算，次月前支付上月货款。自 2012 年 3 月 1 日起至 2013 年 2 月 6 日止，姜庆元共计供货款 157969.2 元，新过记公司未支付货款。

新过记公司于 2011 年 5 月 12 日成立，注册资本 50 万元，股东为成瑛、刘杏凤。工商资料显示，新过记公司 2011 年 12 月资产负债表中公司负债和所有者权益为 3103897.25 元，此后新过记公司未予年检。2013 年 4 月 19 日，成瑛、刘杏凤召

开股东会，决议注销新过记公司。同日，新过记公司停止经营并成立了由成瑛、刘杏凤、程敏组成的清算组，成瑛任清算组负责人。2013 年 6 月 18 日，成瑛、刘杏凤、程敏签署新过记公司清算报告，该报告载明："新过记公司清算组于成立之日起十日内通知了债权人，并于 2013 年 5 月 4 日起在《中国工商》报上发布了公司注销公告，债权债务已全部清理完毕，公司清偿债务后的剩余资产已按股东的出资比例分配完毕，至清算报告出具之日，公司已清算完毕。"2013 年 6 月 26 日，新过记公司登记注销。

姜庆元认为新过记公司清算组在未通知其申报债权的情况下即对公司资产进行处置，出具虚假清算报并注销公司，导致其债权未获清偿，清算组成员应共同承担赔偿责任。程敏认为，其非新过记公司股东，也非公司员工，未参与公司经营，也未实际进行清算活动，非公司清算组成员，且新过记公司一直处于亏损状态，故不应承担赔偿责任。成瑛、刘杏凤未作答辩。

【案件焦点】

程敏能否作为公司清算组成员？应否承担赔偿责任？

【法院裁判要旨】

江苏省无锡市滨湖区人民法院经审理认为：姜庆元与新过记公司的口头约定，意思表示真实，合法有效，对双方均具有拘束力。新过记公司结欠姜庆元货款共计157969.2 元，未及时付款，已构成违约。新过记公司对结欠姜庆元货款的事实为明知，该债权为已知债权。成瑛、刘杏凤作为新过记公司股东及清算组成员，于清算时未向姜庆元履行通知义务，导致姜庆元未及时申报债权而未获清偿。现新过记公司已被注销，成瑛、刘杏凤应对姜庆元遭受的损失承担赔偿责任。公司法规定有限公司的清算组由股东组成，程敏非新过记公司股东，其担任清算组成员不符合公司法规定，应为无效，姜庆元要求程敏承担赔偿责任，于法无据，不应支持。成瑛、刘杏凤经法院合法传唤无正当理由拒不到庭，视为放弃相应的诉讼权利。

江苏省无锡市滨湖区人民法院依照《中华人民共和国民法通则》第六十三条，《中华人民共和国合同法》第八条、第一百零七条，《中华人民共和国公司法》（以下简称《公司法》）第一百八十四条，《最高人民法院关于适用〈中华人民共和国公司法〉若干问题的规定（二）》第十一条，《中华人民共和国民事诉讼法》第一百四十四条之规定，判决：

一、成瑛、刘杏凤于判决生效后立即赔偿姜庆元157969.2元及相应的利息损失；

二、驳回姜庆元的其他诉讼请求。

姜庆元持原审起诉意见提起上诉。江苏省无锡市中级人民法院经审理认为：姜庆元向新过记公司供货共计157969.2元，证据确实，该债权为已知债权。新过记公司2011年12月的资产负债表显示其负债和所有权者权益为3103897.25元，未有证据证明此后公司存在亏损，公司具备相应的偿债能力。

程敏虽非新过记公司股东，但其受新过记公司委任，与股东成瑛、刘杏凤共同组成了清算组，作为新过记公司在解散清算中的机关，共同负责清算工作，清算组成员在执行清算事务范围内享有权利并承担相应义务。因清算组在清算时未向姜庆元履行法定的通知义务，导致其未及时申报债权而未获清偿，清算组成员主观上具有过错，现新过记公司已被注销，故对姜庆元所遭受的损失，清算组成员应承担连带赔偿责任。姜庆元的上诉理由成立，予以支持。原审认定清算组成员程敏的责任不当，应予纠正。

江苏省无锡市中级人民法院依照《中华人民共和国民事诉讼法》第一百七十条第一款第（二）项之规定，判决：

一、撤销无锡市滨湖区人民法院（2013）锡滨民初字第1693号民事判决；

二、成瑛、刘杏凤、程敏于本判决生效后十日内向姜庆元赔偿157969.2元及利息损失；

三、驳回姜庆元的其他诉讼请求。

【法官后语】

本案重点在于有限公司清算中股东外人员能否作为清算组成员及其赔偿责任的认定。本案中，一、二审法院判决结果出现分歧，主要出于对法条内涵有不同理解。《公司法》第一百八十三条规定，有限公司的清算组由股东组成。一审法院据此认为程敏非新过记公司股东，并非清算组成员的法定适格主体，不应承担赔偿责任。但二审法院认为，程敏虽非公司股东，但受新过记公司委托，可以作为清算组成员，对因未依法履行清算义务而给债权人造成损失的，应承担连带赔偿责任。

首先，根据《公司法》及司法解释的规定，股份公司的清算组可以是股东和股东以外的机构和人员，法院指定的有限公司清算组也可以是股东及具备相应资质的机构或人员。从法律逻辑上讲，不论是股份公司还是有限公司，是指定清算，还是自行清算，清算组的法律性质及地位应该是相同或相似的。其次，从法律解释看，《公司法》规定有限公司的清算组由股东组成，但股东并不限于自然人，还可以是法人。法人担任清算组时，应由具备相应行为能力的自然人为其代表，法律并未限定此情形下的自然人仅为公司股东。

关于赔偿责任的形式。清算组是清算法人的代表及执行机关，在清算目的范围内，清算组成员是作为一个共同体而一同管理公司清算事务的，应该"权利共享、风险共担"。清算组成员未依法履行清算义务的行为构成共同侵权，应承担连带赔偿责任。关于赔偿责任的范围。根据侵权责任因果关系理论及法人独立责任原则，清算组成员承担赔偿责任的范围应以公司解散时的资产为限，赔偿债权人的实际损失。值得注意的是，本案中程敏以公司亏损作抗辩，对此应对公司解散时的资产状况承担举证责任，因其未能证明，则推定解散时公司财产足以清偿债权，清算组成员应对债权人承担全部清偿责任。

编写人：江苏省无锡市中级人民法院　费益君　王久荣

56

个别清偿使债务人财产受益的认定

——吴江市嘉元旅游箱包用品有限公司管理人诉嘉兴市航旗电器有限公司破产撤销权案

【案件基本信息】

1. 裁判书字号

江苏省苏州市中级人民法院（2015）苏中商终字第 00542 号民事判决书

2. 案由：破产撤销权纠纷

3. 当事人

原告（被上诉人）：吴江市嘉元旅游箱包用品有限公司管理人（以下简称嘉元公司管理人）

被告（上诉人）：嘉兴市航旗电器有限公司（以下简称航旗公司）

【基本案情】

吴江市嘉元旅游箱包用品有限公司（以下简称嘉元公司）系自然人控股的有限责任公司，于 2005 年 3 月 10 日设立，公司经营范围为箱包生产、销售。2013 年 10 月中旬，公司法定代表人下落不明，公司债权人提起多起诉讼。2013 年 10 月 23 日，公司全面停产。2014 年 2 月 8 日，依据债权人海宁索福箱包拉链有限公司、海宁扬帆箱包五金有限公司、海宁市强辉五金压铸有限公司的申请，本院作出（2014）吴江商破字第 0002 号民事裁定书，裁定受理债权人对嘉元公司的破产清算申请，并指定江苏辰海律师事务所担任管理人。2014 年 6 月 28 日，江苏华瑞会计师事务所有限公司受嘉元公司管理人委托出具华瑞 Z 审字（2014）第 100 号审计报告，报告载明：根据对嘉元公司截至 2014 年 2 月 8 日的资产负债表各栏目的逐项查证，审计调整后，嘉元公司期末资产总额为 14746389.27 元，负债总额为 103860814.41 元，所有者权益（净资产）为 -89114425.14 元。嘉元公司管理人在清理嘉元公司债权债务过程中发现，嘉元公司曾于 2013 年 10 月 22 日收到案外人上海华一纺进出口有限公司出具的用于支付货款的华东三省一市银行汇票一张，票面金额 624986.2 元，当日嘉元公司将该张汇票支付给航旗公司。嘉元公司管理人认为，该项支付属于嘉元公司对航旗公司的个别清偿，应予以撤销，故致本案诉争。

2013 年 10 月 15 日，南博公司以传真方式向航旗公司发出《订购单》一份：产品名称 XY411 方盒拉杆；交货地点"吴江嘉元仓库"；开票信息"杭州南博"。2013 年 10 月 20 日、10 月 21 日、10 月 22 日，航旗公司分三批将该订购单下货物送至嘉元公司仓库，货物包括 XY411 方盒拉杆 6196 套。

2013 年 10 月 23 日，经嘉元公司、航旗公司双方对账，嘉元公司确认截至 2013 年 10 月 23 日尚欠航旗公司货款 2711556.59 元。2013 年 10 月 28 日，航旗公司就其与嘉元公司间的加工款纠纷向浙江省嘉兴市南湖区人民法院提起诉讼，要求嘉元公司立即支付加工价款 2711556.59 元（未扣除嘉元公司 2013 年 10 月 22 日支付的银行汇票 624986.2 元）。2013 年 11 月 28 日，浙江省嘉兴市南湖区人民法院作出（2013）嘉南凤商初字第 350 号民事判决书，判决嘉元公司支付航旗公司加工价款 2711556.59 元。

【案件焦点】

2013 年 10 月 22 日，嘉元公司向航旗公司清偿 624986.2 元是否属于《中华人民共和国企业破产法》第三十二条规定的可撤销的个别清偿行为？

【法院裁判要旨】

江苏省苏州市吴江区人民法院经审理认为：本案系管理人依据《中华人民共和国企业破产法》第三十二条提起的破产撤销权纠纷，依据该条款及《最高人民法院关于适用〈中华人民共和国企业破产法〉若干问题的规定（二）》相关条款的规定，嘉元公司管理人主张的破产撤销权是否成立，取决于如下要件：

1. 嘉元公司是否存在个别清偿。因航旗公司对 2013 年 10 月 22 日收到嘉元公司支付的银行汇票 624986.2 元的事实没有异议，故法院确认嘉元公司对航旗公司个别清偿的行为成立。

2. 个别清偿是否发生于破产申请受理前六个月内。涉案清偿行为发生于 2013 年 10 月 22 日，而本院裁定受理对嘉元公司的破产申请的时间是 2014 年 2 月 8 日，故该个别清偿行为确系发生在破产申请受理前六个月内。

3. 个别清偿发生时，嘉元公司是否具备破产原因。根据江苏华瑞会计师事务所有限公司 2014 年 6 月 28 日出具的审计报告，截至 2014 年 2 月 8 日嘉元公司的净资产为 –89114425.14 元，资产不足以清偿全部债务。虽然该审计报告未载明截至 2013 年 10 月 22 日嘉元公司的资产、负债情况，但结合前述查明的事实——2013 年 10 月中旬，嘉元公司法定代表人下落不明，公司债权人提起所起诉讼；2013 年 10 月 23 日，嘉元公司全面停产；2013 年 10 月 26 日，公司财产被法院查封——不难推知，2013 年 10 月 22 日——公司全面停产前一天，嘉元公司资产实际已不足以清偿全部债务，明显缺乏清偿能力。航旗公司以嘉元公司 2013 年 10 月 22 日还在生产为由主张嘉元公司不存在资不抵债，缺乏实质意义，不足以证明嘉元公司资产能够偿付全部债务，法院不予采信。在此情况下，嘉元公司的财产在法律上已经有了特别意义，应当随时准备按照破产程序规则分配给全体债权人，若此时发生债务个别清偿，将破坏破产债权平等原则，损害其他债权人利益。

4. 是否存在个别清偿撤销的例外情形，如个别清偿使债务人财产受益等。航旗公司主张其所交付的箱包配件给嘉元公司创造了巨大的经济利益，嘉元公司对航旗公司的个别清偿使债务人财产受益。对此，法院认为：首先，从订购单、送货单来看，有关箱包配件的合同相对方是南博公司与航旗公司，嘉元公司仅仅是南博公司指定的收货人。航旗公司提供的现有证据，不足以证明其与嘉元公司就案涉箱包配件存在合同关系。此外，无论是在 2013 年 10 月 23 日嘉元公司与航旗公司的对账单中，还是在 2013 年 10 月 28 日航旗公司向嘉兴市南湖区人民法院提起的诉讼中，航旗公司均未主张该订购单项下的货款，也进一步印证了嘉元公司与航旗公司就案涉箱包配件不存在合同关系。其次，退一步讲，即使嘉元公司与航旗公司就案涉箱包配件存在合同关系，从案涉箱包配件的交付数量、金额来看，嘉元公司于 2013 年 10 月 22 日支付的银行汇票也并非支付该笔交易的款项，而应是清偿先前的债务，也就是说嘉元公司转让财产的时间与债务的成立时间并非同时发生，嘉元公司并没有因转让财产而获取新价值。最后，再退一步讲，即使可以认定嘉元公司清偿先前债务是基于若嘉元公司不对先前债务进行清偿，航旗公司便不愿继续提供箱包配件的原因，但航旗公司未能举证证明因其提供箱包配件而使得嘉元公司获得新价值的额度，以及嘉元公司财产增加的范围，故也就无法比较债务人因清偿而直接减少财产与因此新增加的财产孰多孰少。此个别清偿行为并不能使债务人财产受益。

嘉元公司管理人主张的破产撤销权成立，嘉元公司于 2013 年 10 月 22 日对航旗公司清偿 624986.2 元的行为应予撤销。个别清偿行为被撤销后，其行为自始无效，航旗公司应予返还。

江苏省苏州市吴江区人民法院依照《中华人民共和国企业破产法》第三十二条，《最高人民法院关于适用〈中华人民共和国企业破产法〉若干问题的规定（一）》第三条，《最高人民法院关于适用〈中华人民共和国企业破产法〉若干问题的规定（二）》（以下简称《企业破产法司法解释（二）》）第九条第一款，《最高人民法院关于民事诉讼证据的若干规定》第二条的规定，判决：

一、撤销吴江市嘉元旅游箱包用品有限公司于 2013 年 10 月 22 日向被告嘉兴市航旗电器有限公司清偿 624986.2 元的行为；

二、被告嘉兴市航旗电器有限公司返还原告吴江市嘉元旅游箱包用品有限公司管理人 624986.2 元。

航旗公司不服一审判决提起上诉。江苏省苏州市中级人民法院经审理认为：关于案涉清偿行为发生时嘉元公司是否具备破产原因的问题。根据《中华人民共和国企业破产法》第二条的规定，破产原因分为两种情况：一是债务人不能清偿到期债务且资产不足以清偿全部债务；二是债务人不能清偿到期债务且明显缺乏清偿能力。而具体到本案，2013 年 10 月中旬，嘉元公司法定代表人下落不明，公司债权人提起诉讼，特别是嘉元公司还因拖欠职工自 2013 年 8 月的工资而被公司职工提起劳动仲裁，航旗公司亦称 2013 年 10 月中旬经相关政府部门召集由债权人、嘉元公司管理人员和职工代表召开协调会议等。以上事实即使不能直接证明嘉元公司在案涉个别清偿发生时已经资不抵债，但亦可证明嘉元公司不能清偿到期债务且明显缺乏清偿能力。

关于是否存在个别清偿撤销的例外情形的问题。根据《中华人民共和国企业破产法》第三十二条的规定，使债务人财产受益的个别清偿行为，不可撤销。具体到本案中，首先，航旗公司所主张的使嘉元公司财产受益的交易行为，从其提供的订购单、送货单等证据反映，合同的双方主体系南博公司与航旗公司，且航旗公司亦承认该业务其亦向南博公司开具增值税发票。其次，即使航旗公司主张的嘉元公司与其就案涉箱包配件存在合同关系，航旗公司亦无证据证明案涉个别清偿行为系支付的其主张的上述合同关系项下的货款，从而无法证明嘉元公司因案涉清偿行为而财产受益。最后，航旗公司以相关资产评估报告显示嘉元公司存货账面价值与实际评估价值存在巨大差额，说明嘉元公司利用航旗公司提供配件将半成品生产成成品并销售而获益巨大的上诉理由，没有事实和法律依据，不足以采信。没有证据证明案涉个别清偿行为属于使债务人财产受益的可撤销个别清偿行为之例外情形。

江苏省苏州市中级人民法院依照《中华人民共和国民事诉讼法》第一百七十条第一款第（一）项的规定，判决：

驳回上诉，维持原判。

【法官后语】

本案系管理人依据《企业破产法》第三十二条对个别清偿行为提起的破产撤

销权诉讼。根据该条规定，破产撤销权的构成要件包括：1. 存在对个别债权人进行清偿的行为；2. 个别清偿行为发生在法院受理破产申请前六个月内；3. 个别清偿时债务人具备破产原因；4. 不存在个别清偿使债务人财产受益的情形。因我国破产法未规定主观恶意为破产撤销权的构成要件，若仅基于前三个要件便可认定破产撤销权成立，实践中容易扩大个别清偿撤销的攻击范围，破坏交易安全，损害基于正当商业惯例而与债务人发生交易之债权人的利益。

《企业破产法司法解释（二）》第十六条明确了两种不属于可撤销的个别清偿行为：1. 债务人为维系基本生产需要而支付水费、电费等的；2. 债务人支付劳动报酬、人身损害赔偿金的。第一种情形属于"使债务人财产受益"应无异议，但严格来讲，第二种情形并不属于"使债务人财产受益"的情形，而是基于生存权特别保护的原则作的特殊规定。司法解释的上述规定显然难以涵盖"使债务人财产受益"的所有情形，同时也给法官留下了解释空间。

本案中，航旗公司不能提供有效证据证明其与嘉元公司就案涉箱包配件存在合同关系，也就是说双方不存在交易；即使嘉元公司与航旗公司就案涉箱包配件存在合同关系，从案涉箱包配件的交付数量、金额来看，嘉元公司于2013年10月22日支付的银行汇票也并非支付该笔交易的款项，而应是清偿先前的债务，也就是说嘉元公司转让财产的时间与债务的成立时间并非同时发生，嘉元公司并没有因转让财产而获取新价值；即使可以认定嘉元公司清偿先前债务是基于若嘉元公司不对先前债务进行清偿，航旗公司便不愿继续提供箱包配件的原因，但航旗公司未能举证证明因其提供箱包配件而使得嘉元公司获得新价值的额度，以及嘉元公司财产增加的范围，故也就无法比较债务人因清偿而直接减少财产与因此新增加的财产孰多孰少。

编写人：江苏省苏州市吴江区人民法院 张有顺 郝振

57

破产重整前六个月内出借人从借款人账户
扣划利息的行为是否构成个别清偿

——威海绿能供热有限公司管理人诉威海市商业银行股份有限公司张村支行请求撤销个别清偿行为案

【案件基本信息】

1. 裁判书字号

山东省威海市中级人民法院（2014）威商终字第 318 号民事判决书

2. 案由：请求撤销个别清偿行为纠纷

3. 当事人

原告（被上诉人）：威海绿能供热有限公司管理人（以下简称绿能公司管理人）

被告（上诉人）：威海市商业银行股份有限公司张村支行（以下简称商业银行张村支行）

【基本案情】

2012 年 12 月 21 日，威海绿能供热有限公司（以下简称绿能公司）与商业银行张村支行签订《流动资金借款合同》，绿能公司向商业银行张村支行借款 400 万元用于购煤，借款期限自贷款人向借款人实际发放贷款之日起至约定还款之日止，最长不超过 12 个月，实际起讫日期以借款凭证的记载为准；本合同项下借款自实际发放贷款之日起按日计息，按月结息，结息日为每月的 20 日；还款方式为借款人按月付息，到期一次性还本；绿能公司须在商业银行张村支行开立结算账户（账号：8504013090×××39），并保证在付息日、计划还款日、借款期限届满日前或借款被宣布提前到期之日主动存入足额的应付借款本息，同时不可撤销地授权贷款人于上述日期届满之日起从该账户内直接扣收应付借款本息；合同还对违约责任等事项进行了约定。合同签订后，原、被告均按合同约定履行了相应的义务。

2013 年 9 月 2 日，威海魏桥科技工业园有限公司以绿能公司不能清偿到期债务且资不抵债、明显缺乏清偿能力为由，向威海市中级人民法院申请对其进行破产重整。威海市中级人民法院审查后于 2013 年 9 月 22 日裁定绿能公司重整。威海弘理联合会计师事务所对绿能公司资产负债等情况进行评估，评估报告中资产负债表显示，绿能公司于 2013 年 1 月 1 日起全部资产小于全部负债，自 2013 年 3 月 23 日起具有资不抵债的情形。

另查，商业银行张村支行于 2013 年 4 月 21 日起按月从绿能公司还息账户扣划利息共计 171733.32 元。绿能公司管理人以该扣划利息行为系个别清偿行为为由，诉至法院，要求撤销。

【案件焦点】

商业银行张村支行从绿能公司账户扣划利息的行为是否属于个别清偿？绿能公司管理人是否有权申请撤销？

【法院裁判要旨】

山东省威海市环翠区人民法院经审理认为：人民法院受理破产申请前六个月内，债务人存在资不抵债的情形，仍对个别债权人进行清偿的，管理人有权请求人民法院予以撤销。但是，个别清偿使债务人财产受益的除外。破产撤销权的立法目的是限制债务人的不当清偿行为，以保护其整体债权人的利益。绿能公司向被告支付涉案款项确系已存在资不抵债的情形，符合法律规定的管理人可行使法定撤销权的期间内，因此管理人有权请求撤销。银行与其他债权人的债权地位平等，即使被告依照合同约定扣划债务人绿能公司账户的利息，亦属清偿个别债权人的行为。对银行的债权实行偏颇性清偿，没有使破产债务人财产受益，而使其破产后可供分配的财产减少，损害了其他债权人可获清偿的利益，此行为有违法律规定，应予撤销。

山东省威海市环翠区人民法院依照《中华人民共和国企业破产法》（以下简称《企业破产法》）第三十二条，《最高人民法院关于适用〈中华人民共和国企业破产法〉若干问题的规定（二）》第九条之规定，判决：

一、撤销威海市商业银行股份有限公司张村支行于 2013 年 4 月至破产重整受理前收取绿能公司贷款利息 171733.32 元的行为；

二、威海市商业银行股份有限公司张村支行于判决生效后十日内返还已收取威海绿能供热有限公司的利息 171733.32 元。

商业银行张村支行提起上诉。山东省威海市中级人民法院经审理认为：根据《企业破产法》第二条、第三十二条的规定破产管理人对债务人个别清偿行为行使撤销权，应当具备以下条件：一是清偿债务的行为发生在人民法院受理破产申请前六个月内；二是债务人出现了《企业破产法》第二条第一款规定的破产原因，即债务人不能清偿到期债务，并且资产不足以清偿全部债务或者明显缺乏清偿能力；三是债务人明知自身存在《企业破产法》第二条规定的情形而仍自动清偿；四是受偿债权人在主观上应当明知债务人出现了《企业破产法》第二条第一款规定的破产原因。商业银行张村支行在借款合同履行后，按照合同约定每月从绿能公司约定的账户扣划利息，并非绿能公司主动向债权人支付，而商业银行在扣划银行利息时亦无从知晓绿能公司具有破产原因，其主观是善意的。且从双方借款合同的签订时间来看，2012 年 12 月绿能公司因购煤向商业银行张村支行借款 400 万元，2013 年 9 月该公司被裁定破产重整，之间间隔时间很短。而绿能公司提供的贷款资料显示其正常经营，能够进一步佐证商业银行张村支行对绿能公司存在破产原因根本不知情，其主观上是善意的。绿能公司管理人亦没有证据证明商业银行张村支行知道其存在《企业破产法》第二条第一款规定的情形。商业银行张村支行从绿能公司账户扣划利息的行为，并非绿能公司的个别清偿行为。《企业破产法》第三十二条的规定赋予获得受偿权的债权人以善意抗辩权，即只有当债权人明知债务人出现了《企业破产法》第二条第一款规定的破产原因而仍然为个别受偿时，人民法院才能依据管理人的申请对其进行撤销。原审认定商业银行张村支行扣划贷款利息的行为属于《企业破产法》规定的个别清偿行为有误，应予纠正。

山东省威海市中级人民法院依照《中华人民共和国企业破产法》第二条、第三十二条，《最高人民法院关于适用〈中华人民共和国企业破产法〉若干问题的规定（二）》第九条，《中华人民共和国民事诉讼法》第一百六十九条、第一百七十条第一款第（二）项、第一百七十五条的规定，判决：

一、撤销威海市环翠区人民法院（2014）威环商初字第 201 号民事判决第一项、第二项；

二、驳回威海绿能供热有限公司要求撤销威海市商业银行股份有限公司张村支行收取 2013 年 4 月至破产重整前收取绿能公司贷款利息 171733.32 元行为的诉讼请求。

【法官后语】

本案主要涉及对债务人在破产重整前六个月内个别清偿行为的认定。《企业破产法》第三十二条赋予破产管理人对破产重整前六个月内债务人的个别清偿行为，除了使债务人财产受益的除外，可以行使撤销权。究其本质而言，该条规定是为了防止债权人个别受益，从而影响到其他债权人利益的实现。本案两级法院认识的主要不同在于认定是否构成个别清偿行为时，是否需要考虑债权人和债务人清偿债务时的主观因素。对于债务人的行为是否构成个别清偿，除了依据清偿债务的时间、债务性质进行判断外，还需考虑债务人及债权人的主观因素，区分善意和恶意。对于债权人接受清偿时出于善意的，不能以其在破产重整前六个月内为依据认定构成个别清偿。对于债权人接受清偿、债务人履行清偿义务时出于善意的，不应认定构成个别清偿，不应当撤销。

编写人：山东省威海市中级人民法院　于晶

58

人民法院裁定受理破产申请后，经审查发现债务人不符合《企业破产法》第二条规定的情形的，裁定驳回破产清算申请

——新疆大道新型材料有限公司申请破产清算案

【案件基本信息】

1. 裁判书字号

新疆维吾尔自治区高级人民法院生产建设兵团分院（2014）新兵民终字第 31 号民事裁定书

2. 案由：申请破产清算纠纷

3. 当事人

申请人（上诉人）：新疆大道新型材料有限公司（以下简称大道公司）

【基本案情】

申请人大道公司于 2014 年 4 月 3 日以企业严重亏损，不能清偿到期债务为由向新疆生产建设兵团第八师中级人民法院申请破产清算。法院于 2014 年 4 月 11 日裁定受理，同时指定大道公司清算组担任管理人。

申请人大道公司在向法院申请破产清算时未能提供职工安置方案，经法院告知后仍未能补充相关材料；该公司董事长黄上士系新加坡籍，常年居住新加坡，其余董事及管理人员均不在该公司；管理人查账后发现，根据大道公司财务账册反映，截至 2014 年 3 月末，公司的资产大于债务。2014 年 6 月 17 日，大道公司向原审法院递交职工安置承诺书。但管理人查账后认为，大道公司负债账务处理和资产处理没有相关凭据，亦无负责人签字，其申请破产，不符合财务处理的规定，也不符合资不抵债的破产条件。

【案件焦点】

大道公司是否符合《中华人民共和国破产法》第二条规定的破产清算情形？

【法院裁判要旨】

新疆生产建设兵团第八师中级人民法院经审理认为：大道公司作为申请人，因其法定代表人常年居住新加坡，不在本地，大道公司未能提供职工安置方案，并且公司资产大于债务，不存在不能清偿全部债务的情况，依据《中华人民共和国企业破产法》第十二条第二款"人民法院受理破产申请后至破产宣告前，经审查发现债务人不符合本法第二条规定情形的，可以裁定驳回申请"的规定，依法应当驳回新疆大道新型材料有限公司的破产清算申请。

新疆生产建设兵团第八师中级人民法院依照《中华人民共和国企业破产法》第二条、第八条第二款、第十二条第二款之规定，裁定：

驳回新疆大道新型材料有限公司的破产清算申请。

大道公司以"上诉人在 2014 年 6 月向原审法院递交了职工安置预案""上诉人法定代表人已将公司事务委托杨人南办理""原审法院认定公司资产大于债务的事

实是错误的"为由提起上诉。新疆维吾尔自治区高级人民法院生产建设兵团分院经审理认为：本案系债务人提出的破产申请，原审法院裁定受理大道公司的破产申请后，发现大道公司提交的财产状况说明及资产负债不符合破产清算的要求，大道公司未能补充提交合格材料。至于大道公司提交的《资产负债表》拟说明资不抵债情况，因未提供相应证据予以佐证，真实性无法确认，不符合破产清算的要求。上诉人大道公司的上诉理由不能成立，故其上诉请求，不予支持。原审裁定驳回大道公司破产清算申请并无不当，依法应予维持。

新疆维吾尔自治区高级人民法院生产建设兵团分院依据依照《中华人民共和国民事诉讼法》第一百七十条第一款第（一）项、第一百七十一条、第一百七十五条的规定，裁定：

驳回上诉，维持原裁定。

【法官后语】

本案申请人大道公司申请其公司破产，人民法院在裁定受理破产申请后，发现该公司不符合《企业破产法》第二条规定的破产条件，因此裁定驳回该大道公司的破产清算申请。

虽然法律和司法解释均要求人民法院在立案审查阶段就要严格把关，准确把握立案受理的条件。但由于客观情况的复杂性，以及法律对立案审查规定了较短的期限，使人民法院在立案阶段不能保证完全查明所有事实。即使人民法院在审查破产申请时，没有发现其申请不符合法律规定的条件，而没有裁定不予受理，在受理案件后发现不应受理时，仍然可以采取裁定驳回申请的方式处理。

法院受理大道公司破产申请后，依法指定大道公司清算组担任管理人，管理人经查账发现，截至 2014 年 3 月末，该公司的负债率尚在正常经营的合理区间，同年 4 月末，公司进行大幅调整后出现资不抵债，大道公司账务处理存在违规情况，有明显隐匿资产、偷逃税款现象。该公司提供的材料有弄虚作假的成分，大道公司不符合《企业破产法》第二条规定的破产条件，在这种情况下，法院依法裁定驳回其破产清算申请，防止其利用破产清算逃避债务，损害债权人的利益，扰乱正常的市场经济秩序。

编写人：新疆生产建设兵团第八师中级人民法院　孟令海

十、与公司有关的纠纷

59

公司诉讼代理人的确定应以公司内部最新决议为准

——北京京鲁伟业科技发展有限公司诉魏月萍公司证照返还案

【案件基本信息】

1. 裁判书字号

北京市第一中级人民法院（2015）一中民（商）终字第 7961 号民事判决书

2. 案由：公司证照返还纠纷

3. 当事人

原告（被上诉人）：北京京鲁伟业科技发展有限公司（以下简称京鲁公司）

被告（上诉人）：魏月萍

【基本案情】

2004 年 3 月 10 日，京鲁公司依法注册成立。法定代表人为张金锐，注册资本为 100 万元，公司类型为有限责任公司。股东共有六人，出资情况分别为：张金锐出资 31 万元；魏月萍出资 20 万元；付桂华出资 11 万元；李景升出资 19 万元；刘春生出资 11 万元；贾文艺出资 8 万元。根据京鲁公司形成于 2004 年 3 月 4 日的公司章程记载，该公司股东会由全部股东组成，是公司的权力机构。股东会会议由股东按照出资比例行使表决权。股东会会议应对所议事项作出决议，决议应由代表二分之一以上表决权的股东表决通过，但股东会对公司增加或减少注册资本、分立、合并、解散或者变更公司形式，修改公司章程所作出的决议，应由代表三分之二以上表决权的股东表决通过。股东会应当对所议事项的决定作出会议记录,出席会议的股东应当在会议记录上签名。

2011 年 12 月 13 日,张金锐死亡。其后,张金锐的妻子祝爱君将京鲁公司诉至法院,请求确认其股东资格。2014 年 6 月 19 日,法院作出(2014)海民初字第 10665 号民事判决,判决原张金锐在京鲁公司所持 31% 股权归祝爱君所有。该判决已生效。

2012 年 9 月 8 日,京鲁公司形成一份股东会会议决议(以下简称 2012 年股东会决议)。根据决议记载,除魏月萍外,公司其他股东均同意祝爱君担任公司法定代表人(同意该事项的股东合计持有公司 80% 股权,不同意该事项的股东魏月萍持有公司 20% 股权)。上述决议的落款处,分别有李景升、刘春生、付桂华、贾文艺、魏月萍、祝爱君的签名。

2014 年 3 月 2 日,京鲁公司形成 2014 年第一次临时股东会会议决议(以下简称 2014 年股东会决议)。会议议题共 13 项。……三、是否同意公司对魏月萍占用公司营业执照和公章的行为提起公司证照返还纠纷诉讼……五、是否同意公司在通过合法途径取得公章和营业执照后去工商登记管理机关办理相应的变更登记手续?六、是否同意包括但不限于上述案件中涉及公司起诉和应诉事宜的办理和代理人的委托(包括特别代理)均由公司执行董事兼法定代表人祝爱君办理?……除魏月萍则持有异议外,公司其他五名股东均同意上述议案内容。上述决议的落款处,分别有刘春生、付桂华、李景升、贾文艺、魏月萍、祝爱君的签名。

其后,魏月萍起诉至法院,要求撤销上述 2014 年股东会决议。一审法院经审理作出(2014)海民初字第 14841 号民事判决,驳回魏月萍的诉讼请求。魏月萍不服该判决提出上诉,二审法院作出(2014)一中民(商)终字第 9092 号民事判决,判决驳回上诉,维持原判。

经查,魏月萍于 2012 年 8 月 17 日从京鲁公司取走该公司营业执照正本及公章,于 2012 年 9 月 19 日取走营业执照副本。

京鲁公司认为魏月萍将公司营业执照正、副本及公章拿走,不仅违反了公司对证照和公章的内部管理规定,更严重影响了公司对外的正常经营,故请求判令魏月萍返还《企业法人营业执照》正本和副本以及公司公章。被告魏月萍则认为在原法定代表人张金锐去世后,一直由其负责公司经营管理,祝爱君无权代表京鲁公司提起本案诉讼。

【案件焦点】

京鲁公司在工商部门备案登记的法定代表人已经去世，且公司公章由被告掌握，祝爱君是否有权代表公司提起诉讼？

【法院裁判要旨】

北京市海淀区人民法院经审理认为：京鲁公司在其原法定代表人张金锐死亡后，需要选举新的法定代表人代表公司作出意思表示。京鲁公司 2012 年股东会决议明确由祝爱君担任法定代表人，该决议已达到章程规定的表决权比例，其内容应视为公司意志的体现，虽然工商登记尚未对法定代表人进行变更备案，但不影响京鲁公司决策变更法定代表人的效力。法定代表人的行为具有代表公司意志的效力，故祝爱君有权代表京鲁公司提起本案诉讼。2014 年股东会决议亦明确同意相关诉讼事宜和代理人的委托均由公司法定代表人祝爱君办理。魏月萍并非京鲁公司的法定代表人，其取得公司营业执照正、副本和公章的行为亦未经过股东会的同意，魏月萍无权代表京鲁公司开展经营业务，其继续持有京鲁公司的证、章显属不当。

北京市海淀区人民法院依照《中华人民共和国物权法》第三十四条、《中华人民共和国民法通则》第一百一十七条第一款之规定，判决：

被告魏月萍于本判决生效之日起十日内向原告北京京鲁伟业科技发展有限公司返还该公司《企业法人营业执照》正本、副本以及公章。

魏月萍不服一审判决，提起上诉。北京市第一中级人民法院认为：京鲁公司的股东分别为张金锐、魏月萍、付桂华、李景升、刘春生、贾文艺，股东张金锐死亡后，张金锐妻子祝爱君继承股权，并经生效判决认定，故京鲁公司现股东为祝爱君、魏月萍、付桂华、李景升、刘春生、贾文艺。上述股东有权依据公司章程召开股东会并作出股东会决议，一审法院据此认定京鲁公司 2012 年股东会决议应视为公司意志的体现，并无不当。虽魏月萍称其曾起诉请求撤销京鲁公司 2012 年股东会决议，但其又称在法院释明后撤回了起诉，即并无生效判决撤销 2012 年股东会决议，故该股东会决议当属有效决议，且该效力并不需法院判决予以确认。魏月萍的上诉理由，于法无据。

北京市第一中级人民法院依照《中华人民共和国民事诉讼法》第一百七十条第一款第（一）项之规定，判决：

驳回上诉，维持原判。

【法官后语】

民事诉讼中，公司作为一方当事人的情形较为常见。法定代表人是依照法律或公司章程规定，代表法人行使职权的负责人。公司公章是公司处理内外部事务的印鉴。在委托手续的出具方面，不论是法定代表人签字还是加盖公司公章，均可代表公司的意思，对公司发生法律效力。

实践中还存在两个或多个代理人均持委托手续要求代理公司起诉或应诉的情形，具体表现为：一方持有公司法定代表人出具的委托书，另一方持有加盖公司公章的委托书；一方是公司在工商部门备案登记的法定代表人直接参加诉讼或委托他人诉讼，另一方是由公司内部新选任但尚未进行工商备案的法定代表人直接参加诉讼或委托他人诉讼，等等。本案即涉及这一争点。确定不同的代理人会使案件发展为不同的走向，对公司的经营管理亦产生不同的影响。本案中的公司证照返还纠纷，更直接体现了股东之间对公司控制权的争夺，故对程序问题的把握甚至直接影响案件的实体裁判结果。

对于代理人的确定，应当结合公司意思自治原则进行审查，严格以公司内部最新决议为准，而不论是否办理工商变更登记。公司作为商事主体，应受商事登记制度的规范，但是有关法定代表人的变更登记、公章变更备案等，目的是向社会公众明示公司代表权的基本状态，属于宣示性登记而非设权性登记。公司系独立的法人主体，其自身并不能像自然人一样作出意思表示，而是由相关权力机构以决议等形式作出。在代理人的确定方面，应遵循内部自治原则，只要公司章程有约定，或者公司股东会形成了最新的决议对法定代表人、公章或者诉讼事宜作出了安排，就对公司产生法律约束力，而不论相关事项是否进行了工商变更登记。

编写人：北京市海淀区人民法院　王哲

$\boxed{60}$

章程记载性事项的变更不属于修改章程

——无锡市联众出租汽车有限公司诉陈玉高返还公司证照案

【案件基本信息】

1. 裁判书字号

江苏省无锡市中级人民法院（2014）锡商终字第 0092 号民事判决书

2. 案由：公司证照返还纠纷

3. 当事人

原告：无锡市联众出租汽车有限公司（以下简称联众公司）

被告：陈玉高

【基本案情】

联众公司系于 2001 年 3 月依法设立的有限责任公司，注册资金 20 万元，公司股东为陈玉高、李达进等 20 个自然人，各持有公司 5% 的股份。公司董事会由陈玉高等 7 人组成，公司监事会由武杰等 5 人组成。本案诉讼时登记的法定代表人为陈玉高。联众公司的公司章程第十八条规定："股东会以对公司增加或减少注册资本、合并、分立、解散、变更公司形式、修改公司章程作出决议时，必须经代表三分之二以上表决权的股东通过。"第二十条规定："股东会对其他事项作出决议，必须经代表 60% 以上表决权的股东通过。"第二十五条规定："公司设董事会，董事会由股东会选举（陈玉高、徐嘉栋、陈荣福、谢进良、胡建阴、朱麒麟、吴惠明）7 名董事，董事会对股东会负责。"

2013 年 2 月 23 日，联众公司召开股东大会进行董事长、董事、监事的换届选举，除一人缺席弃权外，其余 19 名股东均出席了会议，经投票，分别以 12∶7 的比例选出新任董事长李达进，以及新任董事和监事。主持会议的原董事长陈玉高最后宣布选举结果未经代表三分之二以上表决权的股东通过，根据公司章程无法形成决议。与此同时，认为换届选举属公司其他事项，只须股东会代表60%以上表决权的股东通过即可生效、本次会议已产生股东会决议的李达进等12名股东根据股东大会的选举结果当即制作了关于董事、监事任免的股东会决议并签名。

2013年3月12日，李达进持股东会决议等材料向工商行政管理部门申请办理联众公司法定代表人的变更登记，工商行政管理部门认为提交的申请材料上均未加盖联众公司公章，不符合法定形式，对该变更登记申请不予受理。因陈玉高拒绝交还公司证照、印鉴章，拒不配合办理法定代表人工商变更登记手续，李达进一方遂提起诉讼，要求原法定代表人陈玉高立即向联众公司返还营业执照等证照、印鉴章及财务账册。陈玉高认为，在2013年2月23日联众公司召开的董事长、董事、监事换届选举中，李达进获得董事长选票12票，李达进和其所谓的新的董事、监事的选票均未达到公司章程规定的三分之二以上表决权的股东通过，因此会议无法形成决议，不需要进入有关任免（修改章程）程序，原董事、监事继续履行职责，故公司证照无须交还。

【案件焦点】

联众公司换届选举董事长、董事和监事是否属于修改公司章程，是否须经代表三分之二以上表决权的股东通过？

【法院裁判要旨】

江苏省无锡市北塘区人民法院经审理认为：根据《中华人民共和国公司法》（以下简称《公司法》）第四十四条的规定，对于公司普通问题的表决程序可以由公司章程决定，但涉及修改公司章程等关系公司存续发展的重大事项，公司法强制规定了更为严格的标准。联众公司章程援用了公司法的上述内容，规定股东会对修改公司章程等作出决议，须经代表三分之二以上表决权的股东通过，对其他事项作出决议，须经代表60%以上表决权的股东通过。

《公司法》第二十五条规定了有限公司章程应当载明的诸多事项，如公司机构的产生办法和议事规则等。联众公司章程也规定了董事会选举的办法、任期和表决程序。这些规定的内容仅涉及程序性的规则制定，并不特指某个自然人股东。换言之，只要不涉及董事、监事选举和表决程序修改，而只是董事、监事因任期届满或其他原因发生变更的，并不需要修改公司章程，也不是法定的必须经代表三分之二以上表决权的股东通过。如何表决，应由公司章程决定。本案中，联众公司章程规定股东会对其他事项作出决议，仅须经代表 60% 以上表决权的股东通过即可。2013 年 2 月 23 日，联众公司经股东大会对董事长、董事和监事换届选举进行了表决，该表决获得了代表 60% 以上的表决权的股东通过，符合《公司法》和联众公司章程的规定，应属合法有效。

公司法定代表人的变更登记属于备案性质，李达进作为新任公司董事长和法定代表人，有权代表联众公司提起诉讼，要求被免去的原法定代表人陈玉高返还公司证照等。

江苏省无锡市北塘区人民法院依照《中华人民共和国公司法》第十三条、第三十七条、第四十三条、第四十四条之规定，判决：

陈玉高于本判决生效之日起十日内返还无锡市联众出租汽车有限公司的营业执照等证照、印鉴章、财务账册。

宣判后，陈玉高不服一审判决，提起上诉。江苏省无锡市中级人民法院经审理后判决：

驳回上诉，维持原判。

【法官后语】

公司章程是公司股东依法制定的规定公司性质、宗旨、名称、住所、经营范围、组织机构及其活动方式、权利义务分配等规范公司组织与活动的基本法律文件，其地位相当于公司内部的"组织法"。公司章程在法律性质上具有自治性和契约性的双重属性。

公司章程按其内容可分为记载性事项和规则性事项。记载性事项是对公司事实性状态的记录和反映，如公司名称、住所、法定代表人、董事、监事等；规则性事项是调整公司组织关系和经营活动的自治性规则，涉及公司运行程序和规则，经制定生效后应保持一定的稳定性。记载性事项和规则性事项的功能不同，其要求也就不同，记载性事项要求如实记载和反映，而规则性事项要求按照公司章程规定的程序、规则产生法律事实。

根据《公司法》规定，修改公司章程、增资减资以及公司合并、分立、解散、变更公司形式属于关系到公司存续和发展的重大规则性事项，股东会会议作出决议时，必须经代表三分之二以上表决权的股东通过。而法定代表人、董事和监事名单等是对公司事实性状态的记录和反映，属于公司章程规定的一般记载性事项，因换届选举发生人员更替，存在经常性变动的可能，对此类记载性事项的修改，应适用一般的表决规则，而不能认定是对公司章程的修改，不应适用公司法规定的三分之二以上表决权股东通过的绝对多数表决规则。

法院在审理公司法案件过程中涉及公司章程事宜，应当首先区分该事项是属于记载性事项还是规则性事项，对于纯记载性事项不能以规则性事项的要求进行判断，对于依规则性事项产生的事实性事项，法院审理的是该事实性事项的产生是否符合规则性事项的要求，同样以规则性事项的要求对抗记载性事项，理由是不能成立的。本案中记载在公司章程中的董事会成员和董事长名单，因涉及正常换届选举而发生变更，应认为是对记载性事项的修改，而非对公司章程的修改、变更。

至于公司章程在工商行政机关的登记及变更登记是一种"行政登记"行为。在行政法上应区别"审批""许可"，"登记"在法律上是对法律事实的记载和公示，在法律上必须先有法律事实，后有行政登记，无法律事实就不可能产生登记行为，在工商行政法律中的"如实"与《公司法》规定公司章程的记载性事项是一致的。

编写人：江苏省无锡市北塘区人民法院　包宇红　姜海

$$\boxed{61}$$

未经公司有效决议是否有权申请变更代表人

——何桂英诉深圳市华盛佳威工艺礼品有限公司请求变更公司登记案

【案件基本信息】

1. 裁判书字号

广东省深圳市中级人民法院（2015）深中法商终字第 2644 号民事判决书

2. 案由：请求变更公司登记纠纷

3. 当事人

原告（上诉人）：何桂英

被告（被上诉人）：深圳市华盛佳威工艺礼品有限公司（以下简称华盛佳威公司）

【基本案情】

原告何桂英诉称，其曾为被告华盛佳威公司的股东及法定代表人，2013 年 7 月 18 日，何桂英将所持有的华盛佳威公司的股份转让给案外人刘某，并同时提出辞去华盛佳威公司法定代表人一职。但华盛佳威公司至今未办理工商登记变更手续，何桂英为维护其合法权益，特诉至法院，请求判令被告办理法定代表人变更手续，并承担本案诉讼费用。

【案件焦点】

何桂英将所持有的股权转让后，要求公司办理法定代表人变更手续，人民法院是否应该受理？

【法院裁判要旨】

广东省深圳市宝安区人民法院经审理认为，本案系与公司有关纠纷，公司法定代表人的任命及变更系公司自治行为，应由被告公司股东会决定并行使该权利，本案并不属于民商事受案范围，原告的起诉不符合法律规定，应予驳回。

广东省深圳市宝安区人民法院裁定：

驳回原告的起诉。

何桂英不服，提起上诉。

广东省深圳市中级人民法院经审理认为：本案争议的焦点在于何桂英将所持有的股权转让后，要求公司办理法定代表人变更手续，人民法院是否应该受理。公司法定代表人与公司之间是委任关系，如果何桂英在将所持有的股权转让后不愿担任华盛佳威公司的法定代表人，有权请求解除与华盛佳威公司之间的委任关系。但是，公司法定代表人的变更系公司的自治行为，应由华盛佳威公司股东会决定并行使该权利，何桂英直接请求变更华盛佳威公司法定代表人，不属于人民法院受理民事诉讼的范围，何桂英的起诉不符合法律规定，应予驳回。

广东省深圳市中级人民法院依照《中华人民共和国民事诉讼法》第一百一十

九条、第一百五十四条、第一百七十条第一款第（一）项、第一百七十五条之规定，判决：

驳回上诉，维持原裁定。

【法官后语】

变更法定代表人属公司内部治理行为，权力由股东会或董事会行使，如果法定代表人在股东会或董事会作出有效决议前可以申请法院依职权变更法定代表人，这有悖于公司法意思自治的原则，不利于公司内部组织机构管理和经营职能的运行，在上述情况下的法定代表人并无权诉至法院。对于某一个具体的纠纷而言，根据民事实体法和民事程序法的规定有某种诉权，因而可以作为适格的当事人提起诉讼、参加诉讼，要求法院作出利己的裁判。在本案二审中，原告以因公司未变更法定代表人登记而对原告生活造成影响为由，似乎可以诉至法院，其实不然。根据法律规定，公司法定代表人依法产生、依法变更，此属于公司内部治理的行为，原告既然参与了公司经营活动、成为其法定代表人，就必须承受因此带来的不利影响。原告有辞任的意愿，须经公司经法定程序决定，而原告径自诉至法院请求变更，不符合民事实体法和程序法上规定的救济方式，因此原告只能请求公司董事会或股东会决议变更，再由公司登记机关进行变更登记。因此，如未完成上述程序，法院无权代表行政权力和公司自治意志对公司法定代表人进行变更。

编写人：广东省深圳市宝安区人民法院　阎芸

62

"一事不再理"原则的运用

——苏兴赵诉张正坚、黄春艳与公司有关的纠纷案

【案件基本信息】

1. 裁判书字号

福建省三明市中级人民法院（2015）三民终字第 464 号民事判决书

2. 案由：与公司有关的纠纷

3. 当事人

原告（上诉人）：苏兴赵

被告（被上诉人）：张正坚、黄春艳

【基本案情】

福建省永安市人民法院经审理查明：被告张正坚、黄春艳均是永安市兴龙纺织有限公司（以下简称兴龙公司）的原股东。2005 年年底，原告苏兴赵与被告张正坚、黄春艳合作投资兴龙公司。

2006 年 3 月 14 日，张正坚出具收条给苏兴赵，内容为：兹收到苏兴赵同志投资兴龙公司款 3030000 元（含原张正坚欠林向民 1756467.94 元转给苏兴赵并入投资款中）。

2010 年 9 月 26 日，苏兴赵以张正坚除了将其投入 3030000 元中的 30000 元用于购买旧工具车给兴龙公司使用外，其余 3000000 元既没有投入兴龙公司，也没有返还给苏兴赵为由，向三明市中级人民法院起诉要求判令张正坚、黄春艳返还其投资款 3000000 元。[起诉状中载明被告应将 3000000 元投资款返还给原告并赔偿利息损失（利息损失另行主张）]。2011 年 12 月 20 日，三明市中级人民法院作出（2011）三民初字第 12 号民事判决书，判决："被告张正坚、黄春艳应于本判决生效后十日内返还原告苏兴赵投资款 3000000 元。"被告张正坚、黄春艳不服该判决，向福建省高级人民法院提起上诉。福建省高级人民法院于 2012 年 12 月 21 日作出（2012）闽民终字第 290 号民事判决书，作出终审判决："驳回上诉，维持原判。"该案于 2013 年 1 月 25 日生效。

另查明，被告张正坚、黄春艳原系夫妻关系，双方于 1989 年 10 月 9 日办理结婚登记手续；于 2014 年 1 月 28 日到永安市民政局办理了离婚登记手续。

2013 年 3 月 26 日，本案原、被告双方就前述 3000000 元投资款（含迟延履行期间加倍债务利息 46666.67 元）返还及另 5 件涉及双方（含案外人兴龙公司及其法定代表人蔡清波）的执行案件，一并在三明市中级人民法院执行局的主持下，达成总的执行和解协议，并已执行完毕。（但该执行和解协议中并未提及当事各方就合伙投资兴龙公司等事项再无其他争议）

再查明，原告苏兴赵于 2013 年 12 月 30 日向永安市人民法院递交本案起诉状，永安法院立即指派法官对该案进行诉前调解。经组织调解，原、被告双方无法达成一致意见，永安法院于 2014 年 1 月 21 日就本案正式立案审理。

【案件焦点】

本案诉讼是否违反"一事不再理"原则？本案原告的诉请是否存在超过诉讼时效的情形？

【法院裁判要旨】

福建省永安市人民法院经审理认为："一事不再理"即禁止重复起诉是我国民事诉讼的受理原则之一，强调裁判一旦生效，无论其结果如何，同一案件的诉权即被消耗殆尽，同一当事人以同一事实和理由、同一请求再行起诉的，法院将不再受理。本院将前述争议的二案列表比较如下：

案　号	（2011）三民初字第 12 号（一审） （2012）闽民终字第 290 号（二审）	（2014）永民初字第 389 号（本案）
案　由	返还投资款纠纷	与公司有关的纠纷
当事人	原告苏兴赵；被告张正坚、黄春艳；第三人兴龙公司	原告苏兴赵；被告张正坚、黄春艳
事实与理由	张正坚无理占用双方合作期间苏兴赵投资款 3000000 元应予返还	张正坚无理占用双方合作期间苏兴赵投资款 3000000 元构成违约的事实已经法院判决确定，故该款被占用期间的经济损失应予赔偿
诉讼请求	要求返还投资款	赔偿（占用投资款期间）经济损失
诉讼标的	投资款	投资款占用期间的经济损失

由表可见，虽然两个案件有一些相似之处，但在案件之间相互区别最为关键的诉讼请求及诉讼标的上却是不同的，故两个案件并不属于"一事不再理"原则所规定的"同一"案件，且原、被告双方于 2013 年 3 月 26 日达成的执行和解协议也明确是对 3000000 元投资款及迟延履行期间加倍的债务利息 46666.67 元进行和解处

理，并未提及（或包含）从苏兴赵交付投资款至前案生效期间的资金占用利息，也未声明双方就投资事项再无其他争议。同时，"一事不再理"原则虽然力求减少讼累，强调"诉权消耗"，但并不意味着剥夺了相同当事人依据类似的事实与理由主张不同实体权益的权利。本案诉讼并不违反民事诉讼中"一事不再理"的受理原则。

此外，本案原告的诉请是否存在超过诉讼时效的情形。法院认为，第一，利息损失与 3000000 元投资款不是同一债权。原告主张 3000000 元投资款时，时效中断效力不及于利息损失：1. 原告起诉要求被告赔偿占用 3000000 元投资款给其造成的利息损失，该诉请属于因侵权行为而产生的资金占用期间的利息损失而非利息。而该损失计算基础的原债权，其性质经两级法院审理确定为投资款而非借款。因此，投资款与利息损失之间不是本金与利息的关系。2. 即使利息损失属于利息，该利息与投资款 3000000 元也不是同一债权。利息之债可分为"基本权利息之债"与"支分权利息之债"，本案利息系已到期利息，属"支分权利息之债""支分权利息之债"与本金债权不属于同一债权，因此对本金债权（投资款）主张权利，诉讼时效中断的效力不及于"支分权利息之债"。第二，原告于 2010 年 9 月 26 日主张 3000000 元投资款时已经知道权利被侵害的事实，此时原告未主张 3000000 元利息损失，对该利息损失，不构成时效中断。原告于 2010 年 9 月 26 日向三明市中级人民法院起诉被告返还投资款案时，在起诉状中明确表述"被告应将 3000000 元投资款返还给原告并赔偿利息损失（利息损失另行主张）"，表明其至少应当在该日就已经知道权利被侵害的事实。同时，原告在前案诉状中写明"利息损失另行主张"，可见原告对该利息损失明确表示在前案中不主张，与法定诉讼时效中断情形"提起诉讼、当事人一方提出要求或者同意履行义务"均不相符，因此对本案的利息损失而言并不构成诉讼时效中断情形。而且，应从 2010 年 9 月 26 日开始计算利息损失诉讼时效期间。第三，此后直到本案起诉前，原告没有证据证实其在此期间有向被告主张过该投资款占用利息损失。因原告主张的投资款占用经济损失并非民法通则中所列举的适用特殊诉讼时效情形，故应适用两年的一般诉讼时效期间。原告于 2013 年 12 月 30 日才就本案向本院具状起诉，早于两年前的利息损失超过诉讼时效期间。故从 2013 年 12 月 30 日之前两年（即从 2011 年 12 月 31 日起至 2013 年 12 月 30 日止）原告主张的投资款占用的利息损失没有超过诉讼时效期间。原告仅主张计算利息损失至 2013 年 2 月 5 日止，是对自身权益的处分，符合法律规定，本院予以支持。综上，本案原告起诉要求被告赔偿从 2006 年 3 月 14 日起至 2013 年 2 月 5 日止占用 3000000 元投资款给其造成的利息损失，仅有从 2011 年 12 月 31 日起至 2013 年 2 月 5 日止的部分未超过诉讼时效。

【法官后语】

诉讼时效制度是在民商事案件审判中为督促权利人及时行使权利最常见的一项基本制度，《最高人民法院关于审理民事案件适用诉讼时效制度若干问题的规定》（以下简称《规定》）亦对各种诉讼时效情形进行了具体规定。然而，因法条的应用还需区分多种情形，故在实践中如何理解与适用仍存在较大争议。本案即对该《规定》第十一条关于"主张部分债权具有的诉讼时效中断的效力是否及于剩余债权"规定的甄定。如前所述，本案中投资款与投资款的利息损失并不属于同一债权，故因主张投资款的诉讼时效中断效力不应及于经济（利息）损失，遂有如上判决。值得一提的是，本案系原告苏兴赵自以为是地采取了"投石问路"的方法，先诉了返还投资款本金的前案，若胜诉了再另案进行利息损失的主张。该行为本身并不为法律所禁止，但未曾想因两诉时间相差过长导致了本案大多数的利息损失因超过诉讼时效都不能得到支持。该案表面上是原告因自以为是的诉讼投机行为损失了较大利益，实质上是两级法院以裁判结果严格遵循我国诉讼时效制度立法精神，很好地对民事权利保护与权利限制进行权衡，以实现社会公共利益视角内对公平与效率追求的诉讼时效价值目标。

编写人：福建省永安市人民法院　潘昕

63

有限责任公司股东退股行为的性质

——刘昌明诉厦门科明机电有限公司等与公司有关的纠纷案

【案件基本信息】

1. 调解书字号

福建省厦门市中级人民法院（2015）厦民终字第 4355 号民事调解书

2. 案由：与公司有关的纠纷

3. 当事人

原告（被上诉人）：刘昌明

被告（上诉人）：厦门科明机电有限公司（以下简称科明公司）、范浩平、柯新云

【基本案情】

科明公司的股东包括范浩平、刘昌明及柯新云，公司注册资本为 50 万元，其中刘昌明的出资额为 11 万元，出资比例为 22%。三股东实际投资合计 150 万元，其中刘昌明实际投资 30 万元，占投资总额的 20%。2014 年 4 月 21 日，科明公司召开股东会临时会议并通过决议，同意刘昌明退掉持有的科明公司 20% 的股份计 30 万元，公司按原值退还投资款，刘昌明退出后，科明公司剩余总投资款为 105 万元，其中范浩平持有 64% 的股权（实缴 67.2 万元），柯新云持有 36% 的股权（实缴 37.8 万元）。各方经协商，将科明公司应退给刘昌明的投资款 30 万元转为科明公司向刘昌明的借款。科明公司出具《借条》，明确了还款期限、方式、利息计算及违约责任等，并在借款人签章一栏加盖了公司公章，股东范浩平和柯新云也于股东签章处签名。范浩平于 2014 年 4 月 30 日至 2014 年 10 月 30 日期间陆续将 130203.33 元款项转入《借条》载明的收款账户，其中 120198 元系退还的股金，其他为利息。截至法庭辩论终结前，科明公司还未办理股权及注册资本的变更登记。

【案件焦点】

科明公司股东会通过决议，同意股东刘昌明退股，公司按原值返还投资款 30 万元，该行为的法律性质是什么？刘昌明与科明公司达成的退股协议是否有效？

【法院裁判要旨】

福建省厦门市湖里区人民法院经审理认为：《中华人民共和国公司法》（以下简称《公司法》）并不禁止有限责任公司股东以合法方式收回股本、退出公司。《公司法》第七十四条第一款规定在赋予股东于特定情形下请求公司收购股权的权利的同时，并未为公司和股东在规定情形外设定不作为义务，即没有禁止公司与股东之间在其他情况下达成收购股权的合同行为。《股东会决议》第三项写明，股东范浩平、柯新云实缴出资分别为 67.2 万元和 37.8 万元，在刘昌明退出公司后，范浩平、柯新云分别持有公司 64% 和 36% 的股权。因此，只需依法办理相应的工商变更登记，科明公司不会因收购刘昌明的股权导致注册资本的减少。而且，参照《最高人民法院关于适用〈中华人民共和国公司法〉若干问题的规定（二）》第五条的规定，受让股权的公司有义务在合理期限内将收购的股权及时转让或者办理减资手续，股份转让或者注销之前，股权出让人不得以公司收购其股份为由对抗公司债权人。可见，在科明公司及时履行相关股权转让手续或者减资手续的情况下，也不会损害公司债权人的利益。因此，2014 年 4 月 21 日科明公司作出的收购股东刘昌明股权的决议，并不违反《公司法》的禁止性规定，应认定为有效。股东会作出决议后，科明公司向刘昌明出具了《借条》，约定将应支付给刘昌明的股权收购对价转化为借款。因双方并无借款的真实合意，《借条》的内容意在明确科明公司支付刘昌明股权收购对价的期限、方式、债务担保及违约责任，是名为借款实为股权收购协议。同上，该协议也应是有效的。范浩平、柯新云承诺，如科明公司无法按时还款付息，愿意按所持股份比例承担还款担保责任。因双方对保证责任方式未作明确约定，依法应承担连带保证责任。

福建省厦门市湖里区人民法院依照《中华人民共和国合同法》第一百零七条、第一百一十三条第一款、第一百一十四条，《中华人民共和国担保法》第十二条、第十九条、第二十一条、第三十一条，《中华人民共和国民事诉讼法》第六十四条第一款之规定，判决：

一、厦门科明机电有限公司应于本判决生效之日起十日内支付刘昌明股权收购款 179802 元及利息、违约金（利息和违约金合并计算，以 179802 元为基数自 2014 年 9 月 1 日起按银行同期贷款利率的四倍计至实际付款之日）；

二、范浩平、柯新云分别按照 64% 和 36% 的比例各自对厦门科明机电有限公司的上述债务承担连带清偿责任。范浩平、柯新云承担保证责任后，有权向厦门科明机电有限公司追偿；

三、驳回刘昌明的其他诉讼请求。

宣判后，科明公司、范浩平、柯新云均提起上诉。经福建省厦门市中级人民法院主持，双方达成调解协议：

一、厦门科明机电有限公司同意支付刘昌明股权收购款、利息及违约金共计 21 万元。其中 5 万元于协议签订之日当场支付，2015 年 12 月 10 日前支付 5 万元，2016 年 1 月 30 日前支付 2.5 万元，2016 年 2 月 28 日前支付 2.5 万元，2016 年 3 月 31 日前支付 2.5 万元，2016 年 4 月 30 日前支付 3.5 万元。以上款项汇至刘昌明指定的账户（户名刘昌明　开户行中国民生银行厦门集美支行　卡号：622620××××××××053）；

二、范浩平、柯新云分别按照 64% 和 36% 的比例各自对厦门科明机电有限公司的上述债务承担连带清偿责任；

三、若厦门科明机电有限公司有一期未按上述约定期限足额支付款项，刘昌明有权按原审判决向法院申请强制执行；

四、双方就本案权利义务终结，再无其他任何争议。该调解书已生效。

【法官后语】

退股并非公司法中的概念。按照通常的理解，退股是指股东从公司撤回投资、退出公司。在现行公司法框架下，股东退出公司有三种选择，包括转让股权、申请解散公司或请求公司回购股权。但由于有限责任公司的股权并不存在可自由转让的市场，解散公司的代价又很大，所以在实践中，公司回购欲退出股东的股权就成为股东退出公司的最佳方式，即公司回购股权可为股东回收投资提供一种便捷的途径。《公司法》第七十四条虽然赋予异议股东请求公司收购其股权的权利，但规定的适用范围过窄，无法合理地反映有限责任公司的人合性特征。在公司法法定主义的思维模式下，似乎难以适用《公司法》对本案中退股行为的法律性质和效力作出界定。因此，本案裁判的难点不在于对事实的认定，而在于法律的适用。

争议一，刘昌明的退股行为是否属于抽逃出资？

抽逃出资，是指股东在公司成立时先缴付出资，在公司成立后故意又将出资全部或部分抽回的违法行为，其违法性在于使公司资本非正常减少，从而降低公司的偿债能力，危及公司债权人的利益，故为《公司法》所明文禁止。综观本案，第一，刘昌明在退股时并无非法抽回出资的主观故意；第二，科明公司的注册资本为50万元，股东实际出资总额为150万元，其中刘昌明实际出资30万元，既然存在超出注册资本的公司资产，公司利用该资产购买退股股东之股权自无不可。根据股东会决议，刘昌明退出公司后，范浩平持有公司64%的股权，柯新云持有36%的股权。可见，科明公司在从刘昌明处收回股权后，已作出合理的安排，由公司其他股东认购相应股权，只需依法办理工商变更登记，科明公司不会因刘昌明的退股发生注册资本减少的客观结果；第三，《最高人民法院关于适用〈中华人民共和国公司法〉若干问题的规定（二）》第五条规定，股份转让或者注销之前，股权出让人不得以公司收购其股份为由对抗公司债权人。可见，在科明公司及时办理股权转让或者减资手续的情况下，公司外部债权人的利益也不会因刘昌明的退股行为而发生危险。因此，刘昌明的退股行为并非为抽逃出资的违法行为，应认定为公司回购股东股权的行为。

争议二，在《公司法》第七十四条规定的三种法定情形外，公司与股东之间达成的股权收购协议是否有效？

第一，资本的联合和股东间良好的信赖关系是公司两个不可或缺的信用基础。公司是由股东一系列契约组成的组织机构。有限责任公司具有较强的人合性。对股东通过协商退出公司的行为，应给予较大的自由空间，尊重股东的意思自治。因此，在公司经营过程中，股东一方提出退股，其他股东表示同意的，应允许该股东退出公司；第二，公司内部股权变动系平等民事主体之间的民事行为，应受到《合同法》《公司法》的调整。对行为效力的考察亦应遵循法无明文禁止即有效之原则。本案中，股东刘昌明退股后，科明公司将收回的股份转给其他股东认购，该行为并未违反法律、行政法规的效力性强制性规定，不存在导致合同无效的情形；第三，《公司法》对公司股权变动的效力实行内部登记生效主义和外部登记对抗主义。股东身份及股权的确定应当以科明公司的股东名册记载为准，而不以是否完成工商变更登记为标准。因此，科明公司在刘昌明退股后，未及时向公司登记机关办理变更登记，不影响退股协议的效力。综上，刘昌明与科明公司达成的退股协议合法有效。一、二审法院正是基于这一思路，作出相应的裁判和调解。

编写人：福建省厦门市湖里区人民法院　姚亮

64

未经股东会决议，公司对外担保的效力应如何认定

——成都市誉容融资担保有限公司诉任双蓉等追偿权案

【案件基本信息】

1. 裁判书字号

四川省成都市锦江区人民法院（2015）锦江民初字第 2602 号民事判决书

2. 案由：追偿权纠纷

3. 当事人

原告：成都市誉容融资担保有限公司（以下简称誉容担保公司）

被告：任双蓉、李凯、成都皓思酒店有限公司（以下简称皓思酒店）

【基本案情】

2013 年 11 月 22 日，任双蓉与贷款银行签订《借款合同》，约定：任双蓉向贷款银行借款，借款金额 1000000 元，借款期限为 36 个月，借款利率为固定利率，月息 7.95‰。任双蓉如不按合同约定的期限或还款计划归还贷款本金，贷款银行在合同执行利率水平上加收 50% 计收逾期利息。《还款计划》载明：贷款金额 1000000 元，放款日期 2013 年 11 月 22 日，第一次还款日期为 2013 年 12 月 23 日，最后一次还款日期为 2016 年 11 月 21 日，每月归还借款本息 32051.65 元。

2013 年 11 月 22 日，委托人（甲方）任双蓉与受托人誉容担保公司（乙方）签订《委托担保合同》，约定：乙方根据甲方的委托向贷款银行提供 1000000 元的不可撤销担保及甲方因违反合同约定产生的相关费用的不可撤销担保。甲方未按主

合同约定履行其还款义务导致乙方承担担保责任的，乙方有权向甲方追偿。双方均应全面遵守和履行本合同之全部条款，一方违反本合同条款应承担违约责任，向守约方支付贷款担保总额的20%的违约金，违约金不足以弥补实际损失的还应赔偿守约方的实际损失。

2013年11月22日，保证人誉容担保公司与贷款银行签订《保证合同》，约定：誉容担保公司自愿为贷款银行与债务人任双蓉签订的《借款合同》项下的本金1000000元提供连带责任保证，保证担保的范围包括主合同项下的主债权本金、利息、逾期利息、复利、罚息、违约金、损害赔偿金以及德阳银行航空路支行实现债权的费用（包括但不限于诉讼费、律师费、评估费、执行费、过户费、保全费）和其他所有应付费用。

2013年11月22日，李凯、皓思酒店分别与誉容担保公司签订了《保证反担保合同》，约定：基于任双蓉于2013年11月22日与誉容担保公司签订了《委托担保合同》，李凯、皓思酒店自愿与誉容担保公司签订本反担保合同，本合同的保证方式为连带责任保证。

贷款银行向任双蓉发放贷款后，任双蓉未按约还款。誉容担保公司于2014年12月30日代任双蓉向贷款银行还款32125元，其中本金26676.43元、利息5359.46元、罚息89.11元。

誉容担保公司因此要求任双蓉、李凯、皓思酒店连带偿还誉容担保公司为任双蓉代偿银行的款项32125元，同是要求要求任双蓉、李凯、皓思酒店连带支付违约金231354.52元（根据《委托担保合同》的约定，按担保总金额的20%计算违约金）。三被告认为，代偿的银行贷款金额不是32125元，而是32051.65元，违约金标准过高，应予调整。誉容担保公司未提交皓思酒店的股东会决议，因此，《保证反担保合同》效力待定。

【案件焦点】

在无皓思酒店的股东会决议的情况下，皓思酒店与誉容担保公司签订的《保证反担保合同》的效力问题。

【法院裁判要旨】

四川省成都市锦江区人民法院经审理认为：因任双蓉未按约定向贷款银行履行

按月还款的义务，致使誉容担保公司履行了担保人的保证责任，为任双蓉代偿欠款。虽然任双蓉的每月还款额是 32051.65 元，但因其逾期归还银行款项，产生了部分罚息，誉容担保公司一并代任双蓉支付给了银行，故任双蓉应向誉容担保公司归还代偿款项 32125 元。

关于违约金是否过高的问题。法院认为，根据任双蓉违约的事实和程度以及誉容担保公司承担担保责任金额，如按《委托担保合同》约定的违约金的计算标准进行处罚，有违公平原则。任双蓉认为誉容担保公司要求的违约金过高，请求裁减，符合《中华人民共和国合同法》第一百一十四条之规定，应予支持。综合任双蓉的违约程度以及誉容担保公司的实际损失情况，法院酌定违约金标准以誉容担保公司代偿金额 32125 元为基数按中国人民银行同期贷款基准利率四倍计算，从誉容担保公司代偿款项之日即 2014 年 12 月 30 日开始计算至实际还清之日止。

关于皓思酒店与誉容担保公司签订的《保证反担保合同》的效力问题。《中华人民共和国公司法》第十六条第一款并未明确规定公司违反该规定对外提供担保所签订的担保合同无效。根据《中华人民共和国合同法》第五十二条及《最高人民法院关于适用〈中华人民共和国合同法〉若干问题的解释（二）》第十四条之规定，违反法律、行政法规的效力性强制性规定的合同无效，但上述公司法条款并非效力性强制性规定，因此皓思酒店与誉容担保公司签订的《保证反担保合同》不能简单地被认定为无效。在法律、行政法规并未明确公司违反《中华人民共和国公司法》第十六条的规定对外提供担保的行为无效的情况下，为了维护交易的安全和稳定，根据公司内部决议程序不得约束第三人的一般原理，宜认定皓思酒店与誉容担保公司签订的《保证反担保合同》有效。

四川省成都市锦江区人民法院判决：

一、被告任双蓉应于本判决发生法律效力之日起十日内向原告成都市誉容融资担保有限公司支付代偿款项 32125 元，并支付违约金（以代偿金额 32125 元为基数，按中国人民银行同期贷款利率四倍从 2014 年 12 月 30 日开始计算至实际还清之日止）；

二、被告李凯、成都皓思酒店有限公司对判决第一项内容承担连带清偿责任；

三、驳回原告成都市誉容融资担保有限公司的其他诉讼请求。

【法官后语】

本案案件事实比较清楚，双方争议较大且值得一提的是，皓思酒店与誉容担保公司签订的《保证反担保合同》的效力问题。根据现行《公司法》第十六条之规定，公司为他人提供担保，需经董事会或者股东（大）会的决议，具体由哪一组织机构决议，由公司章程规定。公司未经董事会或者股东（大）会的决议而对外签订担保合同，违反了《公司法》的规定，如何认定合同效力，《公司法》并未明确规定。根据《合同法》及相关司法解释的规定，违反法律、行政法规的效力性强制性规定的合同，应属无效。那么，本案法律适用的焦点即在于如何理解《公司法》第十六条之规定，该规定是否属于效力性强制性规定。

从《公司法》第一条、第十六条之规定可以看出，《公司法》的立法本意主要是规范公司这一主体的行为。同时，根据《公司法》第一百四十九条、第一百五十条之规定，《公司法》对违反其第十六条规定对外提供担保损害公司利益的行为，提供了救济渠道，即公司追究行为人的责任。《公司法》作为一部主要规范公司的设立、解散及公司内部组织机构运行的法律，结合上述具体规定可见，《公司法》第十六条的规定实为公司内部控制程序，违反该规定的，民事责任方面应适用《公司法》相关规定对行为人进行内部追责，不宜直接因此而认定合同无效。同时，若将《公司法》第十六条理解为效力性强制性规定，公司违反该规定对外签订的担保合同归于无效，那么作为公司交易相对方，为防范合同归于无效的风险，需首先查阅该公司的章程明确其规定的决议机构以及是否有对外担保的数额限制，同时，若涉及公司为公司股东或实际控制人提供担保（《公司法》第十六条第二款规定，需经股东会或股东大会决议），必须查实公司的股东及实际控制人，而实际控制人可能在任何对外文件中均未出现过，其查实的难度可想而知，此外，即使相对方已手握董事会决议或股东会决议，还会面临该决议因违反法律、行政法规之规定而无效或者因违反公司章程而被撤销的风险。若将《公司法》第十六条解释为效力性强制性规定，那么公司交易相对方想要保证其担保合同有效，需尽到非常严格的审查义务，并面临动辄合同归于无效的较大风险，对公司交易相对方来说，实属不公，市场经济健康发展亟须的交易安全也无从谈起。为保障交易安全，根据公平原则，宜将《公司法》第十六条解释为公司内部管理性规定，而不宜将其解释为效力性强制性规定。

编写人：四川省成都市锦江区人民法院　成敏

图书在版编目（CIP）数据

中国法院 2017 年度案例. 公司纠纷／国家法官学院
案例开发研究中心编. —北京：中国法制出版社，2017.2
　ISBN 978 - 7 - 5093 - 8145 - 8

　Ⅰ.①中… Ⅱ.①国… Ⅲ.①公司－经济纠纷－案例－
汇编－中国 Ⅳ.①D920.5

中国版本图书馆 CIP 数据核字（2016）第 304937 号

策划编辑：李小草（lixiaocao2008@ sina. cn）
责任编辑：任乐乐（lele_juris@163. com）　　　　　　　　　　封面设计：温培英、李宁

中国法院 2017 年度案例·公司纠纷
ZHONGGUO FAYUAN 2017 NIANDU ANLI · GONGSI JIUFEN

编者/国家法官学院案例开发研究中心
经销/新华书店
印刷/三河市紫恒印装有限公司
开本/730 毫米×1030 毫米　16 开　　　　　　　印张/ 15.25　字数/ 196 千
版次/2017 年 4 月第 1 版　　　　　　　　　　　2017 年 4 月第 1 次印刷

中国法制出版社出版
书号 ISBN 978 - 7 - 5093 - 8145 - 8　　　　　　　　　　　定价：53.00 元

北京西单横二条 2 号　　　　　　　　　　　　　　　值班电话：66026508
邮政编码 100031　　　　　　　　　　　　　　　　　　传真：66031119
网址：http：//www. zgfzs. com　　　　　　　　**编辑部电话：66071862**
市场营销部电话：66033393　　　　　　　　　　**邮购部电话：66033288**

（如有印装质量问题，请与本社编务印务管理部联系调换。电话：010 - 66032926）

中国法院 2012、2013、2014、2015、2016、2017 年度案例系列

国家法官学院案例开发研究中心　编

简便易用、权威实用——打造"好读有用"的案例

1. 权威的作者: 国家法官学院案例开发研究中心持续 20 余年编辑了享誉海内外的《中国审判案例要览》丛书,2012 年起推出《中国法院年度案例》丛书,旨在探索编辑案例的新方法、新模式,以弥补当前各种案例书的不足。

2. 强大的规模: 2012、2013 年各推出 15 本,2014 年推出 18 本,2015 年推出 19 本,2016 年推出 20 本,2017 年推出 21 本,含传统和新近的所有热点纠纷,所有案例均是从全国各地法院收集到的上一年度审结的近万件典型案例中挑选出来的,具有广泛的选编基础和较强的代表性。

3. 独特的内容: 不再有繁杂的案情,高度提炼案情和裁判要旨,突出争议焦点问题。不再有冗长的分析,主审法官撰写"法官后语",展现裁判思路方法。

1. 婚姻家庭与继承纠纷
2. 物权纠纷
3. 土地纠纷（含林地纠纷）
4. 房屋买卖合同纠纷
5. 合同纠纷
6. 买卖合同纠纷
7. 借款担保纠纷
8. 民间借贷纠纷
9. 侵权赔偿纠纷
10. 道路交通纠纷
11. 雇员受害赔偿纠纷（含帮工受害纠纷）
12. 人格权纠纷（含生命、健康、身体、姓名、肖像、名誉权纠纷）
13. 劳动纠纷（含社会保险纠纷）
14. 公司纠纷
15. 保险纠纷
16. 金融纠纷
17. 知识产权纠纷
18. 行政纠纷
19. 刑法总则案例
20. 刑法分则案例
21. 执行案例

最高人民法院指导性案例裁判规则理解与适用系列

公司卷二	98 元	物权卷	88 元
公司卷（第二版）（上下册）	139 元	婚姻家庭卷	50 元
民事诉讼卷（第二版）（上下册）	145 元	合同卷四	98 元
侵权赔偿卷二	69 元	合同卷三	98 元
侵权赔偿卷一	69 元	合同卷二	98 元
房地产卷	98 元	合同卷一	98 元
劳动争议卷	58 元	担保卷（第二版）（上下册）	139 元

最高人民法院知识产权审判实务系列

商标法适用的基本问题（增订版）	78 元
反不正当竞争法的创新性适用【精装】	68 元
知识产权保护的新思维——知识产权司法前沿问题	98 元
最高人民法院知识产权审判案例指导（第8辑）	88 元
最高人民法院知识产权审判案例指导（第7辑）	98 元
最高人民法院知识产权审判案例指导（第6辑）	78 元
最高人民法院知识产权审判案例指导（第5辑）	88 元
最高人民法院知识产权审判案例指导（第4辑）	78 元
最高人民法院知识产权审判案例指导（第3辑）	78 元
最高人民法院知识产权审判案例指导（第2辑）	78 元
最高人民法院知识产权审判案例指导（第1辑）	48 元
中国知识产权指导案例评注（第7辑）	118 元
中国知识产权指导案例评注（第6辑）	128 元
中国知识产权指导案例评注（第5辑）	118 元
中国知识产权指导案例评注（第4辑）	98 元
中国知识产权指导案例评注（第3辑）	98 元
中国知识产权指导案例评注（上、下卷）	188 元
商业秘密司法保护实务	98 元
知识产权法律适用的基本问题——司法哲学、司法政策与裁判方法	168 元
最高人民法院知识产权司法解释理解与适用（最新增订版）	69 元

北京市高级人民法院知识产权审判实务书系

知识产权司法保护与审判指导（2015年第1辑，总第1辑）	36 元
商业特许经营合同原理解读与审判实务	58 元
北京市高级人民法院《专利侵权判定指南》理解与适用	128 元
商标授权确权的司法审查	88 元
知识产权疑难案例要览（第3辑）	98 元
北京市高级人民法院知识产权疑难案例要览（第2辑）	88 元
北京市高级人民法院知识产权疑难案例要览（第1辑）	78 元

最高人民法院审判指导书系

执行规范理解与适用——最新民事诉讼法与民诉法解释保全、执行条文关联解读	139 元
最高人民法院民事立案业务指导	108 元
最高人民法院审判监督业务指导	128 元
最高人民法院执行业务指导	128 元